Doris Fischer, Achim Jassmeier, Christian Theisen (Hrsg.)

Privatwirtschaft und Wirtschaftsentwicklung in China

D1664741

MITTEILUNGEN
DES INSTITUTS FÜR ASIENKUNDE
HAMBURG

Nummer 395

Doris Fischer
Achim Jassmeier
Christian Theisen (Hrsg.)

Privatwirtschaft und Wirtschaftsentwicklung in China

**Festschrift zur Emeritierung
von Univ.-Prof. Dr. Erhard Louven**

Hamburg 2006

Redaktion der Mitteilungsreihe des Instituts für Asienkunde:
Dr. Günter Schucher, Vera Rathje, M.A.

Redaktionsassistenz und Textgestaltung: Christine Berg, M.A.
Gesamtherstellung: einfach-digital print edp GmbH, Hamburg

Privatwirtschaft und Wirtschaftsentwicklung in China / hrsg. von Doris
Fischer, Achim Jassmeier, Christian Theisen. – Hamburg : IFA, 2006. – 160 S.
(Mitteilungen des Instituts für Asienkunde ; Nr. 395)
ISBN 3-88910-327-8

GIGA

German Institute of Global and Area Studies
Institut für Asienkunde

VERBUND STIFTUNG
GIGA GERMAN INSTITUTE OF GLOBAL AND AREA STUDIES
Leibniz-Institut für Globale und Regionale Studien

Das Institut für Asienkunde bildet zusammen mit dem Institut für Afrika-Kunde, dem Institut
für Iberoamerika-Kunde und dem Deutschen Orient-Institut den Verbund der Stiftung GIGA
German Institute of Global and Area Studies in Hamburg.
Aufgabe des Instituts für Asienkunde ist die gegenwartsbezogene Beobachtung und wissen-
schaftliche Untersuchung der politischen, wirtschaftlichen und gesellschaftlichen Entwick-
lungen in Asien. Das Institut für Asienkunde ist bemüht, in seinen Publikationen verschiedene
Meinungen zu Wort kommen zu lassen, die jedoch grundsätzlich die Auffassung des jeweili-
gen Autors und nicht unbedingt die des Instituts darstellen.
Nähere Informationen zu den Publikationen sowie eine Online-Bestellmöglichkeit bietet die
Homepage: www.giga-hamburg.de/dok.

Inhaltsverzeichnis

Achim Jassmeier

Wirtschaftsaktivitäten der Auslandschinesen im asiatisch-pazifischen Raum **69**

Doris Fischer

Privatwirtschaft: Deus ex machina? **95**

Christian Theisen

Die Etablierung eines privaten Immobilienmarktes in China 123

Adrian Seeger

Vorwort

Die Zusammenstellung eines Sammelbandes mit Beiträgen verschiedener Autoren zu verschiedenen Themen steht immer vor der Herausforderung, gegen den möglichen Eindruck der Beliebigkeit anzugehen. Sammelbände brauchen und suchen eine Klammer als Existenzberechtigung.

Der vorliegende Band hat diese Klammer auf den ersten Blick und vor allem darin, dass die Autoren ihn für Herrn Prof. Dr. Erhard Louven anlässlich seiner Emeritierung und seines 65. Geburtstags konzipiert haben, auch wenn das Erscheinen bis zum Zeitpunkt der Emeritierung leider nicht realisiert werden konnte.

Beteiligt haben sich Kollegen, Freunde und Schüler von Prof. Louven aus seiner Schaffenszeit am Institut für Asienkunde, Hamburg (1981-1991), und an der Heinrich-Heine-Universität, Düsseldorf (1991-2004), die auf diese Weise ihre Anerkennung für Herrn Louvens wissenschaftliche Arbeiten und Lehre zur Wirtschaft Chinas zum Ausdruck bringen möchten sowie für die herzliche Zusammenarbeit mit ihm und für sein Vertrauen in die Fähigkeiten des Nachwuchses.

Die grobe Themenvorgabe an die Autoren war zunächst „Privatwirtschaft", herausgekommen ist ein kleiner Fächer von Beiträgen, die sich im engeren und weiteren Sinne mit spezifischen Aspekten des privaten Wirtschaftens in China beschäftigen.

Oskar Weggel, langjähriger Kollege von Herrn Louven im Institut für Asienkunde, wirft den Blick auf die Wirtschaftsgeschichte Chinas und sucht dort nach den historischen Vorbildern für den Umgang mit neuralgischen Fragestellungen (z.B. Inflation, Besteuerung, Eigentumsordnung) der heutigen Wirtschaftspolitik. Er sieht in der Analyse der Wirtschaftsgeschichte und des wirtschaftspolitischen Denkens in der Vergangenheit vor allem eine Erklärung dafür, warum die chinesische Wirtschaftspolitik der Reformzeit Konzepte miteinander vereinen konnte und wollte, die aus der Sicht des ausländischen Betrachters häufig widersprüchlich erscheinen, aber aus der Sicht des chinesischen Wirtschaftsdenkens in der Vergangenheit durchaus nachvollziehbar sind.

Eines der wichtigen wirtschaftspolitischen Themen, die der Beitrag von Herrn Weggel in historischer Perspektive verfolgt, greift der Beitrag von Elmar Schmitz und H. Jörg Thieme, beide von der Heinrich-Heine-Universität Düsseldorf, auf. Die Autoren analysieren die Faktoren, welche die Geldmengenentwicklung in China beeinflussen. Obwohl sie der monetären Steuerung in China durch die Zentralbank für die Vergangenheit recht gute Noten ausstellen, weisen sie doch auf die Mängel des Systems im Hinblick auf die rasch voranschreitende Öffnung des Finanzsektors seit Chinas WTO-Beitritt hin.

An die historische Betrachtungsweise des ersten Beitrags knüpft der Beitrag von Achim Jassmeier an, der die Wirtschaftsaktivitäten und die Besonderheiten der Unternehmen von Auslandschinesen analysiert. Hier ergeben sich Charakteristika für die Funktionsweise von netzwerkbasierten Unternehmen der Auslandschinesen, die sie deutlich von westlichen Kapitalgesellschaften unterscheiden, aber auch von Unternehmenskonglomeraten in Japan oder Korea. Soweit sich diese Art der privaten Unternehmensorganisation auch in der Volksrepublik auf Dauer durchsetzen und halten wird, erwachsen daraus deutliche Konsequenzen für die internationale Zusammenarbeit.

Der Beitrag von Doris Fischer von der Universität Duisburg-Essen betrachtet anschließend die aktuelle Situation des privaten Unternehmertums in der VR China. Die Analyse zeigt, dass die Privatwirtschaft inzwischen die dominante Wirtschaftsform in China ist, wenn auch Privatunternehmen im Sinne der offiziellen, engen chinesischen Definition noch nicht in allen Branchen dominieren. Schwerer zu erfassen ist der gesellschaftliche und politische Einfluss der Privatunternehmer als sozialer Gruppe oder Schicht. Hier zeigt sich, dass es ganz unterschiedliche Typen und Unternehmergenerationen gibt, sodass sich erst noch erweisen muss, inwieweit sich mittel- bis langfristig festlands- und auslandschinesische Unternehmen als ein Typus von Unternehmen verstehen lassen.

Ausgehend von der Bodenordnung der Vergangenheit, deren Bedeutung in der historischen Betrachtung des ersten Beitrages schon herausgestellt wurde, geht Christian Theisen in seinem Beitrag den Reformen mit Bezug auf Eigentum an Boden und Wohnungen seit Reformbeginn nach. Hieraus lassen sich dann die wesentlichen Ursachen für die Probleme des privaten Immobilienmarktes in der jüngsten Vergangenheit ableiten.

Werfen die vorhergehenden Artikel vor allem einen Blick auf ausgewählte Aspekte des privaten Wirtschaftens in China, so zeigt Adrian Seeger im letzten Beitrag beispielhaft am *global sourcing* die Konsequenzen, die sich aus den besonderen Bedingungen des chinesischen Marktes für unternehmerische Entscheidungen von global agierenden Unternehmen ergeben können.

Trotz der Vielfalt der Aspekte, die durch den Band abgedeckt werden, kann bei weitem nicht der Anspruch erhoben werden, dass alle Aspekte des Zusammenhangs von Privatwirtschaft und Wirtschaftsentwicklung in der VR China abgedeckt werden konnten. Es zeigt sich aber, dass Annäherungen aus ganz verschiedenen Perspektiven zu interessanten Einsichten in thematische Zusammenhänge führen können und dass nicht zuletzt die historische Perspektive, ungeachtet der Revolutionen und Reformen, die China allein in den letzten 170 Jahren durchlebt hat, zum Verständnis beitragen kann.

Dieses Verdienst der interdisziplinären Herangehensweise kann nicht genug betont werden in einer Zeit, in der die chinabezogene Wirtschaftsforschung in Deutschland immer mehr ins Abseits gedrängt wird. Die Demontage der Professur für chinesische Wirtschaft an der Heinrich-Heine-Universität Düsseldorf, die schließlich zu einer Umwidmung der Professur nach der Emeritierung von Herrn Louven geführt hat, ist nur ein – bedauerlicher – Teil dieses Trends gewesen.

Zum Abschluss möchten die Herausgeber den Autoren danken, deren Geduld in der langen Produktionszeit dieses Bandes zum Teil arg strapaziert wurde. Ferner sei Herrn Dr. Günter Schucher und dem Institut für Asienkunde dafür gedankt, dass der Band in die Schriftenreihe des Institutes aufgenommen wurde. Frau Christine Berg und allen anderen helfenden Händen im Institut gilt unser Dank für die Vorbereitung des Manuskripts für die Drucklegung.

Juni 2006   Doris Fischer, Achim Jassmeier, Christian Theisen

Auf der Suche nach dem wirtschaftlichen Urgestein – Klassische Spielregeln als Antworten auf moderne Fragen?

Oskar Weggel

1 Versittlichung durch Wohlstand: Das gesellschaftspolitische Daueranliegen des klassischen China

500 Jahre Krieg (ca. 700-200 v.Chr.) und fast 200 Jahre Grabenkämpfe um den richtigen Weg, wie sie während der Qin- (221-206 v.Chr.) und der Frühen Han-Zeit (206 v.Chr.-24 n.Chr.) ausgetragen wurden, haben dafür gesorgt, dass Wirtschaftstheorie und -praxis im Reich der Mitte schon früh ein scharf umrissenes Profil erhielten – zumindest was die grundlegenden theoretischen Fragestellungen und was die Spannweiten der praktischen Antworten anbelangt.

Dabei galt es für die meisten Gesellschaftsphilosophen, die Auswege aus dem Elend der Zeit suchten, als ausgemacht, dass die Wirtschaft nicht Selbstzweck, sondern lediglich Mittel zum Zweck sein sollte.

Besonders deutlich wird dies bei Menzius, der in einer Zeit besonders drastischen Verfalls lebte und der bei all seinen Lehren davon ausging, dass die Ursachen für Krieg und Not letztlich ungerechte Besitzverhältnisse – und dadurch verursachte Versorgungsengpässe – seien, die ihrerseits vom Fehlen des *ren* und des *yi* (d.h. von „Menschlichkeit" und „Gerechtigkeit") herrührten. Statt gerechter Verteilung fräßen „die Hunde und Schweine der Fürsten die Nahrung der Menschen". Diese stürben „entlang der Straßen an Hunger".[1] Doch statt in sich zu gehen und ihre Getreidespeicher zu öffnen, ergingen sich viele Fürsten in Ausreden und gäben die Schuld nicht sich selbst, sondern der Jahreszeit. Dies höre sich etwa genauso an wie die Rechtfertigung eines Mörders, der seiner Waffe die Schuld gibt und nicht sich selbst.[2]

---

[1] Mengzi I.3; Legge, S.414.
[2] Ebenda.

13

Die Regierenden müssten ihre Denkweise von Grund auf ändern, sich dem Volk gegenüber wie „Vater und Mutter" verhalten, ihre Getreidespeicher öffnen, Boden an die Besitzlosen verteilen und die Steuerlast verringern. Nur wer in diesem Sinne „*ren* an den Tag legt, hat keine Feinde" (*ren zhe wu di*), heißt es.[3]

In immer neuen Formulierungen weist Menzius darauf hin, dass „ohne einen gewissen Lebensstandard" (*wu heng chan*) auch die Moral Utopie bleiben müsse. *Wu heng chan, wu heng xin*: „Wo nicht genügend Produktion, dort nicht genügend Herz".[4] Brecht hatte diesen Gedanken drastischer ausgedrückt: „Erst kommt das Fressen und dann die Moral." Anders herum formuliert heißt es im 3. Buch Mengzi: *You heng chan zhe, you heng xin*:[5] „Gibt es ausreichend Güter, dann herrscht auch Zufriedenheit" – „so eben ist der Weg des Volkes" (*minzhi wei dao ye*).[6]

Vor allem das 1. Buch des Mengzi ist angefüllt mit Hinweisen auf das Verhältnis zwischen Ernährung und Moral:

> Wenn mehr Getreide, Fisch und Schildkröten und wenn mehr Brennmaterial vorhanden sind als benötigt werden, so können die Menschen ihre Ernährung sicherstellen und ihre Toten begraben, ohne aneinander Ärgernis zu nehmen. Einen solchen Zustand herzustellen, ist der 'wahre Königsweg' (*wangdao*).[7]

Vier Aspekte hat Menzius in den Mittelpunkt seiner „Wirtschaftslehre" gestellt, nämlich (1) das Verhältnis zwischen Profit und Moral, (2) die Pflicht des Staates zum *baomin*, also zur „Sorge für das Volk", wobei, im Umkehrschluss, die mangelnde Sorge (und Verteilungsungerechtigkeit) für so manchen Sittenverfall verantwortlich gemacht wird. Ferner betont Menzius, stärker noch als Konfuzius, (3) die gesellschaftliche Arbeitsteilung und schlägt schließlich (4) ein Modell der Symmetrie zwischen Bodenzuteilung, gegenseitiger Zusammenarbeit und Abgaben vor.

Gesellschaftliche Harmonie, Anerkennung von Privateigentum, möglichst gleichmäßige Verteilung des Wohlstands, Tolerierung des Gewinnstrebens, Arbeitsethik und positive Diesseitigkeit sind integrierende Bestandteile dieses Konzepts, das man pauschal als „Wirtschaftskonfuzianismus" bezeichnen könnte. In nachklassischer Zeit wurde dieses System noch weiter ausgebaut, vor allem während der Westlichen Han-Dynastie (206 v.Chr.-24 n.Chr.), deren wirtschaftspolitischer Stil für die nachfolgenden Jahrhunderte nicht weniger prägend wurde, als es bereits ihre Modellrolle bei der Ausbildung des politischen Systems gewesen war.

Wohlstand und Tugend stehen nach klassischer konfuzianischer Lehre zueinander in einem Verhältnis positiver Wechselseitigkeit. Wo Wohlstand und *ren* („Menschlichkeit") Hand in Hand gehen, besteht zwischen Wirtschaft und konfuzianischen Prinzipien also nicht etwa ein Widerspruch, sondern – ganz im Gegenteil – ein Geben und Nehmen. Obendrein gilt „Wohlstand" (*fu*) als ein freundliches Zei-

---

[3]   Mengzi I.4; Legge, S.446.
[4]   Mengzi I.1.7; Legge, S.463.
[5]   Mengzi III.1.3; Legge, S.611.
[6]   Ebenda.
[7]   Lunyu XIII.4; Legge, S.299.

chen des Himmels, das auf die Regierungsweise des betreffenden Herrschers ein
günstiges Licht wirft. Wirtschaft soll letztlich der Versittlichung dienen!

2 Staat und Wirtschaft: Ein jahrhundertealtes Tauziehen[8]

Ein Grundwiderspruch durchzog die chinesische Wirtschaftsgeschichte von Anfang
an – und er bestimmt bei genauerem Hinsehen auch noch die heutige Diskussion,
nämlich das Verhältnis zwischen *wuwei* („Nichthandeln", „Nichtintervention") und
hoheitlichen Eingriffen, die mit verschiedensten Argumenten, nicht zuletzt dem
baomin („Fürsorge für das Volk") begründet wurden.

Die These der Klassiker: wuwei

Das *wuwei* durchzieht vor allem die daoistischen und die konfuzianischen Klassiker
wie ein roter Faden.

Die Dialektik des Daoismus geht davon aus, dass jedes aktive Vorgehen automatisch Gegenwirkungen auslöst: Daher ist es am weisesten, die Welt mit aller Besserwisserei, mit jeder Art von „Recht" und nicht zuletzt mit Eingriffen in natürliche
Geschehensabläufe – also auch in die Wirtschaft – zu verschonen. Was bleibt, ist am
Ende die Forderung, „nicht zu handeln". Vorbild sei das Wasser: Es fließt, wie es
eben fließt; es scheint das Weichste zu sein und ist am Ende doch das Stärkste. Die
Konsequenz für wirtschaftspolitisches Verhalten ist simpel und läuft darauf hinaus,
den „natürlichen" Wirtschaftsprozess nicht zu stören, also die Bauern ihre Ackerfurchen ziehen zu lassen und der Natur keine Vorschriften zu machen, geschweige
denn, wie es später unter den Maoisten geschah, einen „Volkskrieg gegen die Natur"
zu fordern.

In der konfuzianischen Philosophie wurde dieses „anarchische" Verhalten zwar
einer leichten Korrektur unterzogen, doch blieb das *wuwei* als solches, d.h. im Sinne
einer grundsätzlichen Nichtintervention des Staates, durchaus verbindlich – bei den
späteren Klassikern (Menzius!) allerdings weniger als beim „Meister" selbst: Hier
verrichtete zunehmend also das *baomin* sein Werk, das zwar keineswegs eine
grundlegend neue Sozialpolitik oder „Daseinsvorsorge" ins Leben rief, in dessen
Namen aber immerhin mit stärker werdendem Nachdruck versucht wurde, Ungerechtigkeiten wie krasse Einkommensverhältnisse sowie den Unterschied zwischen
Hunger und Überfluss einzuebnen; denn krasse soziale Asymmetrien waren, wie
erwähnt, nach menzianischer Auffassung die Hauptursache für gemeinschaftswidriges Verhalten.

---

[8] Bei der Ausarbeitung der nachklassischen Traditionen hat sich der Verfasser auf eine
Reihe von Büchern des chinesischen Wirtschaftshistorikers Hu Jichuang stützen können,
Zhongguo jingji sixiang shi (Geschichte des chinesischen wirtschaftlichen Denkens), 3
Bde., Shanghai 1978, 2.Aufl.

Die Antithese der Legalisten: Interventionismus

In grundlegendem Gegensatz zur konfuzianischen Abstinenztheorie standen die „legalistischen" Vorstellungen der *fajia*, deren Gedankengut im Qin-Staat seine praktische Verwirklichung fand: Die Qin waren schon früh als Protagonisten des Einheitsgedankens über die Vielheit hervorgetreten und hatten sich in einem über 900 Jahre dauernden Ringen um die Vorherrschaft gegen rund 1.000 Machtkonkurrenten durchsetzen können.

Die durch diesen Sieg möglich gewordene und vom Ersten Kaiser mit harter Hand betriebene politische Zentralisierung war von der wirtschaftlichen Seite her von groß angelegten Landwirtschafts-, Verkehrs- und Hydraulikprojekte flankiert. Das größte Vorhaben der damaligen Zeit, das die Mobilisierung Zehntausender von Arbeitskräften erforderte, war die Große Mauer, deren erstes Teilstück dadurch entstand, dass der Kaiser mehrere Schutz- und Trutzmauern, die bereits von früheren Feudalherren errichtet worden waren, zu einem geschlossenen Ganzen vereinigen ließ. Eine weitere, für damalige Verhältnisse gigantische Organisationsleistung war der Bau des Zhengguo-Kanals entlang dem Wei-Fluss i.j. 246 v.Chr., der in veränderter Form noch heute besteht. Der Mauer- und der Kanalbau sowie die Erstellung zahlreicher Wasserschutzbauten erforderten die Führung großer Menschenmassen und die Schaffung einer effizienten Infrastruktur- und Wasserbaubürokratie, die ihrerseits wiederum den Grundstock für das spätere Beamtentum abgab.

Die Synthese der Han-Praxis als Inbegriff „chinesischer" Wirtschaftsspielregeln

Wuwei auf der einen und prinzipielle Intervention auf der anderen Seite – dies waren die beiden Grundmuster jenes Doppelvermächtnisses, mit dem sich die Nachfolger des so kurzlebigen Qin-Reichs (221-206 v.Chr.), nämlich die Han-Machthaber, auseinander zu setzen hatten. Sie entschlossen sich am Ende für einen mittleren Weg, indem sie nämlich zahlreiche Grundelemente des als höchst praktikabel empfundenen Qin-Systems beibehielten, gleichzeitig aber versuchten, Eingriffe der Obrigkeit mit konfuzianischen Begründungen zu bemänteln.

Wie schon bei der Strukturierung des Staats- und Rechtswesens sowie bei der Konfuzianisierung zahlreicher anderer Gebiete des öffentlichen Lebens wurde die Westliche Han-Dynastie letztlich auch auf dem Gebiet der Wirtschaftpolitik zu einer Art Gesetzgeber für die nachfolgenden Dynastien. Manche ihrer damaligen Innovationen sind bis auf den heutigen Tag lebendig geblieben.

Bürokratischer Interventionismus trat seit damals vor allem auf folgende Weise in Erscheinung:

• durch Gleichgewichtung, wann immer es zu Verzerrungen zwischen verschiedenen Sektoren oder Regionen kam,
• durch die Einrichtung von Monopolen über gewisse Grundgüter wie Eisen, Salz und Alkohol, aber auch über die Außenwirtschaft,

- durch die Einrichtung öffentlicher Arbeitsdienste, die hauptsächlich Großprojekten der Infrastruktur zugute kamen,
- durch den Erlass uniformer Abgaberichtlinien,
- durch Einführung eines möglichst reichseinheitlichen Bodenregimes sowie
- durch eine Reihe weiterer mehr oder weniger subtiler Steuerungsmaßnahmen, sei es nun durch Einführung einer einheitlichen Währung, durch Einrichtung von Getreidespeichern, die in Notfällen für die Bevölkerung geöffnet werden sollten, durch den Erlass von Antiwucher- und Antiluxusgesetzen und durch die Verordnung von Zulassungs- und Registrierungsmodalitäten.

3 Die sechs Hauptaustragungsfelder wirtschaftspolitischer Auseinandersetzungen

3.1 Herstellung von Gleichgewichten

A und O aller Wirtschaftspolitik waren im Reich der Mitte von Anfang an der Gleichgewichtsgedanke und die damit verknüpfte Dialektik, die sich bereits im vorwirtschaftlichen Bereich wie rote Fäden auch durch das Gewebe des Daoismus und des Konfuzianismus ziehen.

Eine geschlossene Wirtschaftslehre haben die Klassiker zwar nicht hinterlassen. Gleichwohl gab es immer schon eine auf sie zurückgehende und den Chinesen im Laufe der Jahrhunderte zur zweiten Natur gewordene Denktradition, die auch auf den Wirtschaftsbereich hinüberwirkte – eben das Denken in Gleichgewichtskategorien.

Noch in der Wirtschaftsdiskussion der Volksrepublik tauchen mit pochender Regelmäßigkeit Schlüsselbegriffe wie *jingji pingheng* („wirtschaftliches Gleichgewicht") oder aber *bili* – wörtlich: „Proportionalität", „Ausgewogenheit" – auf. Wirtschaft wird, ähnlich wie der menschliche Körper in der Medizin, als ein Kreislaufsystem betrachtet, das sowohl in sich selbst balanciert als auch in den gesellschaftlichen Gesamtzusammenhang eingebettet sein will. Wenn es dafür noch eines Beweises bedürfte, so erbrächte ihn der Ausdruck für „Wirtschaft" *(jingji)*, der sich, wie bereits erwähnt, von dem altchinesischen Doppelausdruck *jingzhi jimin* herleitet und soviel bedeutet wie „die Welt regeln und für die Wohlfahrt des Volkes sorgen".

Bezeichnend auch das Wort „Friede" *(heping)*, das von seinem etymologischen Aufbau her eindringlich die Verschlungenheit von Wirtschaft und Politik zeigt, insofern hier „Getreide" und „Münder" einander die Waage halten!

Politik und Wirtschaft müssen zueinander also stets in einem „gesunden", d.h. ausgeglichenen Verhältnis stehen: Wo zuviel staatliche Kontrolle stattfindet, geht die Initiative verloren (man denke an die maoistische Wirtschaftspolitik), wo andererseits das Einzelunternehmertum keine Schranken findet, droht die Gefahr der Anarchie. So empfiehlt sich ein durchgehend „mittleres" *(zhongyong)* Verhalten zwischen diesen beiden Extremen, u.a. also auch eine maßvolle Kontrolle des Marktgeschehens durch den Staat.

Für diese vom Staat zu steuernde Ausgleichspolitik haben sich in der chinesischen Wirtschaftspolitik zahlreiche Beispiele herausgebildet, von denen hier einige Kostproben vermittelt werden sollen.

Musterfälle einer „volkswirtschaftlichen" und von Gleichgewichtsüberlegungen getragenen Regelung tauchen schon früh vor allem im Zusammenhang mit der Getreidepreispolitik auf, so z.B. in Form der Ratschläge eines gewissen Fan Li, der im *Shiji* („Geschichtsaufzeichnungen") des Sima Qian, dem wohl berühmtesten Geschichtswerk der chinesischen Literatur, folgende Empfehlungen erteilt:

> Was den Getreideverkaufspreis anbelangt, so ist er schädlich für die Bauern, wenn er auf 20 fällt, und schädlich für die Händler, wenn er auf 90 steigt [...] Fluktuiert der Preis jedoch zwischen 30 und 80, so ist er sowohl Bauern als auch Händlern nützlich.

Was hier in altertümlicher Sprache zutage tritt, ist klar. Doch wie lassen sich solche „mittleren" Preise herstellen? Auch hierzu erteilt Fan Li überaus praktische Ratschläge:

> Wenn der Preis zu sehr ansteigt, so soll die Regierung ihre Vorratsspeicher öffnen und so lange Getreide verkaufen, bis der Preis wieder heruntergegangen ist. Verfällt andererseits der Getreidepreis, so soll die Regierung umgekehrt große Mengen ankaufen und sie in ihre Speicher einlagern.

Man muss einräumen, dass hier eine durchaus modern anmutende Politik des Antizyklismus empfohlen wird, die keineswegs mit administrativen, sondern mit wirtschaftlichen Mitteln arbeitet, auch wenn als Hauptagent nicht das Privatunternehmertum, sondern der Staat in Erscheinung tritt. Typisch chinesisch mutet die stochastische Methode an: Ist der Preis zu niedrig, schadet er dem Bauern, ist er zu hoch, schadet er dem Händler. Ergo sei die Lösung irgendwo in der Mitte zu suchen. Angepeilt wird hier nicht ein fester Preis, sondern ein Fluktuationsspielraum.[9]

Empfehlungen des Fan Li, wie sie im *Shiji* niedergelegt sind, wurden auch zweieinhalb Jahrtausende später noch mit erhobenem Zeigefinger erteilt, und zwar von keinem Geringeren als Sun Yixian (aka Sun Yat-sen), wobei nicht ganz klar ist, ob Sun die alte Preisbildungslehre nur wieder entdeckt oder ob er das Rad zum zweiten Mal erfunden hat. In jedem Fall zieht sie sich wie ein roter Faden durch die chinesische Wirtschaftsgeschichte.

Sun Yixians Ausgangsfrage hatte darin bestanden, nach welchen Gesichtspunkten die Bodensteuer zu bemessen sei. Als Optimum empfahl er, dass jeder Bodeneigentümer den Wert seines Grundstücks selbst einschätzen und, entsprechend dieser Eigentaxierung, Steuern zahlen solle: Falle seine Schätzung zu hoch aus, so schneide er sich damit ins eigene Fleisch, da er dann ein Zuviel an Abgaben leisten müsse; falle sie dagegen zu niedrig aus, so schade er sich ebenfalls, da der Staat in diesem Fall von seinem Recht Gebrauch machen könne, das Grundstück zum billigen Tax-

---

[9]   Hu Jichuang, *Zhongguo gudai jingji sixiangde guanghui chengjiu* (Die glanzvollen Errungenschaften des wirtschaftlichen Denkens in China), Beijing 1981, S.16-18; fortan Hu, Gudai.

preis zu erwerben. Ergo sei es jedermann in seinem ureigensten Interesse anzuraten, die „richtige Mitte" zu finden!

Besonders reich an Gleichgewichtsempfehlungen ist das vom Geist des Daoismus durchzogene Buch *Guanzi*, das u.a. auch mit einer Reihe von Konjunkturrezepten aufwartet. Eines davon ist die „Verschwendungstheorie" (*xiaofei guan*), die grundsätzlich zwar zur Sparsamkeit rät. Sollte es jedoch zu Stagnationen (modern ausgedrückt: zu einem „Konjunkturtief") kommen, so gelte es, der Wirtschaft Geldspritzen zu verabreichen – wörtlich:

> In einem Jahr mit Trockenheit, wenn das Volk seine Ernten verliert, sollten möglichst viele Paläste, Häuser, Terrassen und Lauben angelegt werden, um solchen Personen Beschäftigung zu verschaffen, die zu Hause weder Hunde noch Schweine besitzen. Mit dieser Politik soll keineswegs der Luxus, sondern das Interesse des Staates gefördert werden.[10]

Würden Paläste dagegen zur Unzeit gebaut, so entstehe Schaden und werde das Volkswohl beeinträchtigt.

Mit den gleichen antizyklischen Argumenten werden luxuriöse Beerdigungen empfohlen. Verschwendungssucht wohlhabender Personen „zur rechten Zeit" sei also für die Armen durchaus nützlich, schade ihnen aber, wenn sie zum falschen Zeitpunkt einsetze. Um den Leuten Arbeit zu verschaffen, sei es sogar empfehlenswert, ein „Ei zu bemalen, bevor es gekocht, und Holz kunstvoll zu beschnitzen, bevor es verbrannt wird".[11]

Ebenfalls im *Guanzi* taucht eine „Geldmengentheorie" (*huobi liangshu shuo*) auf, die erneut dem *yinyang* Tribut zollt. Wörtlich:

> Wenn neun Zehntel des Geldes zur Spitze zurückgerufen werden (d.h. zum staatlichen Schatzamt) und nur ein Zehntel unten bleibt (d.h. in der Zirkulation), so wird das Geld 'schwer' (*zhong*) und die Dinge (d.h. die Waren) werden gleichzeitig 'leicht' (*qing*). In dieser Situation sollte das Geld des Staatlichen Schatzamtes dazu benutzt werden, möglichst viele Dinge aufzukaufen, damit das Geld zurück in den Umlauf fließt und die Dinge in die Hände des Staates kommen. Dies hat zur Folge, dass sie 'zehnmal so schwer' werden, als sie vorher waren.

Setzt man statt der Wörter „leicht" und „schwer" die Ausdrücke „billig" und „teuer" ein, so wird daraus ein solides Konjunkturrezept.

Ist also wenig Geld im Umlauf, fallen die Warenpreise und umgekehrt. Zwar wird hier die „Umlaufgeschwindigkeit" des Geldes noch nicht mitberücksichtigt, doch sollte man nicht vergessen, dass dieser Faktor auch in Europa erst spät (vermutlich erstmals durch Jean Bodin im 16. Jahrhundert) entdeckt wurde.[12]

Bemerkenswerterweise stellt die „Schwer-Leicht-Theorie" im *Guanzi* nicht auf feste Preise als anzustrebendes Ziel, sondern erneut auf Oszillationen innerhalb eines „mittleren Rahmens" ab.

---

[10] Hu, Gudai, a.a.O., S.25.
[11] Ebenda, S.26.
[12] Ebenda, S.27f.

Noch ausgeprägter hätte der dialektische Ansatz wohl kaum reflektiert werden können. Unter der Hand verwandelt sich das auf den ersten Blick so esoterische *yinyang* hier in eine höchst praktikable Theorie des „Gleichgewichts der Markt-preise" (*shichang jiage junheng*).[13]

Dieses Programm einer konjunkturgerechten Besteuerung des Preisniveaus wurde in Chang'an, der Hauptstadt der Han-Dynastie, bereits 110 v.Chr. praktiziert. Leitprinzip war es hierbei, die spontanen Kräfte des Marktes in den Dienst der Preis-stabilisierung zu stellen.

Interventionen sollten auf möglichst „weiche" Art erfolgen, d.h. sich auf Ab-schöpfung der Überschüsse (an Waren oder aber an Geldmitteln) beschränken. Im Idealfall wurde diese Politik des sanften Gleichgewichts zu einer Widerspiegelung des *dao* im Marktgeschehen: Überall dort, wo zuviel oder zuwenig eingegriffen werde, entstehe Schaden; stets komme es auf das rechte Maß an. Indem der Staat sein Schatzamt und seine Getreidespeicher dazu einsetzte, mit leichter Hand Kor-rekturen vorzunehmen, gehorchte er dem *wuwei*-Prinzip. Zugleich verhielt er sich wie ein Bauer, der in Regenzeiten Wasser staut, um es dann in Trockenzeiten den Feldern zuzuführen.

Diese Politik wurde zu Recht als *pingzhun*, d.h. als „Ausgleichsregulierung", be-zeichnet und nahm übrigens die verschiedensten Formen an. So ließ z.B. der Re-formkaiser Wang Mang, der von 9 bis 23 n.Chr. regierte, für alle wichtigen Artikel wie Getreide, Kleidung und Seide jahreszeitliche Orientierungspreise festsetzen, wobei die Qualitätsstufen nach drei Klassen eingeteilt werden konnten. Orientie-rungspreise dieser Art durften zwar je nach Maßgabe der örtlichen Marktbedingun-gen über- oder unterschritten werden, jedoch nur bis zu einem Spielraum von 10% nach oben, während die Preisgrenze nach unten offen war.

Möglicherweise war diese explizite Politik des „Marktgleichgewichts" (*shiping*), die im *Hanshu* („Geschichte der Han- Dynastie") im Kapitel „Aufzeichnungen über Getreide und Handel"[14] beschrieben ist, die erste ihrer Art in der Wirtschaftsge-schichte der Menschheit.

Angesichts der permanenten Orientierung an Gleichgewichtskategorien wurden im Reich der Mitte bereits während des 1. nachchristlichen Jahrhunderts die Ge-setzmäßigkeiten für Inflation und Deflation entdeckt. Im *Jinshu* („Geschichte der Jin-Dynastie") wird auf die sich verändernde Kaufkraft des Geldes hingewiesen: Wenn die Regierung zuviel Geld horte, statt es zirkulieren zu lassen, so werde das Geld knapp und die Preise stiegen, während umgekehrt bei zu hoher (d.h. die Wa-renangebote übersteigender) Geldzirkulation die Kaufkraft des Geldes nachlasse.

Dem ubiquitären Gleichgewichtsdenken war es auch zu verdanken, dass China schon früh über ein Instrumentarium zum Ausgleich des Staatshaushalts verfügte. Streitig war lediglich, ob die „Ausgaben den Einnahmen anzupassen" seien (*liang ru wei chu*: „Die Menge, die eingeht, beeinflusst die Menge, die ausgeht.") oder ob der Anpassungsmechanismus dem umgekehrten Weg folgen sollte, sodass die „Ein-

---

[13] Ebenda, S.28.
[14] Ebenda, S.40f.

nahmen sich nach den Ausgaben" zu richten haben (*liang chu yi zhi ru*). Das erstere Prinzip galt kontinuierlich während der Westlichen Zhou-Dynastie, während die zuletzt genannte Methode laut *Jiu Tangshu* („Alte Geschichte der Tang") erstmals im Jahre 780 n.Chr. angeordnet wurde.[15]

Vom Gleichgewichtsdenken bis zur „Offenmarktpolitik" (*gongkai shichang huodong*) war es nur ein kleines Stückchen Wegs. Bereits im *Guanzi* waren die theoretischen Überlegungen in diese Richtung weit vorangetrieben worden; systematisch ausgearbeitet erschien die „Offenmarktpolitik" aber erst während der Südlichen Song-Dynastie, d.h. im 12. Jahrhundert, nachdem in China bereits die *Huizi* (wörtlich: „Versammeltes" – die Etymologie dieses Begriffes lässt sich nicht ohne Weiteres erklären; möglicherweise wurde hier ein Fremdwort verschriftet) genannte „Papierwährung" (*zhibi*) eingeführt worden war. Anders als die frühere Metallwährung, die ihren Wert ja weitgehend in sich selbst getragen hatte, bedurfte der Umgang mit einer Papierwährung ganz besonderen Fingerspitzengefühls und spezifischer Kontrollmechanismen. Zu diesem Zweck wurde in der damaligen Hauptstadt Hangzhou ein staatlicher Sonderfonds eingerichtet, der immer dann, wenn die umlaufende Geldmenge zu hoch wurde, überzähliges Papiergeld durch die Ausgabe marktfähiger „Zertifikate" (*chengzheng*) aufkaufte und der, wenn sich die Papiergeldmenge anschließend wieder verknappte, die Zertifikate unter Einsatz von Papiergeld wieder zurückerwarb.

Wertpapiere dieser Art enthielten u.a. Lizenzen für den Handel mit Salz, Tee, Gewürzen, berechtigten manchmal auch zur Führung eines bestimmten Titels oder durften als Ausweispapiere (u.a. sogar als Personalausweise für Mönche) verwendet werden.[16]

3.2 Staatsmonopole

Zu den Warengruppen, auf die bereits die kurzlebige Qin-Dynastie ihr Auge geworfen und die sie größtenteils auch unter bürokratische Kontrolle gebracht hatte, gehörten Eisen (daher auch der gewaltige technologische Vorsprung der Qin vor ihren politischen Konkurrenten!), Salz, Alkohol und Tee.

Für die legalistisch gesteuerte Vereinheitlichungs- und Zentralisierungspolitik der Qin war es ein Leichtes, über diese Gütergruppen hoheitliche Kontrolle zu gewinnen. Die Westlichen Han taten sich damit schon wesentlich schwerer, da sie ja keineswegs guten Gewissens eine Politik fortführen konnten, die sie den Qin einstmals noch als Todsünde angelastet hatten.

Im Zeichen wachsender Kapitalnot rückten sie dem Gedanken einer Monopolisierung dann aber doch wieder näher, als sie es sich hätten träumen lassen. Die aufwendige Hofhaltung in der Hauptstadt Chang'an, die ehrgeizigen Infrastrukturprojekte, nicht zuletzt die wachsenden Militärkosten und die immer kostspieliger werdenden Seiden- und Tributlieferungen an die aggressiven Xiongnu machten gesi-

---

[15]   Ebenda, S.56.
[16]   Ebenda, S.62f.

cherte Einnahmen nötig. Gleichzeitig waren die „Salzfamilien" wegen ihres luxuriösen Lebensstils und ihrer geschäftlichen Hemdsärmeligkeit zu einem Dauerärgernis für den Hof geworden.

So kam es, dass ausgerechnet der dem Konfuzianertum besonders nahestehende Kaiser Han Wudi (140-87 v.Chr.) neben zahlreichen Zentralisierungsmaßnahmen auch eine straffe Wirtschaftspolitik durchsetzte, die zur Förderung der Landwirtschaft und des Handwerks sowie zu zahlreichen Verstaatlichungsmaßnahmen, u.a. zur Beschlagnahme des Vermögens politischer Gegner, führte. Wudi nahm die Münzprägung, die Salzgewinnung und die Eisenverhüttung sowie eine Reihe wichtiger Handwerks- und Handelszweige unter staatliche Kuratel – und schuf sich damit zahlreiche Gegner.

Schon wenige Jahre nach dem Tode Wudis wurden die Staatsmonopole jedoch wieder abgeschafft.

Nach diesem Hin und Her kam es 81 v.Chr. zu der wohl berühmtesten Konferenz Altchinas, nämlich der „Salz- und Eisendiskussion" (*yantie lun*) in Chang'an, zu der „60 Spitzenvertreter aus Politik und Wirtschaft" geladen worden waren, die ihre Meinung zu Fortbestehen oder Aufhebung des staatlichen Monopols an Salz und Eisen äußern sollten. Die Konferenz wurde so zum Hauptaustragungsforum der Interessengegensätze zwischen Vertretern des Staatsmonopols und des Privatunternehmertums. Das rund 90.000 Schriftzeichen umfassende Protokoll ist erhalten geblieben und zeigt, dass die Debatte überaus stürmisch verlief.[17]

Der Gegenangriff des Privatunternehmertums konnte bei der Konferenz zwar noch einmal abgewehrt werden, sodass das Salz- und Eisenmonopol des Staates einstweilen erhalten blieb; mit dem Ende der Han-Dynastie aber lösten sich die Monopole endgültig auf, und die Salzgewinnung sowie die Eisenverhüttung gingen erneut in private Hände über. Die Idee der Monopolisierung allerdings blieb lebendig. Kein Wunder, dass das Tauziehen zwischen Staat und Privatunternehmertum zu einer Dauerkonstante der Politik im Reich der Mitte wurde, das manchmal zu offenem Konflikt ausartete, zumeist aber zur Arbeitsteilung zwischen öffentlicher und privater Hand führte.

Auch in der wissenschaftlichen Diskussion rückte das alte Salzmonopol immer wieder ins Zentrum: Zum einen nämlich gehörte es zu den Haupteinnahmequellen der kaiserlichen Verwaltung (noch während der Qing-Dynastie, 1644-1911, wurde der Staatshaushalt zu rund einem Viertel allein aus dem staatlichen Salzmonopol finanziert), zum anderen zeigte sich hier die Zusammenarbeit zwischen Bürokratie und Wirtschaft geradezu exemplarisch, und nicht zuletzt gehörte das Salzmonopol zu den am besten dokumentierten Tätigkeitsbereichen der traditionellen Verwaltung.

Eng im Zusammenhang mit der Monopol- stand auch die Antiluxusgesetzgebung, die sich vor allem gegen die Salzhändler von Suzhou und Yangzhou richtete, die als Geldmillionäre und als Vertreter extravaganten Lebensstils nicht selten den Unmut strenger Konfuzianer hervorriefen.

---

[17] Dazu ausführlich Liang Xiao, *Du yantie lun* (Etwas über die „Salz- und Eisendiskussion" lesen), in: HQ 1974, Nr.5, S.12-19, insbesondere S.13f.

Die auf Wahrung der Beamtenprivilegien hinauslaufende Ratio legis der Antiluxusgesetzgebung trat besonders deutlich in § 176 des Qing-Kodex zutage, wo – im Rahmen der Ritengesetze – darauf verwiesen wurde, dass bestimmte Kleider und Wohnungen dem Rang des betreffenden Inhabers genau entsprechen müssten.[18]

Monopole (und Antiluxusgesetze) konnten nur so lange aufrechterhalten werden, wie die Staatsmaschinerie funktionierte. Mit jedem Niedergang einer Dynastie pflegte deshalb die Stunde der reichen Familien und der Privatisierung zu schlagen, während mit dem Neuantritt einer kraftvollen Dynastie zumeist auch die Monopole wieder aufzuleben begannen.

3.3 Arbeit und Soziales

Zu den Hauptpflichten eines chinesischen Bauern, der ja bis an die Schwelle der Neuzeit rund 90% der Bevölkerung stellte, gehörte es, Ruhe zu wahren, Steuern zu zahlen und öffentlichen Arbeitsdienst abzuleisten.

An diese Trias waren nicht alle Einwohner des Reiches der Mitte gleichermaßen gebunden. Vielmehr gab es, was die öffentlichen Hand- und Spanndienste anbelangte, eine Zweiteilung der Gesellschaft, die bis auf Menzius zurückging. Der öffentliche Arbeitsdienst war ferner nicht nur, wie manchmal behauptet wird, auf Bewässerungsprojekte beschränkt, sondern umfasste einen weiten Fächer von Tätigkeiten. Um die Arbeitskraft systematisch auszuschöpfen, hatte der Staat, drittens, eine systematische Arbeitskraftplanung zu betreiben, die nicht zuletzt auch eine Registrierung der Bevölkerung nötig machte. Außerdem galt es im Zusammenhang mit dem öffentlichen Arbeitsdienst, auch sozialpolitische Überlegungen anzustellen.

Diese vier Punkte seien nachfolgend kurz kommentiert.

3.3.1 „Formierte Gesellschaft"

Überlegungen zur Zweiteilung der Arbeit wurden systematisch erstmals bei Menzius angestellt, der bei seinen Überlegungen immer wieder vom Verhältnis zwischen Gewinn und Tugend ausging und hierbei zu dem Ergebnis kam, dass zwischen beiden nicht ein Entweder-oder, sondern ein Sowohl-als-auch anzustreben sei: Armut sei Folge von Ungerechtigkeit, wie umgekehrt Wohlstand die Folge einer tugendhaften, dem *baomin* verpflichteten Regierungsweise sei: Das *baomin* sorge für „ausreichend Getreide" und ausreichendes Getreide sei wiederum die Voraussetzung für Bürgersinn.

Bei der Schaffung wirtschaftlichen Wohlstands müsse arbeitsteilig vorgegangen werden: Das Volk habe körperliche Arbeit zu leisten, der „aufgeklärte Fürst" (*ming*

---

[18] Ausführlich dazu bei Erhard Rosner, „Luxusgesetze in China unter der Mandschu-Dynastie 1644-1911", in: *Saeculum*, Bd. 25, Jg. 1974, S.325-337; zum Salzmonopol vgl. Sam Adshead, *The Modernization of the Chinese Salt Administration 1900-1920*, Cambridge (Mass.) 1970; Ho Ping-ti, „The Salt Merchants of Yang-chou: A Study of Commercial Capitalism in Eighteenth Century China", in: *Harvard Journal of Asian Studies* 17 (1954), S.130-168.

jun) aber habe sich damit zu revanchieren, dass er die „Produktion(sarbeit) des Volkes lenke" (*zhi min zhi chan*).[19]

Ausdrücklich wandte sich Menzius gegen die zu seiner Zeit offensichtlich häufig vertretene Doktrin, der zufolge jedermann die von ihm benötigten Güter selbst herstellen müsse. In Gesprächen mit einem gewissen Xu Xing stellte er die rhetorische Frage, ob Xu etwa seine Kleidung selbst gewoben, seinen Hut selbst geflochten, sein Kochgeschirr selbst geschmiedet und seine Töpfe selbst gebrannt habe. Da dem offensichtlich nicht so sei, solle man doch den Erfordernissen – und Realitäten – Rechnung tragen und auf Arbeitsteilung achten.[20]

Wörtlich heißt es: „Man arbeitet entweder mit dem Herzen (d.h. mit dem Kopf) oder aber mit Kraft (d.h. mit Muskeln) (*huo lao xin, huo lao li*). Wer mit dem Herzen arbeitet, regiert die Menschen, wer mit Kraft arbeitet, wird von anderen regiert." Beide unterstützten sich wechselseitig und folgten damit einem Prinzip, das „überall unter dem Himmel Anwendung findet" (*tianxia zhi tong yi*).[21]

Kein Wunder, dass angesichts dieser so unmissverständlich deutlich artikulierten Zweiteilungstheorie die Schriften des Menzius für die chinesischen Kommunisten lange Zeit ein rotes Tuch waren!

3.3.2 Die Einrichtung des öffentlichen Arbeitdienstes

Schon seit der frühesten chinesischen Dynastie, nämlich den Qin, gehörte die Arbeitsorganisation großen Stils zu den Grundpfeilern der chinesischen Gesellschaft.

So entwickelte sich im Rahmen der klassischen „Sechs Ministerien" ein eigenes Ressort, das für „öffentliche Arbeiten" ausdrücklich zuständig war und daher den Namen *gong bu* trug.

Historischer Ausgangspunkt für das öffentliche Dienstleistungswesen war offensichtlich die Militärpflicht. Der damals gebräuchliche Ausdruck *yi* symbolisiert den Dienst an der Waffe: Der linke Teil des Ideogramms hat die Bedeutung von „gehen", der rechte zeigt eine Hand, die eine Waffe hält.

Viel häufiger als zu den Waffen hatten die Bauern allerdings, um im Bilde zu bleiben, zu den großen Bewässerungsprojekten zu „gehen".

Die Zusammenarbeit riesiger Menschenmassen zum Zwecke der Erstellung wasserbaulicher Großprojekte, mit deren Hilfe nicht nur Hochwasserkatastrophen abgewehrt, sondern gleichzeitig auch Staubecken für das während der Anbausaison benötigte Wasser angelegt werden konnten, verliehen denn auch dem Arbeitsstil der chinesischen Bevölkerung einen so ausgeprägt dem Wasserbau zugewandten Charakter, dass die in den dreißiger Jahren des 20. Jahrhunderts entstandene „hydrauli-

---

[19] Mengzi I.1.7; Legge S.464.
[20] Mengzi III.1.4; Legge, S.624ff.
[21] Ebenda, S.627.

sche Theorie" Karl Wittfogels eine Zeit lang sogar zum Generalmaßstab für die Deutung und Erklärung des Wesens der chinesischen Gesellschaft werden konnte.[22]

Obwohl Wittfogels Reduzierung des öffentlichen Arbeitsdienstes auf hydraulische Projekte etwas einseitig war, hat seine Theorie doch auf einen zentralen Aspekt aufmerksam gemacht, nämlich auf den seit zwei Jahrtausenden so konsequent betriebenen öffentlichen Arbeitsdienst, ohne den vor allem der Zusammenhalt des Riesenreiches unmöglich gewesen wäre: Nur mit Millionen von Arbeitskräften, die nicht mehr kosteten als zu ihrer eigenen Reproduktion nötig war, ließen sich Kanalnetze und Schiffe bauen, ließen sich der personalintensive Postdienst betreiben, das staatliche Speicherwesen aufrechterhalten und der Milizdienst versehen. Sogar die Steuern mussten teilweise durch nichtbeamtete Hilfskräfte eingezogen werden, soweit sie nicht ohnehin einfach im Wege des „Geld(einnahmegarantie)systems" (*bao yin*) verpachtet wurden.[23]

Das traditionelle chinesische Dienstleistungssystem unterschied sich vom Frondienst des europäischen Mittelalters vor allem dadurch, dass der chinesische Dienstpflichtige seiner Fron nicht nur im landwirtschaftlichen Betrieb des Feudalherren nachkam, sondern dass er erstens viele Arten von Diensten (meist sogar solche nichtlandwirtschaftlicher Art) zu leisten hatte und dass er diese Dienste, zweitens, gegenüber dem Staat – konkret gegenüber dem erwähnten Arbeitsministerium – zu erbringen hatte.

Formelle Grundlage der öffentlichen Dienstleistungen war die Eintragung in die so genannten „Gelben Register", die während der Ming-Zeit (1381) eingerichtet worden waren und in denen die Arbeitsdienstpflichtigen nach drei Kategorien unterschieden wurden, nämlich als „Volk" (*min*, sc. Bauern), „Handwerker" (*jiang*) und „Soldaten" (*jun*). Es gab verschiedene Arten des Arbeitsdienstes, die zum Teil vom Bodenbesitz (Bauern) und zum Teil von besonderen handwerklichen Fähigkeiten (Handwerker) oder aber von Waffengeschicklichkeit abhingen.[24]

Die folgenschwersten Auswirkungen dieser Registrierung bestanden in einer Beschränkung sowohl der Freizügigkeit als auch der freien Berufswahl. Bedrückend war freilich auch, dass der Arbeitsdienst oft Jahre in Anspruch nahm und deshalb bäuerliche oder handwerkliche Einzelbetriebe in ihrer Überlebensfähigkeit treffen konnte. Eine Wiederkehr fand der öffentliche Arbeitsdienst in den Jahren des Maoismus (1949-1976), als Millionen von Menschen beim Bau von Infrastrukturmaßnahmen eingesetzt wurden – und dabei im Westen die erschreckende Assoziation der „blauen Ameisen" aufkam!

---

[22] Dazu Karl August Wittfogel, *Wirtschaft und Gesellschaft in China*, Leipzig 1931; ders., *Die Orientalische Despotie, eine vergleichende Untersuchung lokaler Macht*, 1977 (Ullstein-Buch Nr. 3309).

[23] Hu, Gudai 1981, S.66.

[24] Einzelheiten dazu Heinz Friese, *Das Dienstleistungssystem der Ming-Zeit (1368-1644)*, Hamburg 1959, S.24ff. und 42ff.

3.3.3   Gesamtstaatliche Arbeitskräfteplanung

Angesichts des staatlichen Arbeitskräftebedarfs, der in Kriegszeiten sowie beim Bau von Infrastrukturgroßprojekten, vor allem aber im Zuge der Erschließung südlicher Reisanbaugebiete (Song-Zeit) immer größer wurde, hatte die Bürokratie schon früh überregionale Arbeitskräfteplanung betrieben, deren Anfänge in die vorkaiserliche Zeit zurückreichen.

Bereits im 6. vorchristlichen Jahrhundert hatte der Politiker Guang Zhong gefordert, dass die Hauptstadt und ihre Umgebung in 21 Gebiete aufgeteilt werden sollten, von denen 15 den Militärs, drei den Handwerkern und die restlichen drei den Händlern zuzuweisen seien. Weiter außen liegende Gebiete seien in zusätzliche fünf Großdistrikte einzuteilen, die an die Bauern vergeben werden sollten.[25]

Anders als im mittelalterlichen Europa, wo Handwerkskammern und Gilden für alle möglichen Belange Regelwerke festlegten, war es in China der Staat, der in möglichst zentralisierter Form die nationale Arbeitskraft zu erfassen und zu lenken versuchte, sei es nun durch Vorschriften über die Gestaltung von Arbeitsprozessen, über die Haushaltsrationalisierung oder aber über die weitere Bevölkerungsentwicklung.

Einzelheiten zu den beiden ersten Themen sind an anderer Stelle ausführlich behandelt worden.[26] Im vorliegenden Zusammenhang seien lediglich einige Überlegungen zu den bevölkerungstheoretischen Aspekten angestellt.

Die meiste Zeit im Laufe seiner Geschichte hatte das Reich der Mitte mit einem knapp bemessenen Arbeitskräftepotenzial zurechtkommen müssen. Schon bei Konfuzius taucht immer wieder die – nur vor diesem Hintergrund verständliche – Formel auf, dass „das Volk herbeiströmt, wenn ein König tugendhaft ist" und dass es umgekehrt auf Abstand geht.

Unter diesen Umständen lautete die Frage, was der Staat tun könne, um die Einwohnerzahl – und damit das Arbeitskräftepotenzial – zu erhöhen.

Erst während der Qing-Dynastie, als China eine bis dahin nicht gekannte Bevölkerungsexplosion erlebte, begann sich die Frage im umgekehrten Sinne zu stellen, wie nämlich der Zuwachs gebremst werden könne. Zu den ersten „Bevölkerungsplanern"– und gleichzeitig Bevölkerungstheoretikern Chinas – zählte Hong Liangji, der in der zweiten Hälfte des 18. Jahrhunderts lebte. Ebenso wie sein europäischer Zeitgenosse Malthus wies Hong auf die Gefahren eines weiteren ungebremsten Bevölkerungszuwachses hin. Zwar war er nicht der Erste, der diesen Gedanken aufgriff, doch hat er seine pessimistischen Ansichten mit am klarsten formuliert. Hong lebte in den glücklichen Friedensjahren der Qing-Dynastie (1644-1911), in deren Verlauf das Reich der Mitte eine bis dahin einzigartige Bevölkerungsexplosion durchmachte. Von 1770 bis 1950, also in nur 180 Jahren, verdoppelte sich die Bevölkerung von rund 250 auf etwa 500 Millionen Menschen. Hong stand am Anfang dieser Ent-

---

[25]   Hu, Gudai, a.a.O., S.47.
[26]   Oskar Weggel, „Wo steht China heute? Wirtschaftspolitische Traditionen und ihre Fortwirkung", in: C.a., 8/1993, S.800-827, hier S.813-815.

wicklung und erlebte die ersten Jahre dieses beängstigenden Wachstums mit. Nicht ganz zutreffend in der Erfassung des Zahlenmaterials, wohl aber höchst hellsichtig in der Aufspürung von Tendenzen, schrieb er: „Blickt man auf die Haushalte, so hat sich ihre Mitgliederzahl innerhalb der letzten 30 Jahre verfünffacht, innerhalb der letzten 60 Jahre verzehnfacht und innerhalb des ganzen Jahrhunderts sogar verzwanzigfacht. Leider haben sich Wohnhäuser und Ackerflächen im gleichen Zeitraum lediglich verdoppelt", fügt Hong nachdenklich hinzu. Was er hier anspricht, war ein typischer Schereneffekt, wie er auch von Malthus immer wieder angesprochen wurde.

Als Gegenmittel empfahl Hong zwei Maßnahmen, nämlich die „Methode der Regelung durch Himmel und Erde" (*tian di diaoji fa*) und die „Methode der Bereinigung durch Fürsten und Ministerpräsidenten" (*gun xiang diaoji fa*). Die „Himmel-Erde-Methode" läuft letztlich auf eine Verringerung der Bevölkerung durch „Überschwemmungen, Trockenheit, Krankheiten und Epidemien" (*shui zao bing yi*) hinaus, die „Bereinigungsmethode" aber auf eine Regelung der Probleme durch administrative Maßnahmen, also durch Umsiedlung, Neulanderschließung und durch Maßnahmen der Familienplanung hinaus.

3.3.4 Sozialpolitische Überlegungen: Solidarität?

Der chinesische Bauer hat immer schon im Schweiße seines Angesichts arbeiten müssen, wobei er in ein doppeltes Joch eingespannt war, nämlich einerseits in die Bebauung seines eigenen Ackers, andererseits aber ins System der öffentlichen Dienstpflichten, die von Hand- und Spanndiensten bis hin zum Großinfrastrukturbau reichten – man denke an die Aushebung von Kanälen, den Bau von Schutzmauern, die Errichtung von Palästen oder die Kiellegung von Schiffen, vor allem aber an die Durchführung von Bewässerungsprojekten.

Immer wieder führte diese Beanspruchung zur physischen Auslaugung der häufig ohnehin schon bis an ihre Grenzen geforderten bäuerlichen Bevölkerung. Kein Wunder, dass sich gegen den Dauerzugriff auf die bäuerliche Arbeitskraft schon früh warnende Stimmen erhoben. Nicht zufällig war es Mozi (497-381 v.Chr.), der – als „Philosoph der Armen" bekannt – die ersten arbeitsrechtlichen Forderungen erhob. Im Gegensatz zu den meisten Philosophen seiner Zeit, die zumeist aus wohlhabenderen Familien hervorgegangen waren, stammte Mozi aus einer Familie niederen Standes. Als Kind armer Eltern wusste Mozi, wovon er sprach, wenn er die Leiden der Bauern und Handwerker schilderte.

In seinem Hauptwerk *Mo Zi*, das aus 71 Kapiteln besteht, heißt es: „Es gibt drei Arten von Leiden im Volk: Hunger ohne Nahrung, Kälte ohne Kleidung und Müdigkeit ohne Rast" (*min you san huan: jizhe bu de shi, hanzhi bu de yi, laozhi bu de xi*).

Kernforderungen seiner Lehre waren die „gegenseitige Zuneigung" (*jian ai*)[27] und der „Verzicht auf den Angriffskrieg" (*fei gong*).[28] Mit der Forderung nach

---

[27] Kap.14-16 des *Mo Zi*, Text a.a.O., S.21ff.

Zuneigung, die wohl im Sinne von Solidarität gemeint war, stand er weitab von der Philosophie anderer Denker seiner Zeit, die – mit Blick auf den zellularen Aufbau der chinesischen Bauerngesellschaft – davon ausgingen, dass Zuneigung und Solidarität weitgehend auf die nächsten Angehörigen beschränkt seien und daher in der Anonymität keinen Anhaltspunkt fänden.

Ganz im Gegensatz zu Konfuzius ging Mozi, der ja mitten in die Wirren der Kämpfenden Reiche hineingeboren worden war, davon aus, dass die ständigen Kriege durch Egoismus und Hass verursacht seien. Nur unter den Bedingungen „allgemeiner Zuneigung" könne es dahin kommen, dass „die Staaten sich nicht mehr angreifen und auch die Familien sich nicht mehr bekämpfen, dass Diebstähle unterbleiben, dass zwischen Königen und Untertanen Zuneigung aufkommt und Ordnung in der Welt einzieht".[29] Zuneigung zu allen Menschen, und zwar ohne Rücksicht auf Rang- und Standesunterschiede, führe zur Ordnung der Welt, Konflikte und soziale Segmentierung dagegen verursachten Kriege und Leid. Aufgabe eines Herrschers sei es daher, die Menschen von der Wichtigkeit der „allgemeinen Zuneigung" zu überzeugen.

Im Rahmen der chinesischen Philosophiegeschichte ist Mozi ein – wohlwollend belächelter – Sonderling geblieben. Die chinesischen Kommunisten nahmen ihn gleichwohl als einen der historisch am frühesten bezeugten Vorkämpfer gegen die Ausbeutung des Menschen durch den Menschen für sich in Anspruch,[30] und dies, obwohl sie im Namen des Klassenkampfes den Forderungen Mozis nach *jian ai* jahrzehntelang prinzipiell zuwidergehandelt hatten.

Wenn Mozi immer wieder zur „Sparsamkeit" (*jieyong*) aufruft und sich damit vor allem gegen das Luxusleben der Fürsten seiner Zeit wendet, tritt die soziale Komponente seiner Lehre besonders deutlich hervor, wie überhaupt seine Forderungen nach „allgemeiner Zuneigung" wohl vor allem im Sinne von Solidarität, d.h. von sozialpolitischer Zuwendung, zu verstehen waren. Ganz in diesem Sinne traten auch seine Schüler, die Mohisten, mit konkret umrissenen Aktionsprogrammen für soziale Gerechtigkeit auf. Sie pflegten nur Kleider aus grobem Stoff sowie Strohsandalen zu tragen, bei der Arbeit selbst mit Hand anzulegen und ihren Arbeitslohn an andere weiterzuverteilen. Bekannt wurden sie durch ihre Aufsehen erregende Forderung, dass jedermann, der Reichtum besitzt, ihn mit anderen Menschen teilen, und wer Kenntnisse besitzt, sie an andere weiterreichen sollte.

Mit ihren Forderungen nach Belehrung des Volkes und nach mehr Sparsamkeit rannten sie beim Konfuzianismus gleichsam offene Türen ein. Ihr sozialpolitischer Aufruf freilich verhallte ungehört. Eine dörfliche und personenbezogene Gesellschaft, wie sie die chinesische war (und größtenteils heute noch ist), konnte für anonyme Sozialsysteme einfach noch nicht aufnahmebereit sein, sondern musste weiterhin auf die Familie als „Sozialversicherungsträger" bauen. Dabei ist es im Wesentlichen bis auf den heutigen Tag geblieben.

---

[28] Kap.17-19, Text a.a.O., S.28ff.
[29] Ebenda, S.29.
[30] Hu, Gudai, a.a.O., S.10f.

3.4 Steuern und Finanzen

3.4.1 Das Abgabewesen

Gegenstand einer für chinesische Verhältnisse ganz ungewöhnlich intensiven Gesetzgebung war im kaiserlichen Reich der Mitte das Steuerrecht, das im Laufe der Jahrhunderte zahlreiche Wandlungen und Häutungen durchmachte.
    Bemerkenswert vor allem die Entwicklung der Steuerprinzipien und der Abgabearten:

- Die ersten systematischen Steuerprinzipien waren bereits im dritten nachchristlichen Jahrhundert von einem Finanzminister der Jin-Dynastie, Fu Xuan, formuliert worden. Nach Fu sollten Steuern erstens sozialadäquat erhoben werden, d.h., ein Armer sollte weniger Steuern bezahlen als ein Wohlhabender. Zweitens sollten die Steuergelder ausschließlich „für das öffentliche Wohl" und überdies „in wirtschaftlicher Weise" ausgegeben werden. Hierbei gelte es, Staats- und Hofhaushalt streng voneinander zu trennen. Drittens müsse die Steuererhebung für den Abgabepflichtigen stets berechenbar bleiben: Außerlegale Belastungen seien deshalb zu verhindern und strikt mit Strafe zu belegen.

- Im 8. Jahrhundert, also während der Tang-Zeit, sorgten die Reformen des Yang Yan dafür, dass nicht mehr nur auf die Muskelstärke eines Steuerpflichtigen, sondern auf seine gesamte Steuerkraft abgestellt wurde, sodass wohlhabende Familien wesentlich mehr Abgaben zu leisten hatten als ärmere.[31]

- Im 9. Jahrhundert wurden die bisherigen fiskalisch-budgetären und ethisch-sozialpolitischen Überlegungen noch durch ordnungspolitische Prinzipien ergänzt: Steuerliche Eingriffe sollten nunmehr in der Weise dosiert werden, dass sie weder den Markt noch den Wettbewerb beeinträchtigten.

Ganz in diesem Sinne war eine Throneingabe des Innenministers der Tang-Dynastie, Li Jue, gedacht, der im Jahre 821 gegen die Anhebung der Teesteuer polemisierte:

> Je höher die Steuer, desto höher die Preise, und je höher die Preise, desto kleiner die Zahl der Käufer. Umgekehrt führen niedrige Preise zu einer größeren Zahl von Käufern. Daraus lässt sich schließen, dass eine übermäßige Steuer die Einkünfte des Staates keineswegs anwachsen, eine niedrige Steuer aber gleichzeitig das Aufkommen nicht schrumpfen lässt.[32]

Was hier postuliert wurde, war nichts Geringeres als die Marktneutralität von Steuern!

- Im 17.Jahrhundert kam ein viertes, typisch chinesisches Prinzip hinzu, das vom damaligen Finanzminister Wang Yuan vorgeschlagen worden war und das zu

---

[31] Hu, Gudai, a.a.O., S.57.
[32] *Jiu Tangshu*, zit. nach Hu, Gudai, a.a.O., S.57f.

einer Verkopplung von Steuermoral und sozialem Ansehen („Gesicht") führen sollte: Leider seien, so Wang, Steuerflucht und -hinterziehung bei den Unternehmern zu einem Kavaliersdelikt geworden, gegen das die Verwaltung vergeblich ankämpfe. Künftig solle die Steuerzahlung deshalb weniger durch Strafen erzwungen als vielmehr durch immaterielle Anreize versüßt werden: Je mehr Steuern ein Pflichtiger entrichte, umso größer müsse auch sein „Gesicht" werden. Ganz in diesem Sinne wurde ein neungradiger Kodex ausgearbeitet, in dem Ehrungen, zeremonielle Regelungen, Kleidungsrituale, Pferdebespannungen, die Zahl der Diener und die Farbe von Kappen sowie von Schärpen minuziös reglementiert waren. Ein Ladeninhaber, der pro Jahr 2.400 Kupfermünzenstränge als Steuern entrichtete, sollte sogar das Recht haben, die Mütze und die Schärpe eines Beamten der 9. Stufe zu tragen.

- Der Steuermoral sollte hier mit anderen Worten durch Privilegien quasimandarinärer Art und durch „Gesichts"gewinn auf die Sprünge geholfen werden.[33]
- Auch die Steuerarten waren in China alles andere als monochrom. Lange Zeit herrschte das klassische Prinzip der Einheitsbesteuerung in Form des so genannten „Zehnten", der bis zum Ende der Zhou-Dynastie in Form einer Bodenertragssteuer erhoben wurde.

Im Laufe der Zeit wucherte die Einheitsbesteuerung jedoch zu einem zwei- und manchmal sogar dreispännigen Regelsystem aus, das nicht nur Abgaben in Form von so genannten „Ablieferungen" (*diao*), sondern auch „Pachtgebühren" (*zu*) und „Dienstleistungen" in Form von Hand- und Spanndiensten (*yong*) umfasste. Dieses „Pacht-, Fron- und Liefersystem" (*zu yong diao*) galt vor allem zu Beginn der Tang-Zeit als Standardform des Abgabewesens.[34] In späteren Zeiten kam es zu einer regelrechten Inflationierung der Steuerarten. Die geldhungrige Ming-Dynastie z.B. erhob neben der Bodenertrags- auch eine Salz- und eine Umsatzsteuer sowie eine Vielzahl von Gebühren auf alle möglichen Leistungen.

Kernelement der Abgabenordnung blieb allerdings auch jetzt – im Agrarland China! – die Bodenertragssteuer, die auf der Basis eines Grundeinkommens- und eines Arbeitsdienstkoeffizienten erhoben wurde, wie er in den örtlichen „Fischschuppenregistern" (so genannt wegen des schuppig aussehenden Buchdeckels) festgelegt war. Eine Korrektur dieses Registers sollte laut Gesetz zwar alle zehn Jahre erfolgen, doch blieb diese Anordnung – sehr zum Schaden der Dynastie – zumeist auf dem Papier stehen. Wer es nämlich verstand, die Eintragung zu seinen Gunsten zu verhindern oder sie gar nachträglich zu schönen, konnte meist unkontrolliert durch die Steuermaschen schlüpfen: Kein Wunder, dass ausgerechnet die wohlhabende und im Umgang mit den Registerbeamten vertraute Gentry hier alle möglichen Ausflüchte fand, während umgekehrt die armen und analphabetischen Bauern immer wieder zur Ader gelassen wurden.

---

[33]   Hu, Gudai, a.a.O., S.73f.
[34]   Ausf. dazu Cihai, Shanghai 1979, S.4006.

3.4.2 Finanzverwaltung und Rechnungshofpraktiken

Auch in der Finanzverwaltung kam es schon frühzeitig zu Entwicklungen, die in Europa erst Jahrhunderte später „nachgeholt" wurden.

Während der Tang-Dynastie wurden z.b. die Funktionen der Finanzverwaltung und des Rechnungshofes strikt voneinander getrennt: Während das Finanzressort die Steuereinziehung betrieb und zur Hauptagentur auch der Ausgabensteuerung wurde, gingen die Funktionen einer unabhängigen Ausgabenüberprüfung auf ein anderes Ressort, nämlich merkwürdigerweise das Justizministerium, über. Die Funktionen dieses frühen Rechnungshofes wurden mit zahlreichen Regelungen über Inspektion, Buchhaltung und Nachrechnung konkretisiert. Unter anderem mussten die jährlichen Einnahmen und Ausgaben der zentralen und der lokalen Regierungsagenturen an den Rechnungshof übermittelt und von diesem nachgeprüft werden. Auch die Termine für die Entlastung wurden genau festgelegt.[35]

Diese Praxis wurde auch von der Song- und der Ming-Dynastie übernommen. Vor allem der songzeitliche Reformer Wang Anshi, der zu den großen Sozialpolitikern der chinesischen Geschichte gehört, weil er sich besonders für die Bauern einsetzte, sorgte für eine zusätzliche Verschärfung der Haushaltsüberprüfung.

Während der Südlichen Song-Dynastie wurden die Bestimmungen des Rechnungshofes zusätzlich verfeinert. Zur präzisen Trennung zwischen Reichsfinanzministerium und Reichsrechnungshof kam nun noch die Regelung hinzu, dass Rechnungshofbeamte im Rang über ihren Kollegen vom Finanzministerium stehen sollten, um sich so jederzeit in deren Belange einmischen zu können.[36]

Aber auch das Budgetwesen wurde weiter verfeinert: Im 15. Jahrhundert legte der mingzeitliche Finanzminister Qiu Jun detaillierte Vorschriften über die Aufstellung des Staatshaushalts fest, wobei er auf Vorarbeiten zurückgreifen konnte, die bis ins 8. Jahrhundert zurückreichten.[37] In Europa wurde demgegenüber das erste moderne Staatsbudget erst 1763 aufgestellt, und zwar in England.

3.4.3 Finanzierungen durch die öffentliche Hand

Ein weiteres Thema, das in Chinas Wirtschaftstheorie und -praxis tiefe Spuren hinterlassen hat, ist die Frage der Finanzierung von Projekten durch die öffentliche Hand.

Bemerkenswertes Niveau erreichte die staatliche Kreditvergabepraxis bereits zur Zeit des Reformkaisers (und „Usurpators") Wang Mang (9-23 n.Chr.), der seine Hauptmission darin erblickte, dem überhand nehmenden Einfluss wohlhabender Gentry-Familien entgegenzutreten, und der zu diesem Zweck dem Staat eine wegweisende Rolle einräumen wollte. Vor allem sollte die bisher so zügellose Privatfinanzierung von Krediten soweit wie möglich durch eine Staatsfinanzierung ersetzt werden.

---

[35] Hu, Gudai, a.a.O., S.55f.
[36] Hu, Gudai, a.a.O., S.63f.
[37] Hu, Gudai, a.a.O., S.58f.

Die Kreditvergabe unter Wang Mang erfolgte nach zwei Kategorien, nämlich für unproduktive und für produktive Zwecke. Die erstere sollte dazu dienen, gewisse Ausgaben zu finanzieren, die durch das konfuzianische Ritualwesen bedingt waren, vor allem die Aufwendungen für die so kostspielig gewordenen Beerdigungsfeierlichkeiten zugunsten von Eltern und anderen Personen, denen man Pietät schuldete. Für Kredite dieser Art wurden keine Zinsen erhoben.

Die Kredite für produktive Zwecke andererseits wurden mit 1% p.a. vergeben, wobei als Bemessungsgrundlage nicht etwa die Kreditsumme, sondern der mit Hilfe dieser Summe erzielte Reingewinn diente. Überstiegen also die Kosten den Gewinn, so war überhaupt kein Zins zu entrichten.[38]

Auch wenn der Staat angesichts dieser großzügigen Methoden vermutlich nur minimale Zinsen eingenommen haben dürfte, ließ der Ansatz Wang Mangs doch bereits beträchtliches Differenzierungsvermögen und rechtliches Fingerspitzengefühl für staatliche Förderungsmaßnahmen erkennen. Die Zinspolitik hatte überraschende Ähnlichkeit mit einer modernen Einkommensteuerpolitik, und überdies wurde dem Leistungsvermögen des jeweiligen Kreditnehmers auf wirtschaftliche Weise Rechnung getragen.

Überhaupt verstand es Wang Mang, wirtschaftliche Hebel zu bedienen und – zum ersten Mal in der chinesischen Wirtschaftsgeschichte – auch auf ein Kriterium wie die Arbeitsproduktivität abzustellen.[39]

Die Methoden des Reformkaisers waren wirtschaftlich zwar erfolgreich, wurden aber gleichwohl bekämpft, vor allem von der Gentry: Galt Wang Mang doch nicht nur als „Usurpator", sondern auch als übel gesinnter Neider, der dem Grundbesitzertum keine Zinsprofite gönnen wollte. Unter anderem wurde ihm vorgeworfen, dass er das Prinzip der Nichtintervention des Staates in private Angelegenheiten mit Füßen getreten habe – ein Schuldspruch, der weder stichhaltig noch frei von Scheinheiligkeit war und der ja auch noch tausend Jahre später von einem der großen Staatsmänner der Song-Dynastie, Wang Anshi, mit Verachtung gestraft wurde.

Da der Staat selten genügend Finanzmasse zur Verfügung hatte, um die Projektfinanzierung in großem Stil zu betreiben, musste er am Ende doch wieder dem privaten Kreditgewerbe gegenüber Zugeständnisse machen. Allerdings galt es hierbei, auf der Hut zu sein und mit gesetzgeberischen sowie mit exekutiven Kontrollmaßnahmen darüber zu wachen, dass Zinswucher beschnitten wurde.

3.4.4   Finanzen und Statistik

Bis zum Ende des Kaiserreichs i.J. 1911 gab es im Reich der Mitte praktisch keinen einheitlichen Markt. Dies hatte zur Folge, dass Preise von Ort zu Ort und manchmal sogar von Lokalmarkt zu Lokalmarkt verschieden ausfielen.

Erst im 8. Jahrhundert, also zur Zeit der auch wirtschaftlich hochentwickelten Tang-Dynastie, versuchte Liu Yan, einer der damaligen Finanzminister, systemati-

---

[38] Hu, Gudai, a.a.O., S.41.
[39] Zu Einzelheiten dieser Praxis vgl. C.a. 1993/8, S.818.

schen Einblick in Waren- und Geldströme transregionaler Art zu gewinnen und zog zu diesem Zweck ein Informationsnetzwerk auf, das zumindest die Kernprovinzen des Reiches überspannte. Dabei bediente er sich des bereits bestehenden Kurierdienstes für den Transport öffentlicher Dokumente, der mit Hilfe schneller Pferde pro Tag immerhin bis zu 300 Meilen bewältigen konnte. Auch die Marktverhältnisse in abgelegenen Provinzen konnten so innerhalb weniger Tage von der hauptstädtischen Registrierbehörde überblickt werden.[40]

Erneut war es ein Finanzminister – diesmal der Ming-Dynastie –, der im 15. Jahrhundert statistischen Durchblick zu gewinnen versuchte, indem er Aufzeichnungen des Zeitraums von 1289 bis 1329 auswertete und ihnen Grunddaten über die transportierte Getreidemenge, über die einzelnen Transportboote, über die Ablieferungsmengen und über die Verluste entnahm, die während der Reisen einzutreten pflegten. Aufgrund dieser Querschnittsanalyse, die als das wohl früheste Beispiel einer systematischen statistischen Auswertung des Preissystems im Reich der Mitte gelten darf, zog Qiu Jun den für die Kostengestaltung nützlichen Schluss, dass die Getreideverluste, die der Seetransport mit sich brachte, weitaus geringer lägen als diejenigen, die beim Transport auf den Binnenkanälen in Kauf genommen werden müssten.[41] Ein eigenes statistisches Amt wurde gleichwohl noch nicht gegründet. Zwar gab es ein wohldotiertes und üppig besetztes Historiographenamt, doch hielt man die Aufzeichnung von Wirtschaftsdaten durch eine amtliche Behörde offensichtlich für zu teuer – wahrscheinlicher noch: für überflüssig.

Dabei hätten gerade solide Statistiken im Zusammenhang mit den wachsenden Übergriffen der Bürokratie auf die Wirtschaft durchaus nützliche Anhaltspunkte liefern können. Verstärkte staatliche Interventionen verlangte z.B. der oben bereits erwähnte konfuzianische Reformer Wang Anshi, der die gerade während seiner Amtszeit im 11. Jahrhundert üblich gewordene Praxis des „Bauernlegens" mit ansehen und der deshalb den Wettbewerbsverzerrungen, den Bestechungsversuchen und der Bauernausbeutung mit hoheitlichen Mitteln zu Leibe rücken wollte: „Wenn die Volkswirtschaft nicht von der Regierung mit gesteuert wird, können habgierige Subjekte in Stadt und Land ihrer Zügellosigkeit freien Lauf lassen und an allen Ecken und Enden abkassieren." Je länger man es beim bisherigen Laisser-faire belasse, umso mehr komme es zur Ausschaltung des Wettbewerbs und zu Monopolbildungen. Vielfach seien Entwicklungen dieser Art aber nicht nur eine Folge persönlicher Skrupellosigkeit, sondern Ergebnis einer gesamtwirtschaftlichen Fehlentwicklung.[42]

Vor allem im Finanzbereich müsse der Staat daher die Zügel stärker in die Hand nehmen (vgl. dazu u.a. oben unter 3.4.3).

---

[40] Hu, Gudai, a.a.O., S.54f.
[41] Ebenda, S.69f.
[42] Zit. ebenda, S.59f.

3.5   Die Bodenordnung: Zwischen Privateigentum und hoheitlicher Zuteilung

Während Zentralasien seit unvordenklichen Zeiten ein Land der Hirten und Noma-
den war, ist das Reich der Mitte, wie schon die Gründungsmythen im *Shujing* verdeutlichen, stets ein Bauernland gewesen: Bis zum Beginn des 20. Jahrhunderts
lebten immerhin 90% der Bevölkerung von bäuerlicher Erwerbsarbeit.

Bodenbesitz bedeutete in einer Gesellschaft, die so fundamental agrarisch geprägt war wie die chinesische, nicht nur Existenzsicherung und manchmal sogar
Quelle von Wohlstand, sondern auch Sozialversicherung, Familienzusammenhalt
und Absicherung des Brauchtums, sei es nun in Form der Pflege altüberkommener
„Bauernregeln" oder aber der Aufrechterhaltung des Ahnenkults.

Die Ausrichtung der Lebensweise an Grund und Boden sorgte ferner dafür, dass
auch der Überbau agrikulturell orientiert blieb: In der Religion spielten die Dorf-
und Bodengötter sowie die wasserspendenden Wesen – u.a. der Neunköpfige Dra-
che! – eine überragende Rolle. In der Sozialpolitik standen Dorf, Clan und Familie
als klassische „Sozialversicherungsträger" im Mittelpunkt, während das Individuum
zurückzutreten hatte, in der Finanz- und Steuerpolitik drehten sich Denken und
Handeln um Bodensteuer, Hand- und Spanndienste der Bauern, Getreidetransporte,
Infrastruktur und Kampf gegen parasitäres Händlertum, in der allgemeinen Innen-
politik schließlich mussten alle Anstrengungen darauf gerichtet bleiben, dass die
Bauern ihrer traditionellen Tätigkeit nachgingen, sesshaft blieben und vor allem nie
in Verzweiflung getrieben wurden, da bäuerliche Aufstände, wie die unglückliche-
ren Jahrhunderte der Geschichte zeigten, schnell zum Ruin einer Dynastie führen
konnten.

Kein Wunder, dass der Boden angesichts seiner alles überragenden Bedeutung
zum Hauptgegenstand eines permanenten Tauziehens wurde, an dem – in stets
wechselnden Konstellationen – die Pflüger, die Optimaten auf den Dörfern, d.h. die
Angehörigen der *junzi* und bisweilen auch die staatliche Obrigkeit beteiligt waren,
obwohl nach der konfuzianischen *wuwei*-Philosophie gerade der Staat sich möglichst hätte heraushalten sollen.

Wie war es angesichts dieser widerstreitenden Interessen, die durchaus nicht
immer in ein Gleichgewicht – und damit in ein harmonisches Verhältnis zueinander-
gebracht werden konnten, um das Bodenrecht bestellt?

Angesichts der zeitlichen und räumlichen Dimensionen Chinas konnte es hier nie
zu einer einheitlichen Entwicklung kommen. Vielmehr unterschieden sich die Spiel-
formen von Region zu Region und von Jahrhundert zu Jahrhundert, sodass es schwer
fällt, die Fülle all dieser Ansätze auf eine einheitliche Formel zu bringen.

Darüber hinaus machen die Entwicklungen deutlich, dass der Umgang mit dem
stets viel zu knappen Boden letztlich nicht eine Frage des Eigentums, sondern der
tatsächlichen Verfügungsgewalt war: Im Allgemeinen übte ein abwesender Grundbesitzer über sein De-jure-Eigentum weitaus weniger Macht aus als ein ständig im
Dorfe präsenter und sein Gewaltmonopol ausschöpfender Grundherr.

Welche Metamorphosen das Bodenrecht im Laufe der Zeit durchmachte, wird vor allem bei einem Vergleich zwischen dem China der Song-Zeit (960-1279) und dem China am Vorabend des Zweiten Weltkriegs deutlich:

- Das songzeitliche China, wie es vor allem von japanischen Autoren erforscht worden ist,[43] zeigt eine Welt landwirtschaftlicher Domänen, auf denen Sklaven oder halbversklavte Pächter einer mehr oder weniger strikt regulierten Arbeit nachgingen.

- Demgegenüber erweist sich das China der dreißiger Jahre des 20. Jahrhunderts, wie es vom „Hesiod" des modernen Bauerntums, John Lossing Buck, beschrieben wurde,[44] als eine Welt von Kleinbauern, die fast alle ihre eigene Scholle besaßen, und die, weil die Dörfer überbevölkert und die Fluren zerteilt waren, trotz verbissenen Fleißes stets am Rande der Hungersnot standen. Ganz im Gegensatz zu dem von den chinesischen Kommunisten gerne gezeichneten Bild einer erdrückenden Dominanz des Großgrundbesitzertums besaßen in der Nordchinesischen Ebene nicht weniger als rund vier Fünftel aller Bauern ihren eigenen Acker, und sogar im Yangzi-Tal waren rund drei Fünftel Eigentümer. Lediglich in den Provinzen Guangdong und Sichuan lag der Eigentumsanteil der Pflüger bei knapp 50% der Ackerfläche.

Angesichts dieser beiden Momentaufnahmen aus verschiedenen Jahrhunderten der chinesischen Geschichte könnte man den Eindruck gewinnen, dass hier von zwei verschiedenen Ländern die Rede ist. In der Tat war das Reich der Mitte weit davon entfernt, mit nur einem einzigen Bodenhaltersystem laboriert zu haben. Vielmehr oszillierten die Entwicklungen immer wieder vom einen Extrem zum anderen, ohne dass es je zu einem Stillstand gekommen wäre.

Bei genauerem Hinsehen stand das chinesische Bodenregime von Anfang an im Zeichen dreier großer Widersprüche, die sich vom Beginn der Han-Zeit bis hinein ins 20. Jahrhundert verfolgen lassen, nämlich (1) zwischen Staats- und Privateigentum, (2) zwischen hoheitlicher Zuteilung von Grundstücken und freier Verfügbarkeit sowie (3) zwischen Mehrfachsteuer (d.h. Real-, Einkommens- und Kopfabgaben) und Einheitssteuer.

Punkt 3 wurde oben (3.4.1) bereits besprochen. Die vorliegende Untersuchung soll also auf die Themen (1) und (2) beschränkt bleiben.

Was den ersten Spannungsbereich anbelangt, so standen sich bereits in der Qin-Dynastie zwei fundamental verschiedene Auffassungen gegenüber: Auf der einen Seite wirkte die alte konfuzianische Theorie nach, die in der Zhou-Zeit vorgeherrscht und die allen Grund und Boden vornehmlich als Eigentum des Zhou-Königs

---

[43] Z.B. Sudo Yoshiyuki, *Chugoku tochi seido shi kenkyu* (Geschichte der Bodenhaltungssysteme in China), Tokyo 1954, zit. bei Mark Elvin, „The Last Thousand Years of Chinese History. Changing Patterns in Land-tenure", in: *Modern Asian Studies* 4,2 (1970), S.97-114, hier S.97f.

[44] *Land Utilization in China*, 3 Bde., Chicago 1937.

(also des „Staates") betrachtet hatte – mit der Folge, dass die Scholle den Vasallen und dem Volk nur im Lehnswege zugeteilt werden konnte.

Demgegenüber befürwortete die für eine rationale Bodenbewirtschaftung plädierende Schule der Legisten, die ja bekanntlich von den Qin-Kaisern favorisiert wurde, das Privateigentum an Grundstücken sowie den freien Verkauf.

Der zweite Hauptwiderspruch der chinesischen Bodenordnung manifestierte sich im Tauziehen zwischen hoheitlicher Bodenzuteilung und freiem Bodenhandel. Seit Jahrhunderten stand es fest, dass eine grundlegende Bodenreform hier auf die Dauer unumgänglich war – und sie wurde ja dann im modernen China, d.h. zu Beginn der fünfziger Jahre des 20. Jahrhunderts, zwar mit Verspätung, dafür aber mit um so geballterer Wucht nachgeholt, und zwar sowohl in der VR China (1950-1958) als auch auf Taiwan (1949-1954).

Im China der Kaiser – also in einem Geschichtsverlauf von immerhin über 2.000 Jahren – war es dagegen lediglich viermal zu groß angelegten Bodenreformanläufen gekommen, deren Ergebnisse allerdings nie lange vorhielten, wobei zweimal, nämlich zu Beginn der Nördlichen Wei (386-534 n.Chr.) sowie zu Beginn der Tang-Dynastie (618ff.), eine Politik der gleichmäßigen Bodenverteilung versucht und weitere zweimal, nämlich am Ende der Östlichen Han- und der Nördlichen Song-Dynastie, eine Ex-post-Enteignung der Großgrundbesitzer betrieben wurde.

Alle vier Versuche scheiterten aber, wie gesagt, schon wenige Jahrzehnte nach ihrem Beginn.

Was erstens die „gleichmäßige Bodenverteilung" (*jun tian*) anbelangt, so wurde sie zuerst während der Nördlichen Wei und dann während der frühen Tang-Zeit versucht. Das einschlägige Dekret der Tang-Dynastie erging im Jahre 624 und ordnete an,[45] dass jedem amtlich registrierten männlichen Erwachsenen zwischen 18 und 60 Jahren Bodenparzellen in einer Größenordnung von 100 mu zugeteilt werden sollten, und zwar 80 mu als nicht weitervererbbarer, also wieder an den Staat zurückzuerstattender, und darüber hinaus 20 mu als vererbbarer Anteil. Auf dem Erbland seien spätestens innerhalb von drei Jahren nach der Zuteilung 50 Maulbeerbäume oder aber Hanfkulturen auszupflanzen – daher auch die Bezeichnung „Maulbeerfelder" und „Hanffelder"

Konsequent durchgeführt, hätte dieses Verteilungssystem dazu beitragen können, einer erneuten Dezentralisierung des Staates in Form von Latifundien oder aber anderen „unabhängigen Königtümern", die dem Reich in den vorausgegangenen 400 Jahren des Interregnums so sehr zum Verhängnis geworden waren, entgegenzuwirken. Wie die Dinge nun aber einmal lagen, wurden Adel und Beamtenschaft vom Prinzip der Gleichverteilung weitgehend ausgenommen, d.h. wieder einmal privilegiert. Außerdem ließ sich die Absicht des Gesetzgebers nur dort konsequent verwirklichen, wo für die Einwohnerschaft auch genügend Boden vorhanden war. Schließlich aber führte die rasche Bevölkerungsvermehrung im Zeichen der prosperierenden Tang-Zeit zu einer schnell um sich greifenden Bodenverknappung, die

---

[45]   Der Text des Dekrets findet sich übersetzt bei Denis Twitchett, *Financial Administration under the T'ang-Dynasty*, Cambridge 1963, S.124-135.

dem Dekret von 624 schon nach wenigen Jahrzehnten die Geschäftsgrundlage entzog. So kam es, dass erneut Zustände der Partikularisierung einzureißen begannen, wie sie bereits zur Zerstückelung des Han-Reiches geführt hatten.[46] Die zweite Variante der Bodenreform, wie sie im China der Kaiser durchgeführt wurde, konzentrierte sich primär nicht auf eine gleichmäßige Schollenverteilung, sondern auf die Enteignung von Großgrundbesitz und – Hand in Hand damit – auf verstärkte Einflussnahme des Staates im Landwirtschaftsbereich.

Beide Experimente sind verbunden mit den zwei Reformern namens Wang, nämlich Wang Mang (45 v.Chr.-23 n.Chr.) und Wang Anshi (1021-1086).

Das Verhängnis beider Politiker bestand darin, dass sie sich frontal mit der Gentry anlegten und damit einen übermächtigen Feind gegen sich aufbrachten. Wang Mang, der erleben musste, wie die Pacht zahlenden „Pflüger" seiner Zeit rasch verelendeten, während die grundbesitzenden Optimaten ihre Ellenbogen einsetzten und damit nicht nur Reichtum, sondern auch Macht an sich zogen, versuchte dem weiteren Verlauf dieser Entwicklung in die Speichen zu fallen, ordnete Enteignungsmaßnahmen an, versuchte das Privatunternehmertum durch Staatsmonopole zu domestizieren, legte amtliche Getreidepreise fest und errichtete staatliche Darlehenskassen. Das Wirtschaftsgeschehen sollte mit anderen Worten nicht mehr von der privaten, sondern zunehmend von der öffentlichen Hand gesteuert werden.

Kein Wunder, dass sich Wang Mang schon bald mit dem Ruf eines „Usurpators" und mit dem Vorwurf konfrontiert sah, er schenke dem *wuwei* keine Beachtung und verstoße gegen konfuzianische Grundsätze.

Ähnlichen Anschuldigungen sah sich tausend Jahre später sein Gesinnungsgenosse Wang Anshi ausgesetzt, der sich, obwohl er selbst einer reichen Familie entstammte, ein Gespür für die Not der Bauern bewahrt hatte. Wang versuchte, der unbeschränkten Kommerzialisierung von Grund und Boden sowie von Getreide Einhalt zu gebieten, wobei er sich wiederum hoheitlicher Mittel bediente. Sein „Gesetz über die keimende Saat" sollte z.B. den armen Bauern staatliche Kredite verschaffen. Sein „Gesetz über die Bodenvermessung" war nötig geworden, weil es galt, für Steuerzwecke den Boden nach Maßgabe seiner Fruchtbarkeit erneut in fünf Klassen einzuteilen und dadurch die Grundlagen für eine abgestufte Besteuerung zu schaffen. Daneben ergingen weitere Vorschriften über Preisregulierung, Warenqualitätskontrolle, gegen den freien Verkauf von Grund und Boden sowie Bestimmungen zur Überwachung des Handels und der Gilden. Der rote Faden, der sich durch all diese Gesetze und Bestimmungen zog, war die – durch und durch sozialpolitische – Absicht, den kleineren Produzenten im Konkurrenzkampf gegen die Großen mit staatlichen Mitteln unter die Arme zu greifen. Gleichzeitig sollten der freien Marktwirtschaft bürokratische Zügel angelegt werden.

Angesichts des leidenschaftlichen Widerstands der Grundbesitzer, Geldverleiher und Großhändler, denen diese Gesetze einen Strich durch die Rechnung machen sollten, konnte das Reformwerk Wangs nur 20 Jahre lang bestehen.[47]

---

[46] Weitere Einzelheiten zu den „drei großen Widersprüchen" bei Weggel, *Rechtsgeschichte*, Köln 1980, S.24ff. und 61ff.

Auch hier wurde also das für die chinesische Sozialgeschichte so charakteristische Tauziehen zwischen staatlichem Eingriff und freier Marktwirtschaft wirksam, das auf Dauer weder im einen noch im anderen Sinne eindeutig entschieden werden konnte. Nach kurzen Zügelungserfolgen setzte immer sogleich wieder der Durchbruch zum freien Unternehmertum ein.

Nicht sehr viel anders sollte die Entwicklung auch im China des 20. Jahrhunderts verlaufen, nachdem es zu den großen Bodenreformen der frühen fünfziger Jahre gekommen war.

Im China der Kaiser hatte sich der letzte große Anlauf zur Bodenreform bereits Ende des 11. Jahrhunderts erschöpft. Seitdem gab es – bis zur Mitte des 20. Jahrhunderts – kaum noch ernsthafte Versuche des Staates, die Bodenfrage wieder in den Griff zu bekommen oder aber erneut zu einer hoheitlichen Verteilung der Fluren zu schreiten.

An einschlägigen Theorien und (unverwirklichten) Forderungen hat es allerdings auch in den nachfolgenden Jahrhunderten nie gefehlt. So forderten z.B. die beiden Literatenbeamten Yan Guan und Wang Yuan im 17. Jahrhundert, dass „der Boden den Pflügern zugeteilt" werden solle (*gengzhe you qi tian*, wörtlich: „Jedem Pflüger sein Feld").[48] Beide verlangten darüber hinaus, dass vor allem Staatsbeamte künftig keinen Boden mehr erwerben dürften – ein Postulat, das als solches schon Bände spricht! Gleichwohl ging das Bodensammeln durch die Gentry – und versteckt auch durch die Mandarinatsangehörigen – ungebrochen weiter, schlechten Gewissens zwar, aber doch in Permanenz. Niemand, der die Vorstellung des Menzius über das „Neun-Felder-Ideal" nicht im Hinterkopf gehabt, doch niemand auch, der daraus wirklich Konsequenzen gezogen hätte. Die „Theorie der gleichmäßigen Felderverteilung" war das eine, die Realität aber das andere!

Gleichwohl verhallten die Aufrufe Yans und Wangs nicht ungehört, auch wenn 200 Jahre vergehen mussten, ehe die Forderung, das Land den „Pflügern" zuzuteilen, von Sun Yixian aufgegriffen und zu einem Hauptbestandteil seiner *Sanminzhuyi* erhoben wurde. Mehr noch: Zu Beginn der fünfziger Jahre wurde sogar die Bodenreform auf Taiwan im Namen dieser jahrhundertealten Forderung durchgeführt, wobei es zur Herausbildung eines Modells kam, das möglicherweise eines Tages auch aufs Festland zurückwirken könnte.[49]

Ansonsten aber ging die Bodenordnung, allen privaten Theorien zum Trotz, aber ihren eigenen Weg. Wieweit die praktischen Ergebnisse hier auseinander liegen konnten, zeigt wiederum ein Vergleich – erneut der zwischen Song- und Qing-Dynastie:

• Während der Song-Zeit waren die großen Gentry-Güter fest gefügt und wohl verwaltet. Der Gutsherr lebte in aller Regel noch auf seiner Domäne und übte

---

[47] Weitere Einzelheiten bei Weggel, ebenda, S.82f.
[48] Hu, Gudai, a.a.O., S.71.
[49] Näheres zur Bodenreform vgl. Oskar Weggel, *Die Geschichte Taiwans*, Köln, Weimar, Wien 1991, S.122-129.

dort ein strenges Regime über die Pachtbauern sowie über die damals noch häufig vorkommenden Sklaven aus. Vor allem wurde streng auf Schollenbindung geachtet – ein Grundsatz, der durch das Dekret von 1027 zusätzlich bekräftigt wurde.[50]

- Demgegenüber hatte sich in der Qing-Zeit (und zwar schon Mitte des 17. Jahrhunderts) das Bild auf den Dörfern von Grund auf geändert. Die Dominanz des Gutsherrn im ländlichen Bereich schien nun der Vergangenheit anzugehören, nachdem ihm im Gefolge zahlreicher Pächteraufstände der Boden dort zu heiß geworden war. Schon zu Beginn des 17. Jahrhunderts, also noch vor der Eroberung Ming-Chinas durch die Mandschu, gab es weitgehend nur noch abwesende Grundbesitzer, und gleichzeitig waren die Pächter immer mehr zu Eigentümern ihres Bodens geworden und als solche auch verstärkt in den Handel eingetreten. Ebenso verstanden es die Bauern, den Pachtforderungen der in die Städte geflohenen Grundherrn erfolgreich Widerstand entgegenzusetzen. Hatte Boden noch während der Song-Zeit als erstrebenswertestes aller Güter gegolten, so verlor er jetzt zunehmend an Attraktivität. Gleichwohl fanden die alten Beherrschungsverhältnisse ihre Fortsetzung in neuen Formen wirtschaftlicher Einflussnahme und Ausbeutung, nämlich in der Kreditvergabe und im Verpfändungswesen. Selten hatten die Bauern ja genügend Geld, um die Karenzzeiten zwischen den Ernten zu überbrücken und mit Eigenmitteln neues Saatgut anzuschaffen. So ist es kein Zufall, dass die Zahl der Pfandanstalten im 17. und vor allem im 18. Jahrhundert ungewöhnlich zunahm.[51]

Der Wandel im Bodenregime, wie er sich zu Beginn des 17. Jahrhunderts anbahnte, beschleunigte zwar einerseits den Übergang von der Gutsherrnwirtschaft zum System des bäuerlichen Kleinbodeneigentums, brachte andererseits aber auch neue Formen der Ausbeutung mit sich, insofern nämlich das ehemalige Grundbesitzertum Wege und Möglichkeiten fand, die Bauernschaft auf anderem Wege zu schröpfen. Da war erstens der oben bereits erwähnte „Geldverleih". Zweitens wurde die Wasserkontrolle immer stärker kommerzialisiert, sodass die Bauern nun zwar Eigentümer ihrer Felder waren, bei der Bewässerung ihrer Reisfelder aber in neue Abhängigkeitsverhältnisse gerieten.[52]

Drittens erhielten ehemalige (oder nach wie vor als solche eingetragene) Grundeigentümer das Recht, bei den Bauern Steuern einzuziehen. Die Steuern wurden hier mit anderen Worten an einzelne privilegierte Personen verpachtet – mit der Folge, dass die „Steuerpächter" nicht nur hoheitlichen Zugriff auf die fälligen Abgaben, sondern zusätzlich die Möglichkeit erhielten, sich Nebeneinkünfte zu verschaffen und auch sonst stärkeren Einfluss auf das Schicksal der einzelnen Dörfer zu gewinnen. Die „Steuerpacht" ging im 18. und 19. Jahrhundert nicht nur an die Gentry, sondern auch an die Inhaber von Tempel-, Clan- und Kirchenländereien über.

---

[50] Sudo Yoshiyuki, a.a.O., S.114, zit. bei Elvin, a.a.O., S.102.
[51] Dazu Yang Lien-sheng, *Money and Credit in China*, Cambridge (Mass.) 1952, S.73f.
[52] Dazu Elvin, a.a.O., S.109.

Macht und Einfluss in einem Dorf hingen jetzt also nicht mehr vom Bodeneigentum per se, sondern von anderen Einflussmöglichkeiten ab, die mit dem Boden
nur noch indirekt zu tun hatten, die aber für den einzelnen Bauernbetrieb nicht weniger schicksalhaft waren, zumal sich die Bevölkerung im Verlauf der Qing-Dynastie verdoppelte und eine immer größere Zahl von Personen sich die ohnehin
schon kleine Scholle zu teilen hatte.

3.6   Händler und Geldverleiher

In der chinesischen Wirtschaftstheorie hat es immer schon ein waches Gespür für
die Unterschiede aus Einkommen durch Eigenproduktion und Einkünften aus Han-
delsumsätzen gegeben: Die einen galten als Frucht bäuerlichen Schweißes, die anderen als Ergebnis parasitärer Gerissenheit.

Der Händler, der auf Kosten der Bauernschaft eine „schnelle Mark" zu machen
verstand, begegnete deshalb im traditionellen China fast immer einem hellwachen
institutionellen Misstrauen.

Schon der Historiker Sima Qian, Verfasser des *Shiji*, beklagt, dass ein Kaufmann
weitaus mehr verdiene als ein Handwerker und ein Handwerker wiederum mehr als
ein Bauer.[53]

Die Abneigung der Konfuzianer gegenüber den Händlern hing auch damit zusammen, dass diese den „Großen Bruder Gelochtes Viereck" (*kong fang xiong*), d.h.
die mit einem Loch versehenen Viereckmünzen, anbeteten. Wie der Fürsprecher des
„Geldfetischismus" (*huobi baiwuzhuyi*), Lu Bao, bereits im 4. nachchristlichen Jahrhundert in seinem Buch *Über den Geist des Geldes* (*qian shen lun*) ausführt, „macht
Geld sogar den Teufel zum Diener". Alles werde nur noch nach Geld bemessen.
Was der Mensch „heutzutage braucht, ist gelochtes Viereck".[54]

Den Konfuzianern war diese Anbetung des Mammon zuwider, auch wenn sie
selbst gegen persönlichen Reichtum nichts einzuwenden hatten. Dieser innere Widerspruch war übrigens auch ein Grund, weshalb Mozi, der Hauptkritiker des Konfuzius, die Konfuzianer als „Opportunisten, Schmarotzer und Scheinheilige" verur-
teilte![55]

Schon früh hatte man rationale Begründungen für die ursprünglich spontane Abneigung gegen das Händlertum entdeckt, vor allem den Unterschied zwischen
Gebrauchs- und Tauschwert, der ja bekanntlich in der marxistischen Lehre eine so
fundamentale Rolle spielt und der von den chinesischen Kommunisten 2.000 Jahre
später mit großem Beifall importiert wurde, obwohl er in China doch längst Heimat-
recht besessen hatte.

Zum ersten Mal scheint die Unterscheidung zwischen beiden Wertformen im
Buche *Mo Zi* benutzt worden zu sein, und zwar in Teil II („Anmerkung zu den Klassikern"). Zwar waren die Ausdrücke „Gebrauchswert" (*shiyong jiazhi*) und „Tausch-

---

[53]   Hu, Gudai, a.a.O., S.35.
[54]   Ebenda, S.49f.
[55]   *Mo Zi*, a.a.O., S.22.

wert" (*jiaohuan jiazhi*) damals noch unbekannt, doch gab es inhaltlich bereits analoge Vorstellungen, spricht doch der Text von Strohsandalen, die für den Eigengebrauch, und solchen, die nur für den Weiterverkauf produziert werden, wobei jeweils verschiedene Preise auftauchten.[56]

Auch übermäßige Gewinnsucht wurde verurteilt, selbst wenn man gegen Gewinnstreben als solches nichts einzuwenden hatte.

Generell setzte die Domestizierung des Handels bereits in der Han-Zeit ein. Die Konfuzianer bedienten sich hierbei nicht nur gesellschaftlicher Instrumente, indem sie die Händler auf der vierstufigen Sozialleiter hinter den Beamtengelehrten, den Bauern und den Handwerkern an allerunterster Stelle einordneten, sondern auch gesetzgeberischer Vorbeugemaßnahmen.

Zu diesem Zweck schnürten sie ein Paket von Restriktionsmaßnahmen, das vierfach ausgestattet war: (1) Einziehung der Steuern in Form von Naturalien, (2) Auszahlung der Beamtengehälter ebenfalls weitestgehend in Naturalien, um so die Entstehung von Geldvermögen und damit Warenwirtschaft zu verhindern, (3) Förderung des Tauschhandels in den Marktorten und (4) Verwaltung des überregionalen Handels durch die öffentliche Hand, also durch Monopole, oder aber durch das „Ministerium für öffentliche Arbeiten", das z.B. Transportleistungen lieber vom öffentlichen Arbeitsdienst als vom Privatunternehmertum durchführen ließ (§§ 144 des Qing-Kodex).[57]

Trotz dieser restriktiven Politik aber grub sich der Handel immer wieder neue Einflusskanäle, sodass der Staat zu immer neuen Gegenmaßnahmen gezwungen war. Sogar buddhistische Klöster wurden während der Han- und der frühen Tang-Zeit zu veritablen Unternehmern, nachdem sich der Brauch eingebürgert hatte, auf den Grundstücken buddhistischer Tempel Märkte abzuhalten und Messen zu veranstalten. Immer mehr gerieten die Orden damit in die Versuchung, die Funktionen von Pfandleihanstalten, Banken und Handelszentren zu übernehmen.

Als der Reichtum der Klöster infolge solch säkularer Machenschaften Dimensionen anzunehmen begann, die mit dem Machtverständnis des Mandarinats nicht mehr vereinbar waren, folgten harte staatliche Gegenmaßnahmen, die während der Tang-Zeit zur Vernichtung ganzer Klöster führten. Von dem damals erlittenen Schlag konnte sich der chinesische Buddhismus in der Tat nie mehr richtig erholen.

Während der Händler – ähnlich wie der Vertreter des Militärs – in China seit unvordenklichen Zeiten stigmatisiert wurde, begegnete der Geldverleiher paradoxerweise lange Zeit nicht dem geringsten Misstrauen. Noch im *Shiji* des Sima Qian wird der Geldverleih als die natürlichste Sache der Welt behandelt und mit Viehzucht, Getränkeherstellung und anderen nützlichen Gewerbezweigen auf eine Ebene gestellt.

Diese Haltung stand in krassem Gegensatz zu den Zinsverboten, wie sie z.B. in Europa bis zum Ende des Mittelalters oder aber in der islamischen Welt bis heute verbreitet sind.

---

[56] Zit. bei Hu, Gudai, a.a.O., S.11f.
[57] Weggel, *Rechtsgeschichte*, a.a.O., S.43.

Nur gegen extremen Wucher fiel ab und zu ein tadelndes Wort – die erste be-
kannte Attacke in dieser Richtung stammt aus dem 2. nachchristlichen Jahrhundert
und wird einem Minister namens Zhao Zuo zugeschrieben, der das seitdem unzäh-
lige Male wiederholte Protestlied gegen die Ausbeutung der Bauern anstimmte:
Bäuerliche Schuldner würden durch extrem hohe Zinsen allzu häufig gezwungen,
ihre Höfe, Häuser und sogar ihre Kinder zu verkaufen, um ihre Schulden abzube-
zahlen.[58]

Diese so merkwürdig unterschiedliche Beurteilung des Händlertums und des
Geldverleihertums hängt wohl vor allem damit zusammen, dass die Gentry, die im
traditionellen China ja den Ton angab und die ihr Interesse auch in die amtliche Ge-
schichtsschreibung einzubringen wusste, selbst häufig im Geldverleih tätig war und
Bauern immer wieder in Schuldknechtschaft genommen hatte. Angriffe auf das
Geldverleiherwesen wären letztlich also einer Nestbeschmutzung gleichgekommen!

4   Schlussbemerkungen

Zwar wäre es töricht, von der Erwartung auszugehen, dass sich all die historischen
Erfahrungen, wie sie oben dargestellt wurden, auf die Praxis der Gegenwart nieder-
schlagen könnten – von einer 1:1-Umsetzung ganz zu schweigen.

Doch bleiben traditionelle Annäherungsweisen durchaus maßgeblich, zumindest
was das oben dargestellte Denken in Polaritäten, was die dialektische Argumentation
sowie die stochastische Auslotung und was nicht zuletzt die ganzheitliche Betrachtung anbelangt. Angesichts solcher Determinanten sind der chinesischen Denkweise
vor allem Entweder-oder-Zuspitzungen bis auf den heutigen Tag fremd geblieben.
Trumpf ist stattdessen das Sowohl-als-auch, das a priori von der Einheit der Gegensätze ausgeht.

Ergebnisse werden deshalb nicht direkt angesteuert, sondern durch Einkreisung –
also eher indirekt – sowohl theoretisch angedacht als auch empirisch ausgelotet:
Man nähert sich der möglichen Lösung von den Rändern her an, indem man zunächst die äußersten Gegensätze extrapoliert, und dann – immer von außen nach
innen weiterschreitend – situationsadäquate Mittelpositionen aufbaut. Dieses Verfahren lässt sich nicht zufällig gerade anhand der im Text aufgeführten historischen
Fallsammlungen besonders eindrucksvoll nachvollziehen. Die Suche beginnt hier,
wie gesagt, jeweils bei den Extremen, die sich mit folgenden Schlagworten skizzie-
ren lassen:

- bürokratische oder marktwirtschaftliche Steuerung?
- Monopol- oder Warenwirtschaft?
- (öffentlicher) Arbeitsdienst oder Arbeitsmarkt?
- Bodenzuteilung oder freie Immobilienwirtschaft?
- Gewerbefreiheit oder Handelseinschränkungen?

---

[58] *Hanshu*, zit. nach Hu, Gudai, a.a.O., S.35f.

Gerade weil die Optionen hier so weit auseinander liegen und weil eine Mitte zwischen ihnen gefunden werden muss, ist eine Vorgehensweise gefragt, bei der sich Dialektik und Stochastik die Hände reichen.

Einseitigkeiten haben hier keine Chance; vielmehr erweist sich das *bili* immer wieder als kategorischer Imperativ des Wirtschaftskonfuzianismus. Hätte es dafür in der modernen Wirtschaftspraxis noch eines Beweises bedurft, so wäre er durch das Scheitern des (ganz von oben gesteuerten) 1. Fünfjahresplans (1953-1957) nicht weniger eindrucksvoll erbracht worden als durch die Katastrophen jener typisch maoistischen Wirtschaftspolitik, die das Schicksal der Wirtschaft – im Zeichen des „Großen Sprungs nach vorn" sowie der Kulturrevolution – ganz der „Massenspontaneität", also der Steuerung von unten, überlassen wollte. Kein Wunder auch, dass die ultralinke Gleichsetzung von Sozialismus und Armut längst wieder zum Irrweg erklärt wurde.

Aber auch die Überbetonung und Autonomisierung der Wirtschaft, die von den Reformern seit 1989 unter der Parole „Ein Zentrum, zwei wichtige Punkte" (*yi ge zhongxin, liang ge jiben dian*) betrieben wird, dürfte sich auf die Dauer nicht durchhalten lassen, da es in der chinesischen Tradition seit unvordenklichen Zeiten als ausgemacht gilt, dass die Wirtschaft in den Gesamtzusammenhang des gesellschaftlichen Lebens eingebettet zu sein hat und deshalb kein Eigenleben führen kann.

Wie sehr im Übrigen die Diktion der Klassiker auch heute noch weiterlebt, lässt sich aus Sentenzen sinokommunistischer Politiker ersehen, die sich bisweilen ausdrücken, als hätten sie einem Menzius über die Schulter geschaut. Als Beispiel sei hier ein Ausschnitt aus einer Rede des Politbüromitglieds Chen Yun von 1980 zitiert:

> Sobald wir die Fragen hinsichtlich der Ernährung, Wohnung, Kleidung und der täglichen Güter gelöst haben, können die Menschen ein besseres Leben führen. Nervosität und Schwierigkeiten verschwinden, wenn wir sie mit genügend Nahrung versorgen und die Kontrolle über ihr Denken ein bisschen lockern, statt sie straff zu halten, wenn wir außerdem mehr geistige und sportliche Tätigkeiten zulassen, ihrer Arbeitsbelastung mehr Aufmerksamkeit schenken und ihnen genügend Zeit zum Ausruhen geben [...] Wenn wir die Produktion wirklich erhöhen und bemerkenswerte Leistungen erbringen wollen, dann reicht es einfach nicht aus, nur leere Sprüche zu klopfen, große – aber gleichzeitig auch unpraktische – Projekte aufzuziehen oder x-beliebige Ziele aufzustellen. Vielmehr müssen wir die Dinge sowohl im Detail als auch aus der Distanz ansehen und unsere Schlussfolgerungen aus der Vergangenheit für die Gegenwart ziehen, um sie dann Schritt für Schritt durchzuführen.[59]

---

[59] Zit. nach der Übersetzung von Rüdiger Machetzki in: „Das Jahrzehnt der Reformen: Neue historische Etappe – die Abkehr vom Primat der Ideologie?", in: Erhard Louven (Hrsg.), *Chinas Wirtschaft zu Beginn der 90er Jahre. Strukturen und Reformen*, Hamburg 1989, S.88.

5   Literaturverzeichnis

Adshead, Sam (1970): *The Modernization of the Chinese Salt Administration 1900-1920*, Cambridge (Mass.)

Elvin, Mark (1970): "The Last Thousand Years of Chinese History. Changing Patterns in Land-tenure", in: *Modern Asian Studies* 4, 2.Jg., S.97-114

Friese, Heinz (1959): *Das Dienstleistungssystem der Ming-Zeit (1368-1644)*, Hamburg

Hu Jichuang (1981): *Zhongguo gudai jingji sixiangde guanghui chengjiu* (Die glanzvollen Errungenschaften des wirtschaftlichen Denkens in China), Beijing

Ho Ping-ti (1954): "The Salt Merchants of Yang-chou: A Study of Commercial Capitalism in Eighteenth Century China", in: *Harvard Journal of Asian Studies* 17, S.130-168

Hu Jichuang (1978): *Zhongguo jingji sixiang shi* (Geschichte des chinesischen wirtschaftlichen Denkens), 3 Bd., 2.Aufl., Shanghai

o.V. (1937): *Land Utilization in China*, 3 Bde., Chicago

Liang Xiao (1974): „Du yantie lun" (Etwas über die „Salz- und Eisendiskussion" lesen), in: HQ, Nr.5, S.12-19

Louven, Erhard (Hrsg.) (1989): *Chinas Wirtschaft zu Beginn der 90er-Jahre. Strukturen und Reformen*, Hamburg

Machetzki, Rüdiger (1989): „Das Jahrzehnt der Reformen: ‚Neue historische Etappe' – die Abkehr vom Primat der Ideologie?", in: Erhard Louven (Hrsg.), *Chinas Wirtschaft zu Beginn der 90er-Jahre. Strukturen und Reformen*, Hamburg 1989, S.85-116

Rosner, Erhard (1974): „Luxusgesetze in China unter der Mandschu-Dynastie 1644-1911", in: *Saeculum*, Bd.25, Jg., S.325-337

Twitchett, Denis (1963): *Financial Administration under the T'ang-Dynasty*, Cambridge 1963

Weggel, Oskar (1991): *Die Geschichte Taiwans*, Köln, Weimar, Wien

Weggel, Oskar (1980): *Rechtsgeschichte*, Köln

Weggel, Oskar (1993): „Wo steht China heute? Wirtschaftspolitische Traditionen und ihre Fortwirkung", in: *China aktuell*, 8/1993, S.800-827

Wittfogel, Karl August (1977): *Die Orientalische Despotie, eine vergleichende Untersuchung lokaler Macht*, Berlin

Wittfogel, Karl August (1931): *Wirtschaft und Gesellschaft in China*, Leipzig

Sudo Yoshiyuki (1954): *Chugoku tochi seido shi kenkyu* (Geschichte der Bodenhaltungssysteme in China), Tokyo

Yang Lien-sheng (1952): *Money and Credit in China*, Cambridge (Mass.)

Monetäre Steuerung in der Volksrepublik China: Entwicklungsstand und Perspektiven

Elmar Schmitz und H. Jörg Thieme

1 Gesamtwirtschaftliche Entwicklung und Reformzwänge

China scheint – ökonomisch betrachtet – auf dem „großen Sprung" nach vorn: Mit einem durchschnittlichen Wachstum des realen Bruttoinlandsprodukts von jährlich fast 10 v.H. in der vergangenen Dekade hat China nahezu als einziges Land der Welt den deutlichen Rezessionstendenzen widerstanden. Die finanz- und realwirtschaftliche Strukturkrise in Japan, die Anfang der neunziger Jahre des vergangenen Jahrhunderts fast alle asiatischen Länder wie in einem Strudel erfasst hatte, blieb ohne schwerwiegende Konsequenzen für die chinesische Wirtschaft. Die SARS-Epidemie der vergangenen Monate hat zwar die binnenwirtschaftliche Nachfrage gedämpft, die starke Exportnachfrage hat jedoch diese Abschwächungstendenzen kompensiert.

Die politische Führung der Volksrepublik China hatte schon in den achtziger Jahren, nach dem 3. Plenum der XI. Sitzung des Zentralkomitees der kommunistischen Partei im Jahre 1978, versucht, die veralteten, administrativ-planwirtschaftlichen Strukturen in den zentralen Lenkungsorganen und den Staatsbetrieben aufzubrechen. Die beschlossene Modernisierungsstrategie sollte unter dem strikten Monopol der politischen Führung der Kommunistischen Partei Chinas eine sozialistische Marktwirtschaft etablieren, also ein Modell, wie es seit langem diskutiert[1] und in einigen europäischen Ländern (z.B. arbeiterselbstverwaltete Wirtschaft in Jugoslawien oder sozialistische Marktwirtschaft in Ungarn) ansatzweise und mit großen Schwierigkeiten umzusetzen versucht wurde. In China hatten die Dezentrali-

---

[1] Vgl. Lange (1936/37); Sik (1967).

45

sierungsversuche zunächst wenig Erfolg, weil versäumt wurde, die großen unproduktiven Staatskonzerne und -konglomerate zu sanieren. Grund dafür war die Furcht vor steigender Arbeitslosigkeit und dadurch möglicherweise unkontrollierbaren sozialen und politischen Konflikten. Der deutliche Rückgang des Wirtschaftswachstums in der zweiten Hälfte der achtziger Jahre hat einen Kurswechsel erzwungen, der auch personell durch den Wechsel in der Führungsspitze der Kommunistischen Partei dokumentiert wurde. Der in der Wirtschaft geschätzte Ministerpräsident Zhu Rongji hat die Dezentralisierungs- und Sanierungsprozesse in der chinesischen Industrie bis hin zu Betriebsstilllegungen vorangetrieben und dabei auch eine deutliche Zunahme regionaler Arbeitslosigkeit akzeptiert.

Ein zweiter Aspekt ist hervorzuheben, der die Reformprozesse wesentlich geprägt hat: Parallel zur Sanierungspolitik wurden Anfang der achtziger Jahre vier Regionen im Süden Chinas (Shenzhen, Xiamen, Zhuhai, Shantou) ausgewählt für wirtschaftliche Experimente im Sinne einer dezentralen, nicht durch die traditionellen administrativen Plananweisungen und -kontrollen geprägten, sondern von Marktkräften dominierten Entwicklung. Aufgrund des Erfolges wurde das Experiment im Anschluss auf zahlreiche Küstenstädte ausgeweitet. Diese Regionen haben sich mittlerweile zu Inseln sehr dynamischer Wirtschaftsweise entwickelt, mit hohen individuellen Einkommensunterschieden und einem sichtbaren Abbau der in der Vergangenheit für China typischen nivellierten Lebensumstände. Diese zunehmenden Einkommens-, Vermögens- und Wohlfahrtsdifferenzen haben zugleich erhebliche Arbeitskräftewanderungen ausgelöst, die kaum kontrollierbar sind und neue Formen inoffizieller Wirtschaft (*second economy*), Wanderarbeit sowie große soziale Probleme (z.B. fehlender Wohnraum, keine Krankenversicherung) begründet haben. Gleichwohl hat die wirtschaftliche Dynamik in diesen Regionen faktisch auf andere Regionen und Sektoren ausgestrahlt und dadurch wesentlich zur relativen Erfolgsbilanz der chinesischen Wirtschaft im letzten Jahrzehnt beigetragen. Dies dürfte der wesentliche Grund dafür sein, dass die – aus der Sicht der Parteiführung – negativen sozialen Folgen letztlich in Kauf genommen wurden.

Drittens haben schließlich alle Aktivitäten im Vorfeld und bei der faktischen politischen Integration von Hongkong in die Staatsorganisation von China im Jahre 1997 wesentliche Impulse für dezentrale Marktprozesse gesetzt und vor allem die für eine prosperierende Wirtschaft eines bislang eher geschlossenen Entwicklungslandes erforderlichen Auslandskontakte eröffnet. Die wirtschaftliche Öffnung hat nicht nur den dringend notwendigen Import von intelligenten Investitionsgütern und Humanvermögen ermöglicht und dadurch Imitationsprozesse initiiert, sondern auch den Absatz von Konsumgütern in alle Teile der Welt forciert. Die durch niedrige Arbeitskosten sehr preisgünstigen Produkte haben – auch aufgrund der intensiven Qualitätskontrollen – insbesondere in Asien, aber auch in Europa und in den USA den Wettbewerb verschärft. Die seit zehn Jahren anhaltende Wirtschaftskrise in Japan wird zumindest teilweise auf den anhaltenden, intensiven Wettbewerbsdruck aus China im asiatischen Raum zurückgeführt. Die chinesischen Exporte konnten in nur kurzer Zeit erheblich ausgeweitet werden; für 2003 wird immerhin eine Exportquote (Anteil des Exports am Bruttoinlandsprodukt) von ca. 23 v.H. erwartet.

Die außenwirtschaftliche Integration hat den Entwicklungsprozess in China sehr beschleunigt. Abbildung 1 zeigt den Prozess des realwirtschaftlichen Wachstums in China seit 1982. Die zyklischen Schwankungen des realen Bruttoinlandsprodukts sind seit Anfang der neunziger Jahre zurückgegangen; die Verstetigung des Wachstumsprozesses ist allerdings mit einer Reduktion der Wachstumsrate von 14 v.h. (1992) auf unter 8 v.H. (2001) einhergegangen, was aber immer noch eine – gemessen an anderen, wirtschaftlich durchaus weiter entwickelten asiatischen Ländern – beachtliche Wachstumsintensität darstellt. Es ist evident, dass die zyklischen Schwankungen der Produktion, aber insbesondere die erwähnten Reformmaßnahmen zur Sanierung der Staatsbetriebe erhebliche Veränderungen der Beschäftigtenzahlen und der Arbeitslosigkeit ausgelöst haben dürften, worüber allerdings keine aussagefähigen, gesamtwirtschaftlich verwertbaren systematischen Informationen verfügbar sind.

Abb. 1:   **Entwicklung des realen und nominalen Bruttoinlandsprodukts (gGDPreal, gGDPnom) in China 1982-2002**

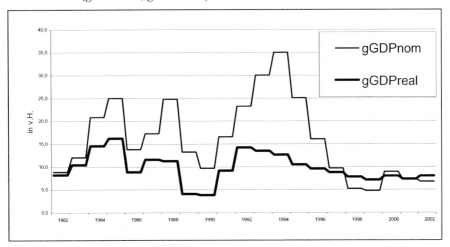

Quelle: EcoWin (2003).

Abbildung 2 belegt, dass der gesamtwirtschaftliche Indikator für die Entwicklung der monetären Stabilität bei halbwegs freier Preisbildung, nämlich die ausgewiesene Veränderungsrate des Index der Konsumgüterpreise, erst seit Mitte der neunziger Jahre drastisch gesunken ist und seit 1998 nahezu Preisniveaustabilität verwirklicht ist. Angesichts hoher Preisinflationsraten noch im Jahre 1989 (erstes Quartal 28 v.H.) und 1994 (viertes Quartal 27 v.H.) ist die Stabilisierung des Geldwerts in China bei zwar rückläufigem, aber doch deutlich positivem Wirtschaftswachstum ein bemerkenswerter Erfolg der Wirtschafts- und insbesondere der monetären Stabilisierungspolitik. Dabei handelt es sich nicht um eine – früher praktizierte – administrativ verordnete Disinflation durch Fixierung neuer staatlicher Festpreise. Im

Festpreissystem der Vergangenheit zeigte sich das Ausmaß „versteckter" Inflation in Warteschlangen, Qualitätsverschlechterungen der Produkte bei Preiskonstanz sowie sehr hohen Bankeinlagen der Privaten als Ausdruck ungewünschter Kassenhaltung.[2] Nach einer Übergangsphase, die durch ein zweistufiges Preissystem[3] gekennzeichnet war, dominiert inzwischen die freie Preisbildung auf den Konsum- und Industriegütermärkten.[4]

Abb. 2:   Entwicklung des Preisniveaus (gCPI) und des Kassenhaltungskoeffizienten (gk) 1982-2002

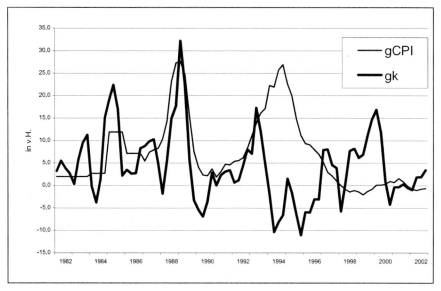

Quelle: EcoWin (2003); *China Statistical Yearbook* (2002) sowie eigene Berechnungen.

Der Kassenhaltungskoeffizient, der bei Preiskonstanz als Inflationsindikator dienen kann,[5] ist in China unter großen Schwankungen bis auf 32 v.H. im ersten Quartal 1989 angestiegen. Seitdem hat er zwar immer noch zwischen +17 v.H. und -11 v.H. geschwankt (Abb. 2), solche Schwankungen der Kassenhaltung sind aber als Reflex auf eine zyklische Geldpolitik auch in allen westlichen Marktwirtschaften bekannt. Entscheidend ist vielmehr die relative Konstanz der Kassenhaltung im längerfristigen Durchschnitt, die seit 1990 auch in China festgestellt werden kann. Dies spricht

---

[2]   Vgl. Louven (1990), S.283-287.
[3]   Hierunter ist das Nebeneinander von Markt- und Planpreisen für ein Gut zu verstehen. Die Marktpreise lagen dabei teilweise um ein Mehrfaches über den Planpreisen.
[4]   Ende 2000 wurden bereits 95,8 v.H. aller Konsumgüterpreise, 92,5 v.H. aller Preise beim Aufkauf landwirtschaftlicher Produkte und 87,4 v.H. aller Investitionsgüterpreise vom Markt bestimmt. Vgl. Peters (2003).
[5]   Zur Methodik siehe Cassel/Thieme (1976); Thieme (1996).

für eine zumindest im Konsumgütersektor relativ ausgeprägte Preisflexibilität, die es den Konsumenten erlaubt, ungewünschte Kassenbestände nachfragewirksam zügig abzubauen. Dezentralisierung der ökonomischen Entscheidungsprozesse in den Unternehmen und zunehmende Preisflexibilität auf den Märkten der Transformationswirtschaft bereiten dann die Voraussetzungen für marktliche Transmissionsprozesse und ihre Erklärung durch (monetäre) Transmissionstheorien. In ihrem Zentrum standen immer die Fragen nach den dominanten Impulsfaktoren (z.b. monetäre oder fiskalische Impulse) und ihren Effekten, nach den Wirkungskanälen (z.b. Zins- oder Kreditkanal) und den Timelag-Strukturen der Wirkungen.[6]

2 Inflationsbekämpfung und Geldmengensteuerung

Inflationsvermeidung bzw. Inflationsbekämpfung ist unter längerfristigen Aspekten immer ein monetäres Phänomen. Dies gilt auch für administrative Planwirtschaften, wo sich eine monetäre Überversorgung in Kassenhaltungsinflation und nicht in Preisinflation äußert.[7] Gerade für eine Transformationsökonomie wie China ist es deshalb besonders bedeutsam, Inflationsprozesse nicht entstehen zu lassen oder wirksam zu bekämpfen, weil die sozialen Lasten, die durch Inflationsprozesse und besonders bei ausgeprägten Inflationszyklen entstehen, gravierend sind und nicht selten notwendige Reformen im Transformationsprozess bremsen oder ganz verhindern. Ob und inwieweit die monetäre Versorgung einer Volkswirtschaft zieladäquat ist, kann aus der auf Änderungsraten abgestellten Fisher'schen Verkehrsgleichung abgeleitet werden:

$$g_M + g_v = g_{GDPreal} + g_P$$

Auf der rechten Seite der Gleichung stehen die Änderungsraten der zu finanzierenden makroökonomischen Variablen des realen Bruttoinlandsprodukts und seines Preisniveaus, auf der linken Seite die gesamtwirtschaftlichen Finanzierungskomponenten, also die Änderungsraten der Geldmenge und der Umlaufgeschwindigkeit des Geldes. Bei einer mittelfristig relativ stabilen Geldnachfrage

$$g_v = 0 \text{ v.H.,}$$

einer Definition der Geldwertstabilität von

$$g_P = \pm 2 \text{ v.H.}$$

und einem mittelfristig erwarteten Wachstum des realen Bruttoinlandsprodukts von

$$g_{GDPreal} = 8 \text{ v.H.}$$

wäre ein Geldmengenwachstum von

$$g_M = 10 \text{ v.H.}$$

---

[6] Überblick bei Thieme/Vollmer (1985).
[7] Vgl. Thieme (1990).

stabilitätskonform. Die Effizienz einer solchen Strategie, wie sie auch die Europäische Zentralbank bei der Berechnung des Wachstums ihrer Referenzgröße – einer weit abgegrenzten Geldmenge M3 – verwendet, ist allerdings vom statistischen Material abhängig, das die offizielle Statistik der Zentralbank in China ausweist. Sie publiziert drei unterschiedlich eng abgegrenzte Geldmengenaggregate:

- M0: Bargeldumlauf
- M1: M0 zzgl. institutionelle Sichteinlagen[8]
- M2: M1 zzgl. Quasigeld (Termineinlagen von Institutionen und Einlagen der privaten Haushalte und sonstige Einlagen)

Die chinesische Zentralbank verwendet dabei das weit abgegrenzte Geldmengenaggregat als Zwischenziel ihrer geldpolitischen Aktivitäten und folgt in dieser Sicht der Europäischen Zentralbank. In Abbildung 3 sind die Wachstumsraten der drei Geldmengenaggregate auf Basis von Quartalswerten seit 1982 abgebildet. Drei markante Entwicklungslinien werden dabei sichtbar:

Abb. 3:   Entwicklung des Wachstums alternativer Geldmengenaggregate 1982-2002

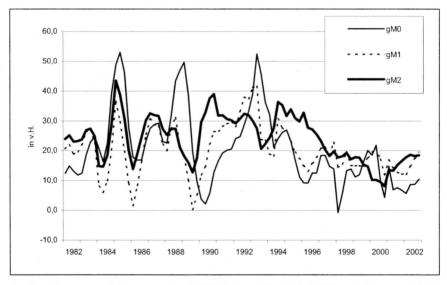

Quelle: International Monetary Fund (2003) sowie Yu/Tsui (2000) mit Bezug auf Chinas monatliche Statistiken der China State Commission of Statistics und Angaben der People's Bank of China.

---

[8]   Dies sind im Wesentlichen Sichteinlagen von Unternehmen und staatlichen Institutionen bei Banken.

Erstens entwickeln sich die verschiedenen Geldaggregate ziemlich parallel und sind insofern gleichermaßen geeignet, Expansions- oder Restriktionspfade der Geldpolitik anzuzeigen. Je weiter die Geldabgrenzung, desto schwächer sind die Ausschläge, weil z.b. zins- oder risikoinduzierte Portfolioumschichtungen innerhalb des Geldmengenaggregats stattfinden und nicht das Aggregat selbst verändern. Das enge Geldaggregat M0 dürfte sehr aussagefähig bei der Erklärung von Preis- und Mengeneffekten auf Märkten sein, weil Bargeldzahlungen in China bislang noch sehr bedeutsam sind.

Zweitens lässt sich bei allen Geldaggregaten feststellen, dass ihr Wachstum sehr zyklisch verlief mit Änderungsraten bis Mitte der neunziger Jahre zwischen 2 v.H. und 53 v.H. bei M0; selbst bei M2 waren die Unterschiede zwischen 13 v.H. und 44 v.H. noch sehr ausgeprägt. Seit Mitte der neunziger Jahre ist zwar noch kein stetiges Geldmengenwachstum verwirklicht, aber die Ausschläge sind geringer geworden und auch die Expansionsrate ist mit maximal 20 v.H. deutlich gesunken.

Drittens wurde das Wachstum aller drei Geldaggregate seit 1994 stark abgebremst und inzwischen auf nahezu stabilitätskonforme Werte reduziert. Erst in letzter Zeit ist das Geldmengenwachstum wieder gestiegen, weil die Kreditvergabe um mehr als 30 v.H. gegenüber dem Vorjahr ausgeweitet wurde. Dies geschah auch, um die negativen Effekte der SARS-Epidemie auf die Inlandsnachfrage abzuschwächen.[9]

Lassen sich aus diesen monetären Szenarien der vergangenen zwanzig Jahre in China ähnliche nominale und reale Effekte ableiten und belegen, wie es für westliche Marktwirtschaften in Europa und in den USA möglich ist? Sicherlich sind die Rahmenbedingungen der Transmission monetärer (sowie fiskalischer und außenwirtschaftlicher) Impulse kaum vergleichbar, weil weder die Kredit- noch die Gütermärkte bereits ihre Allokationsfunktionen im Spiel der relativen Ertragssätze bzw. Vermögenspreise voll erfüllen. Dafür sind die staatlichen Prozesseingriffe noch zu intensiv und die Gefahren des Rückfalls in administrative Plananweisungen latent vorhanden. Außerdem werden systematische ökonometrische Analysen der Zusammenhänge zwischen monetären Impulsen und ihren Wirkungen durch die unsichere Datenlage erschwert.

Überraschenderweise zeigt aber bereits eine visuelle Inspektion der verfügbaren Zeitreihen nominaler und realer Variablen für China recht bemerkenswerte Zusammenhänge der Transmission, wie sie bislang nur aus etablierten Marktwirtschaften bekannt und hinreichend erklärt sind. In Abbildung 4 verdeutlichen die Zeitreihen der Änderungsraten der Geldmenge M2 und des realen Bruttoinlandsprodukts diesen Zusammenhang: Jede signifikante Beschleunigung des Geldmengenwachstums hat mit zeitlicher Verzögerung (3-5 Quartale) das reale Wachstum positiv beeinflusst. Umgekehrt haben restriktive monetäre Impulse (wie z.B. 1985, 1988, 1993) mit einem Timelag das Wirtschaftswachstum abgebremst. Sichtbar ist auch, dass die beiden Phasen hoher Inflationsraten (hier gemessen an der Änderungsrate des Konsumgüterpreisindex) 1988 und 1994 von einer vorlaufenden, sehr starken Geldmen-

---

[9] Vgl. Xie (2003), S.38.

genexpansion begleitet waren. Die Disinflation seit 1995 wiederum ist durch die systematische Reduzierung des Geldmengenwachstums von 39 v.H. im vierten Quartal 1990 auf 8 v.H. im vierten Quartal 2000 erklärbar. Wie in Europa, den USA und Japan wurden die vergangenen zehn Jahre auch in China für eine effiziente Inflationsbekämpfung genutzt. Erstmals ist seit Jahrzehnten das Konsumgüterpreisniveau in China absolut sogar geringfügig gesunken. Hieraus die Gefahr einer anhaltenden Deflation in China abzuleiten, wäre angesichts der deutlichen Geldmengenexpansion seit 2001 ähnlich verfehlt wie für die USA oder für Europa.

Abb. 4:   Entwicklung von Geldmenge (gM2), realem Wirtschaftswachstum (gGDPreal) und Preisniveau (gCPI) 1982-2002

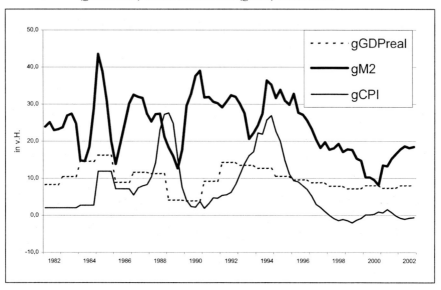

Quelle: EcoWin (2003), *China Statistical Yearbook* (2002), International Monetary Fund (2003) sowie Yu/Tsui (2000) mit Bezug auf die monatlichen Statistiken der China State Commission of Statistics und Angaben der People's Bank of China.

Ähnlich wie für Europa scheint das weite Geldaggregat besser geeignet, reale Mengeneffekte und nominale Preiseffekte plausibel zu erklären, wenngleich die statistische Datenlage für China und die methodische Basis zu großer Interpretationsvorsicht zwingen. Unterstellt man trotz dieser Bedenken die Gültigkeit der monetären Transmissionstheorie für China, dann bleibt nunmehr zu prüfen, ob eine zielorientierte Geldangebotssteuerung über die Geldbasis durch die chinesische Zentralbank angesichts der institutionellen Rahmenbedingungen in der Transformationsökonomie überhaupt möglich ist (Kapitel 3) und inwieweit tatsächlich von einer relativ stabilen Geldnachfrage in China ausgegangen werden kann (Kapitel 4).

3 Steuerungsmöglichkeiten des Geldangebots in China

Geld stellt in einem zweistufigen Bankensystem eine Verbindlichkeit des konsolidierten Bankensektors (Zentralbank und Geschäftsbanken) gegenüber dem Publikum dar. Jedes Mal, wenn eine Bank reales oder finanzielles Vermögen mit Verbindlichkeiten erwirbt, die Komponenten der Geldmengenabgrenzungen sind, wird Geld geschöpft. Im umgekehrten Fall wird Geld vernichtet.

Die Verbindlichkeiten der Zentralbank gegenüber den Banken und dem Publikum werden als Zentralbankgeld oder Geldbasis bezeichnet. Die Geldbasis kann sowohl von der Entstehungs- als auch von der Verwendungsseite her betrachtet werden. Die Entstehungsseite der Geldbasis spiegelt die institutionellen Rahmenbedingungen des monetären Sektors einer Volkswirtschaft wider. Sie lässt sich aus den Aktiva der Zentralbankbilanz ableiten. Damit ergeben sich entstehungsseitig die Bestimmungsfaktoren der Geldbasis aus den unterschiedlichen Arten von Aktiva im Bestand der Zentralbank, die sie bei Erwerb mit ihren eigenen Verbindlichkeiten bezahlt hat.[10] Durch den Ankauf von Aktiva verlängert sich somit die Notenbankbilanz, ein Verkauf hingegen verkürzt sie.

Aus den Passivpositionen der Zentralbankbilanz lässt sich die Verwendung der Geldbasis ableiten. Definitionsgemäß ist die monetäre Basis nur der von der Zentralbank geschaffene Teil des Geldes, der als Ausgangspunkt der multiplen Geldschöpfung genutzt werden kann. Insofern zählen die Bilanzpositionen „Einlagen des Staates", „Eigenkapital" und „sonstige Passiva" nicht zur Geldbasis.[11] Folglich gibt die Geldbasis von ihrer Verwendungsseite her Auskunft darüber, wie das Basisgeld auf Geschäftsbanken und private Nichtbanken aufgeteilt ist.[12]

Tabelle 1 zeigt die vereinfachte Bilanz der People's Bank of China (PBC) zum 31. Dezember 2002.

---

[10] In diesem Zusammenhang wird auch von einer Monetisierung der Aktiva gesprochen.

[11] Issing (1993), S.9, führt aus, dass die Einlagen des Staates (Zentralregierung) im Allgemeinen nicht zur Geldbasis gezählt werden, da der Staat selbst geldpolitische Verantwortung trägt. Seine Dispositionen sind deshalb von anderen Faktoren als bei den Privaten determiniert. Zudem weist seine Geldhaltung nach Issing (2001), S.14, in der Regel keinen engen Zusammenhang zum Ausgabenverhalten auf. Strittig in der Literatur ist die Frage, ob die Einlagen sonstiger Institutionen Bestandteil der Geldbasis sein sollten. Yi (1994), S.54f., argumentiert, dass diese Position nicht im Zusammenhang mit der multiplen Geldschöpfung steht und insofern nicht als Bestandteil der Geldbasis zu betrachten ist. Die chinesische Zentralbank und der International Monetary Fund (IMF) ordnen diese Position jedoch dem Basisgeld zu, denn in der Regel gehen Veränderungen dieser Position einher mit Veränderungen der Einlagen im Bankensystem und haben somit Auswirkungen auf den Geldschöpfungsprozess. Dieser Auffassung soll im Weiteren gefolgt werden. Soweit nicht anders angemerkt, umfasst R damit sowohl die Einlagen der Finanzinstitutionen als auch die Einlagen der sonstigen Institutionen.

[12] Vgl. Issing (2001), S.57.

Tab. 1:   **Bilanz der People's Bank of China zum 31. Dezember 2002 (in Mrd. Renminbi)**

Aktiva		Passiva	
Internationale Reserven saldiert (IR)	2.282	Bargeldumlauf (C)	1.859
Forderungen ggü. Finanzinstitutionen (FF)	1.953	Einlagen der Finanzinstitutionen (R1)	1.914
Forderungen ggü. sonstigen Institutionen (FI)	21	Einlagen sonstiger Institutionen (R2)	741
Forderungen ggü. dem Staat (FG)	286	Einlagen des Staates (EG)	309
		Eigenkapital (EK)	22
Sonstige Aktiva (SA)	527	Sonstige Passiva (SP)	224
Summe	**5.068**	**Summe**	**5.068**

Anm.: * Finanzinstitutionen im Sinne des *China Statistical Yearbook 2001* (2001), S.637.

Quelle: People's Bank of China (2003).

Die saldierten internationalen Reserven setzen sich zusammen aus den Nettopositionen (Forderungen abzüglich Verbindlichkeiten) der staatlichen Fremdwährungs- und Goldbestände sowie den Positionen gegenüber supranationalen Finanzinstitutionen (z.b. Sonderziehungsrechte beim International Monetary Fund). Die Position „Forderungen gegenüber Finanzinstitutionen" erfasst die Kreditbeziehungen zum Bankensektor. Die direkten Kredite der PBC an den nicht-finanziellen Sektor werden unter der Position „Forderungen gegenüber sonstigen Institutionen" aufgeführt. Diese Kredite werden insbesondere zur Wirtschaftsförderung in unterentwickelte Regionen vergeben. Die Kredite an die Zentralregierung sind aus der Position „Forderungen an den Staat" ablesbar.

Der Bargeldumlauf umfasst das Bargeld in den Händen der Nichtbanken sowie die Kassenbestände des Bankensektors. Mindest- und Überschussreserven des Bankensektors ergeben die Position „Einlagen der Finanzinstitutionen". Die Guthaben von Postfilialen mit Spareinlagenannahmeberechtigung und von Unternehmen bei der PBC werden unter der Position „Einlagen sonstiger Institutionen" ausgewiesen. Die Guthaben des Finanzministeriums bei der Zentralbank werden in der Position „Einlagen des Staates" erfasst.

Die in Tabelle 1 hervorgehobenen Positionen auf der Passivseite der Zentralbankbilanz ergeben die chinesische Geldbasis. Sie setzt sich somit zusammen aus dem Bargeldumlauf und den institutionellen Einlagen und beträgt zum Jahresende 2002 insgesamt 4.514 Mrd. RMB.[13]

$$B = C + R1 + R2 = C + R$$

Die Gleichung der Entstehungs- und Verwendungsseite der Geldbasis

$$B = C + R = IR + FF + FI + (FG - EG) + RK$$

---

[13]   Vgl. People's Bank of China (2003).

veranschaulicht, dass Veränderungen im Bargeldumlauf (*C*) und in den Reserven (*R*) hauptsächlich zurückzuführen sind auf Veränderungen der saldierten internationalen Reserven (*IR*), der Forderungen gegenüber Finanzinstitutionen (*FF*), der Forderungen gegenüber sonstigen Institutionen (*FI*) und des Saldos aus Forderungen und Verbindlichkeiten gegenüber dem Staat (*FG*).[14] Abbildung 5 zeigt die Entwicklung der Anteile der einzelnen Entstehungsfaktoren an der Geldbasis.

Forderungen gegenüber Finanzinstitutionen

Die Forderungen gegenüber Finanzinstitutionen resultieren aus in Anspruch genommenen Kreditlinien, die die Zentralbank den Banken einräumt. Abbildung 5 macht deutlich, dass diese Position – neben den Währungsreserven – die Hauptdeterminante der Geldbasis darstellt. Ihre relative Bedeutung hat jedoch über die Jahre stark abgenommen (Anteil an der Geldbasis: 1986 96 v.H., 2002 42 v.H.). Ob diese Position gegenwärtig zur geldpolitischen Steuerung genutzt wird, ist zu bezweifeln:

Die Mehrheit der Kredite wird an die vier großen staatlichen Geschäftsbanken vergeben, die damit u.a. zweckgebundene staatliche Projekte finanzieren.[15] Obwohl 1994 ein Großteil der staatlich initiierten Finanzierungen auf die drei Sonderinstitute[16] übertragen wurde, kann sich die *PBC* derzeit noch nicht vollständig der Einflussnahme durch die Zentralregierung entziehen. Da die *PBC* damit eher passiv die Kreditvergabewünsche der Regierung begleitet, sind derartige Kredite de facto fiskalischer Natur.[17]

Die Entwicklung dieser Position ist auch abhängig vom Verhalten der Geschäftsbanken. Während die Banken in wirtschaftlichen Aufschwungphasen die Kreditlinien verstärkt in Anspruch nehmen, fällt es der Zentralbank in Rezessionen schwer, das Kreditvolumen auszudehnen, da die Kreditnachfrage der Geschäftsbanken situationsbedingt eher zurückhaltend ausfällt.

---

[14] Die Restkomponente (*RK*) setzt sich aus dem Eigenkapital und den sonstigen Aktiva und Passiva zusammen. Sie soll im Folgenden aus Geringfügigkeitsgründen nicht weiter betrachtet werden.

[15] Diese auch als die „Großen Vier" bezeichnete Bankengruppe setzt sich zusammen aus der Bank of China, der Agricultural Bank of China, der Industrial and Commercial Bank of China und der China Construction Bank.

[16] Die drei Sonderinstitute sind die China Development Bank, die Agricultural Development Bank of China und die Export-Import Bank of China.

[17] Dies gilt auch für die starke Kreditausweitung in 2000. Die PBC begründet diese Ausweitung mit Maßnahmen zur Unterstützung der Asset Management Unternehmen im Zusammenhang mit deren Übernahme gefährdeter Kreditengagements der Staatsbanken, mit Maßnahmen zur Unterstützung von Lokalregierungen, die bankrotte Finanzunternehmen geschlossen haben, und mit Maßnahmen zur Unterstützung landwirtschaftlicher Kreditgenossenschaften. Vgl. *Almanac of China's Finance and Banking* (2001), S.8.

Abb. 5:   **Entwicklung der Entstehungskomponenten der Geldbasis**
                1986-2002

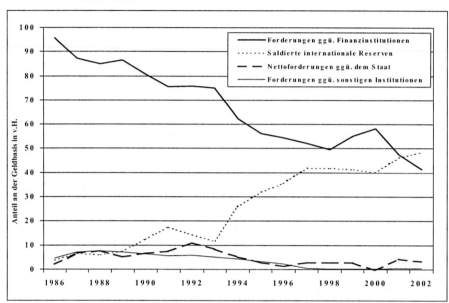

Quelle: Huang (2002), S.53; International Monetary Fund (2003).

Diese Zurückhaltung relativiert sich jedoch angesichts der quasi fehlenden Sicherheitenstellung bei vielen Kreditengagements. Derart unbesicherte Kreditlinien ermuntern die Banken, sich unabhängig von ihrer wirtschaftlichen Situation bei der Zentralbank zu verschulden, da das Ausfallrisiko letztlich von der Zentralbank getragen wird. Der hohe Umfang der Kreditlinien erhöht letztlich die Passivität der Zentralbank.

Die Zentralbank kann die Verschuldung der Geschäftsbanken nur unzureichend über die Finanzierungskosten steuern. Die den Kreditgeschäften zugrunde gelegten Zinssätze ergeben sich nicht aus dem Wechselspiel von Angebot und Nachfrage, sondern sie werden in Absprache mit der Zentralregierung festgesetzt und weisen somit immer noch starke Züge staatlicher Administrierung auf. Die langwierigen Genehmigungsverfahren von Zinsänderungsanträgen führen zu deutlichen Zeitverzögerungen in der Anpassung der Zinssätze. Ebenso mangelt es an einem großvolumigen Interbankenmarkt, dessen Zinssätze als Referenz für eine marktgerechte Anpassung der Kreditzinssätze dienen könnten.

Positiv für die geldpolitische Steuerung ist der in den letzten Jahren zunehmende Umfang der Rediskontkredite sowie der Offenmarktgeschäfte zu bewerten. Ende 1997 betragen die ausstehenden Rediskontkredite 33,7 Mrd. RMB, Ende 2000 hingegen bereits 125,8 Mrd. RMB.[18] Für 1999 gibt die chinesische Zentralbank an, dass 52 v.h. der Basisgeldzunahme auf Offenmarktoperationen in Form von Staatsanleihenankäufen zurückzuführen sind.[19] Die kurze Laufzeit dieser Geschäfte fördert eine flexible Steuerung der Geldbasis und eine kontinuierliche Aussendung von Preissignalen an den Markt. Auch wenn der absolute Anteil dieser Positionen an der Geldbasis noch relativ gering ist, deuten die vorliegenden Informationen auf eine Zunahme der Steuerungsmöglichkeiten hin. Allerdings müsste für eine abschließende Beurteilung genaueres Zahlenmaterial über die zeitliche Entwicklung der einzelnen Komponenten der Bilanzposition „Forderungen gegenüber Finanzinstitutionen" vorliegen.

Saldierte internationale Reserven

In Abbildung 5 wird sichtbar, dass die Bedeutung der Währungsreserven als Entstehungskomponente der Geldbasis in der Volksrepublik China in den letzten Jahren stark zugenommen hat. Hierfür sind insbesondere folgende Aspekte ausschlaggebend: ·

China hat in den letzten zwanzig Jahren eine exportorientierte Entwicklungsstrategie verfolgt, die auf den komparativen Kostenvorteilen beim Faktor Arbeit basiert.[20] Diese Strategie hat direkte Auswirkungen auf die Handelsbilanz. Während in den achtziger Jahren noch Handelsdefizite zu beobachten waren, sind seit Anfang der neunziger Jahren zunehmend Handelsüberschüsse zu verzeichnen. Ebenso hat die chinesische Regierung im Zuge der Reformen die Attraktivität des Investitionsstandortes China für das Ausland erhöht, was sich in ansteigenden Kapitalimporten bemerkbar gemacht hat. Da andererseits der Kapitalabfluss ins Ausland starken Restriktionen unterliegt, nehmen auch in der Kapitalbilanz die Überschüsse zu. In der Folge haben sich die Währungsreserven der Zentralbank deutlich ausgeweitet.

Seit 1994 versucht China, den Wechselkurs (gegenüber dem US-Dollar) durch „schmutziges" Floaten zu stabilisieren. In einem derartigen System ergibt sich der Wechselkurs zunächst als Ergebnis der Marktkräfte. Sollte die Zentralbank dieses Ergebnis wirtschaftspolitisch für unangemessen halten, interveniert sie am Devisenmarkt.[21] In der Realität ist der Anteil der Marktbestimmtheit des Wechselkurses in China sehr gering. Seit einigen Jahren existiert eine De-facto-Anbindung des Renminbi (RMB) an den US-Dollar (USD) bei einem Wechselkurs von rund 8,28 RMB/USD.

---

18 Vgl. *Almanac of China's Finance and Banking* (diverse Jahrgänge).
19 Vgl. *Almanac of China's Finance and Banking* (2000), S.11 und S.19.
20 Um den Export zu fördern, hat die chinesische Regierung häufiger Abwertungen des Renminbi in Kauf genommen. Insbesondere 1994 bei Zusammenlegung des dualen Wechselkurssystems wurde der Renminbi nochmals deutlich abgewertet.
21 Huang (2002), S.43 führt aus, dass die chinesische Zentralbank den Handlungsspielraum besitzt, Wechselkursveränderungen von 0,3 v.H. pro Tag zuzulassen, ohne zu intervenieren.

Welchen Handlungsspielraum hat die chinesische Zentralbank, um die monetären Auswirkungen ihrer Devisenmarktoperationen zu begrenzen? Einer Sterilisierungspolitik durch Offenmarktgeschäfte ist relativ wenig Erfolg beschieden, da das Emissionsvolumen staatlicher Wertpapiere derzeitig noch zu gering ist. Alternativ könnte die People's Bank of China versuchen, ihre Kreditvergaben an die Geschäftsbanken zu reduzieren. Dieses Instrument ist jedoch nicht unbegrenzt einsetzbar, insbesondere dann nicht, wenn die Kreditvergaben entwicklungspolitischen Zielsetzungen folgen. Aus diesem Grund geht die Verbesserung der chinesischen Zahlungsbilanz bisher zwangsläufig einher mit einer Verlängerung der Zentralbankbilanz und einer Erhöhung des inländischen Geldangebots. Hieraus jedoch eine erhebliche Einschränkung der geldpolitischen Steuerungsmöglichkeiten für die People's Bank of China abzuleiten, wäre verfehlt. Die Vergangenheit zeigt, dass der Bedarf an liquiden Mitteln in China das Volumen der durch Devisenmarktoperationen bewirkten Geldmengenausweitung deutlich überschreitet. Eine geldpolitische Notwendigkeit für Sterilisierungsmaßnahmen ist somit nicht gegeben.[22]

Saldo aus Forderungen und Verbindlichkeiten gegenüber dem Staat

Vor 1994 wurde das Staatsdefizit direkt von der Zentralbank finanziert. Als Folge stiegen die Forderungen gegenüber dem Staat kontinuierlich an. Die damit einhergehende Ausweitung der Geldbasis konnte die Zentralbank lediglich passiv verfolgen. Seit Inkrafttreten des neuen Zentralbankgesetzes in 1995 ist die direkte Finanzierung des Staats bei der Zentralbank untersagt worden. Defizite müssen seitdem über Steuereinnahmen oder durch die Ausgabe von Staatsschuldtiteln abgedeckt werden. Diese Position spielt damit für geldpolitische Erörterungen eine eher untergeordnete Rolle.[23]

Forderungen gegenüber sonstigen Institutionen

Die PBC war noch bis 1996 in die direkte Finanzierung von Projekten in besonders unterentwickelten Landesregionen eingebunden. Die Neuordnung der Bankenlandschaft 1995 führte zu einer Übertragung eines Großteils dieser Verpflichtungen auf die neugeschaffenen Sonderinstitute. Vor diesem Hintergrund wird auch der sprunghaft abnehmende Anteil dieser Position an der Geldbasis 1997 verständlich. Seitdem liegt der Anteil deutlich unter 1 v.H. und ist somit für Fragen der geldpolitischen Steuerbarkeit der Geldbasis wenig relevant. Zudem ist damit zu rechnen, dass diese Form der Kreditvergabe mit zunehmender Fokussierung der People's Bank of China auf ihre Zentralbankaufgaben ausläuft.

---

[22] Vgl. hierzu auch Anderson (2003), S.3f. Allerdings ist für die Zukunft nicht auszuschließen, dass – bei Beibehaltung der Wechselkursanbindung – Zahlungsbilanzüberschüsse aufgrund der begrenzten Sterilisierungsmöglichkeiten zu einer ungewünschten Ausdehnung der inländischen Geldmenge führen werden.

[23] Der Anteil dieser Position an der Geldbasis beträgt weniger als 3 v.H.

Zusammenfassend kann gefolgert werden, dass die chinesische Geldbasis angesichts der derzeitigen institutionellen Rahmenbedingungen nur eingeschränkt von der Zentralbank steuerbar ist. Allerdings stellt die Wechselkursanbindung und damit einhergehend die Veränderung der saldierten internationalen Reserven gegenwärtig keine Restriktion für die geldpolitischen Steuerungsmöglichkeiten der chinesischen Zentralbank dar. Die Kontrollierbarkeit der Geldbasis kann in Zukunft insbesondere durch zwei Maßnahmen dauerhaft erhöht werden:

- Eine Wechselkursflexibilisierung befreit die Zentralbank von ihren Interventionsverpflichtungen am Devisenmarkt. Zahlungsbilanzungleichgewichte werden dann nicht mehr zwangsläufig auf die Zentralbankbilanz übertragen und beeinflussen deshalb nicht die inländische Basisgeldmenge.
- Der Einfluss staatlicher Instanzen auf die Bereitstellung von Basisgeld ist zu reduzieren, die Unabhängigkeit der PBC zu stärken. So muss die Zentralbank vollständig von dem Zwang zur Finanzierung staatlicher Projekte befreit werden. Außerdem sind die Zugriffsmöglichkeiten der Finanzinstitutionen auf unbesicherte Kredite deutlich einzuschränken und auf Dauer abzuschaffen. Andererseits müssen neue marktgerechte Wege der Basisgeldbereitstellung an Bedeutung gewinnen. So sollte der Umfang der Offenmarktgeschäfte ausgeweitet werden. Dies setzt voraus, dass es einen hinreichend großen Sekundärmarkt für die in diesen Geschäften zugelassenen Wertpapiere gibt. Damit die Zinssätze die Knappheitsrelationen auf den Kreditmärkten widerspiegeln können, sollte die staatliche Administrierung der Zinssätze im Kundengeschäft der Geschäftsbanken reduziert und schließlich abgeschafft werden.

Der Zusammenhang zwischen Geldbasis und Geldmenge kann in einem zweistufigen Bankensystem wie folgt beschrieben werden:

$$M = m * B$$

Dabei bezeichnet *m* den so genannten Geldangebotsmultiplikator, der das Verhältnis zwischen der angebotenen Geldmenge *M* und der Geldbasis *B* quantifiziert. Er kann hergeleitet werden unter Berücksichtigung von Annahmen über das Verhalten der Geschäftsbanken und des Publikums und hängt in seiner jeweiligen Form von dem betrachteten Geldmengenaggregat ab.[24] Die Geldmenge kann also durch Variation der Geldbasis oder des Multiplikators verändert werden.

Der Erfolg einer Geldangebotssteuerung über die Geldbasis ist an zwei Bedingungen geknüpft: Zum einen muss die Zentralbank in der Lage sein, die Geldbasis zu kontrollieren, und zum anderen muss der Geldangebotsmultiplikator stabil und damit prognostizierbar sein. Wie bereits zuvor deutlich wurde, wird die chinesische Geldbasis nicht allein durch Entscheidungen der Notenbank bestimmt. International betrachtet ist dies zumindest auf kurze Frist nichts Ungewöhnliches. Eine vollstän-

---

[24] Zur expliziten Herleitung des Geldangebotsmultiplikators vgl. beispielsweise Willms (1987), S.21-30. Die Ausführungen beruhen auf der Weiterentwicklung der mechanistischen Geldangebotstheorie in den sechziger Jahren durch Brunner und Meltzer.

dige Kontrollierbarkeit der Geldbasis lässt sich dann dadurch erreichen, dass aus der ursprünglichen Geldbasis all diejenigen Positionen herausgerechnet werden, die auf Initiative Dritter, in der Regel sind dies die Geschäftsbanken, beeinflusst werden können.[25] Als Ergebnis erhält man die „exogene" Geldbasis, d.h. eine Größe, deren Veränderungen ausschließlich durch Entscheidungen und Dispositionen der Zentralbank bestimmt werden.[26]

Eine exogene Geldbasis für die Volksrepublik China zu definieren, wirft einige Probleme auf: Insbesondere ist zu klären, inwieweit das aus den Zahlungsbilanzüberschüssen resultierende Geldmengenwachstum die relativ hohen realen Wachstumsraten des chinesischen Sozialproduktes monetär alimentiert. Zudem ist der Anteil der Zentralbankkredite an die Geschäftsbanken zu bestimmen, den die PBC mengenmäßig kontrollieren bzw. nicht kontrollieren kann. Kontrollieren kann sie sicherlich die Forderungen im Rahmen von Offenmarktgeschäften. Offen bleiben muss jedoch die Frage nach dem mengenmäßigen Einfluss der Zentralbank auf die unbesicherten Kredite.

Angesichts der Abgrenzungsprobleme verwenden Yu/Xie (1999) in einer ersten empirischen Studie zu den Erfolgsaussichten einer chinesischen Geldangebotssteuerung eine herkömmliche Geldbasisdefinition (Summe von Bargeldumlauf und Einlagen der Finanzinstitutionen bei der Zentralbank (Reserven)). Sie stellen fest, dass für den Zeitraum zwischen 1985 und 1994 eine langfristige Gleichgewichtsbeziehung zwischen Geldbasis und Geldmenge M1 bzw. M2 existiert. Dieses Phänomen führen sie zurück auf die graduellen Reformen der chinesischen Regierung, die starke Schocks auf das Bankensystem vermieden hat. Die Autoren weisen nach, dass die Geldangebotsmultiplikatoren in dem betrachteten Zeitraum prognostizierbar sind und folgern daraus, dass die PBC langfristig in der Lage ist, die Geldbasis zu kontrollieren.[27]

Dieses Ergebnis muss mit Vorsicht interpretiert werden und bedarf in Zukunft einer weiteren empirischen Überprüfung. Festzuhalten ist jedoch, dass die sich gegenwärtig abzeichnenden Tendenzen dazu beitragen, den Handlungsspielraum der Zentralbank zur Steuerung der Geldbasis zu erweitern. Einerseits sollen verstärkt Offenmarktgeschäfte für die Geldpolitik instrumentalisiert und die direkte Kreditvergabe an die Banken eingeschränkt werden. Andererseits lassen die Diskussionen über die zunehmende Liberalisierung des Außenwirtschaftverkehrs erwarten, dass der Automatismus der Interventionsverpflichtungen der Zentralbank am Devisenmarkt auf Dauer durchbrochen wird. Beide Faktoren erhöhen die Erfolgsaussichten einer Geldangebotssteuerung.

---

[25] Die aus der Geldbasis herausgerechneten Größen werden dann in den Geldangebotsmultiplikator einbezogen.

[26] Zum Konzept der exogenen Geldbasis vgl. beispielsweise Willms (1987), S.25ff.

[27] Diese Schlussfolgerung basiert auf der Prämisse, dass auch in Zukunft ein wirtschaftlich stabiles Umfeld aufrechterhalten werden kann sowie dass der Abbau politischer, institutioneller und technischer Restriktionen fortgesetzt wird.

4 Geldnachfrageverhalten in der Volksrepublik China

Die Stabilität der Geldnachfrage stellt eine notwendige Voraussetzung für eine erfolgreiche Geldmengenstrategie dar. Aus diesem Grund haben sich verschiedene Studien mit der Frage beschäftigt, ob sich die chinesische Geldnachfrage durch einige wenige Faktoren erklären lässt und inwieweit die Zusammenhänge im Zeitablauf Schwankungen unterliegen. In den empirischen Untersuchungen wird zunächst eine langfristige Geldnachfragefunktion in der Regel in Abhängigkeit von einer Transaktionsgröße und einer Opportunitätskostenvariablen geschätzt. Anschließend wird die statistische Signifikanz der geschätzten Abhängigkeiten im Zeitablauf überprüft, um Aussagen über die langfristige Stabilität der Abhängigkeiten treffen zu können. Tabelle 2 gibt einen Überblick über die Ergebnisse dieser Studien:[28]

Tab. 2: **Empirische Untersuchungen zur Geldnachfrage in der VR China**

Autor(en)	Geldmengen-aggregat	Zeitraum	Periodizität	Stabilität der Geldnachfrage
Feltenstein/Farhadian (1987)	M2real **	1954-1983	Jahr	ja
Blejer u.a. (1991)	M0real *	1983-1988	Quartal	relativ stabil
	M2real ***	1983-1988	Quartal	relativ stabil
Hafer/Kutan (1993, 1994)	M0nominal *	1952-1988	Jahr	ja
	M2nominal **	1952-1988	Jahr	ja
Chen (1997)	M0real *	1951-1991	Jahr	ja
	M2real **	1951-1991	Jahr	ja
Girardin (1996)	M0real *	1988-1993	Quartal	ja

Anm.:   * Geldumlauf; ** Geldumlauf und Spareinlagen; *** Geldumlauf und Bankeinlagen; **** Geldumlauf und Spareinlagen der Konsumenten.

Blejer u.a. (1991) schätzen eine relativ stabile Geldnachfragefunktion unter Verwendung der Geldmengenaggregate M0real und M2real. Sie ermitteln im Zeitraum zwischen 1983 und 1988 eine Einkommenselastizität von 1,66 für M0real sowie von 1,53 für M2real.[29] Feltenstein/Farhadian (1987) beziffern die Einkommenselastizität der Geldnachfrage nach M2real in den Jahren 1954 bis 1983 auf 1,37. Gleichzeitig können auch sie eine stabile Geldnachfragefunktion nachweisen.

---

[28]   Der Überblick vergleicht die Ergebnisse unter Verwendung eines engen Geldmengenaggregates M0 (Bargeldumlauf) sowie eines weiten Geldmengenaggregates M2 (Bargeldumlauf zuzüglich Bankeinlagen). Der Umfang der berücksichtigten Bankeinlagen unterscheidet sich in einzelnen Studien.

[29]   Blejer u.a. (1991) bezeichnen ihre Geldnachfragefunktion als relativ stabil, verweisen jedoch gleichzeitig auf die nur geringe Anzahl der berücksichtigten Beobachtungen bei der Ableitung ihres Ergebnisses.

Hafer/Kutan (1994) testen die Existenz einer langfristigen nominalen Geldnach-fragefunktion für den Zeitraum zwischen 1952 und 1988. Die Einkommenselastizität für M2nominal beträgt hier 1,33, die Nationaleinkommen-Deflatorelastizität 1,52.[30] Dies bedeutet, dass bei einem unterstellten realen Wachstum der chinesischen Wirt-schaft von 10 v.H. M2nominal bis zu 28,5 v.H. wachsen könnte, ohne eine Inflations-rate oberhalb von 10 v.H. zu riskieren. Die Autoren teilen in ihrer Untersuchung den Datensatz in zwei Perioden (Vorreformperiode und Reformperiode) und bejahen auf dieser Basis die Stabilität der Geldnachfrage.

Chen (1997) kritisiert vor dem Hintergrund der theoretischen Ausführungen von Hansen (1992) die A-priori-Aufteilung des Datensatzes.[31] Demzufolge verzichtet er in seiner Untersuchung auf eine derartige Aufteilung. Die Ergebnisse bestätigen jedoch weitestgehend die Untersuchungen von Hafer/Kutan (1994). Chen stellt fest, dass für den Zeitraum von 1951 bis 1991 eine langfristig stabile Nachfragefunktion nach M0real und M2real existiert mit einer Einkommenselastizität für M0 von 1,4-1,5 und für M2 von 1,8-1,9.

Diese Schätzungen der Einkommenselastizitäten der Geldnachfrage liefern ein recht unterschiedliches Bild. Die differierenden Elastizitätswerte sind einerseits auf die alternierenden methodischen Ansätze und andererseits auf die abweichenden Betrachtungszeiträume zurückzuführen. Gleichwohl sind in allen Studien relativ hohe Einkommenselastizitätswerte zu beobachten. Werte über dem Einheitswert implizieren, dass die Umlaufgeschwindigkeit des Geldes in China in den jeweils betrachteten Zeiträumen rückläufig ist. Dieses Ergebnis deckt sich mit Studien zur Umlaufgeschwindigkeit in Ländern mit geringem Pro-Kopf-Einkommen. Begründet wird dieses Phänomen mit der im Zeitablauf zunehmenden Monetarisierung der betrachteten Volkswirtschaften.[32]

Die Untersuchung von Girardin (1996) trägt dem Monetarisierungsaspekt Rech-nung. Er integriert eine zusätzliche Variable in die Schätzfunktion, die den instituti-onellen Wandel in der Volksrepublik China repräsentieren soll (Verhältnis der In-dustrieproduktion im nichtstaatlichen und im staatlichen Sektor). Im Ergebnis be-stätigt er nicht nur eine langfristig stabile Geldnachfrage nach M0real in Abhängig-keit von der Industrieproduktion[33] und vom Verbraucherpreisindex, sondern er weist auch nach, dass nach Berücksichtigung der zusätzlichen Variable die Einkommens-elastizität der Geldnachfrage bei 1 liegt.

---

[30] Hafer/Kutan (1994), S.943f., stellen in ihrer Untersuchung fest, dass sich die Geldmenge M2 im Gegensatz zu M0 proportional zu Preisniveauänderungen entwickelt. Die Autoren sprechen deshalb M2 bessere Eigenschaften zur Abschätzung langfristiger Auswirkungen der Geldpolitik auf makroökonomische Variablen (Preisniveau, Realeinkommen) zu.

[31] Hansen (1992) weist nach, dass ein Stabilitätstest, der im vorhinein zu einem Stichtag einen Strukturbruch im Datensatz unterstellt, nur eine eingeschränkte Aussagekraft be-sitzt. Vgl. hierzu auch Hansen (2002).

[32] Vgl. Bordo/Jonung (1987), S.101-118 sowie Addison/Demery (1993), S.21. Vgl. hierzu auch die Analysen von Xu (1998) und Yi (1993).

[33] Girardin (1996), S.175, verwendet die Industrieproduktion als Proxy einer Einkommens-größe.

Die Studien lassen langfristig stabile Geldnachfragefunktionen für unterschiedliche Geldmengenabgrenzungen vermuten. Breite Geldmengenaggregate weisen den Vorteil auf, dass sie nicht auf zinsbedingte Umschichtungen reagieren, die die volkswirtschaftliche Liquiditätslage insgesamt unverändert lassen, da die Umschichtungen innerhalb des Geldmengenaggregats stattfinden. Nachteilig hingegen ist, dass breitere Aggregate schwerer von der am Geldmarkt aktiven Zentralbank zu kontrollieren sind sowie Positionen enthalten, die verstärkt der Wertaufbewahrung dienen und weniger als Tauschmittel fungieren. Bei engeren Aggregaten hingegen dominiert die Tauschmittelfunktion des Geldes. Diese weisen damit einen hohen theoretischen Erklärungsgehalt für das Preisniveau auf.[34] Andererseits neigen derartige Aggregate häufig aufgrund des hohen Bargeldanteils zu starken Schwankungen (zinsbedingte Portfolioanpassungen), sodass die Verwendbarkeit als offizielle geldpolitische Orientierungsgröße im Einzelfall genau geprüft werden muss.[35]

Die chinesische Zentralbank hat sich für ein breites Geldmengenaggregat (M2) als Zwischenziel ihrer geldpolitischen Aktivitäten entschieden. Diese Entscheidung ist vor dem Hintergrund der empirischen Ergebnisse der vorliegenden Studien nachvollziehbar. Gleichwohl sind diese Ergebnisse aus mehreren Gründen problematisch:

- In den meisten Studien werden Jahresdaten verwendet, da Quartals- oder Monatsdaten nicht ausreichend öffentlich zur Verfügung stehen. Hierdurch basieren die Schlussfolgerungen auf relativ wenigen Beobachtungen. Erst seit ein paar Jahren werden detailliertere Daten veröffentlicht, die möglicherweise in Zukunft – bei Vorliegen längerer konsistenter Datenreihen – neue Erkenntnisse über die chinesische Geldnachfrage vermitteln werden. Von Interesse ist insbesondere die Frage, inwieweit sich die andauernde Veränderung der chinesischen Wirtschaftsstruktur, die zunehmende Monetarisierung und Finanzintermediation auf die Stabilitätseigenschaften der chinesischen Geldnachfrage auswirken werden.

---

[34] Siebke (1995), S.40, weist darauf hin, dass die Transmissionshypothese der Quantitätstheorie die grundlegende Funktion des Geldes als allgemein anerkanntes Tauschmittel in den Vordergrund stellt. Dadurch, dass Geld – im Gegensatz zu anderen monetären Aktiva wie z. B. Spar- und Termineinlagen – eine direkte Substitutionsbeziehung zu neu produzierten Gütern und vorhandenen Vermögenswerten besitzt, werden monetäre Impulse der Zentralbank direkt in den realwirtschaftlichen Sektor übertragen. Je weiter hingegen das Geldmengenaggregat definiert wird, desto mehr verliere die Geldmenge ihre Funktion als Bindeglied zwischen monetärem und realem Sektor in einer Volkswirtschaft. Demzufolge sei die Geldmenge M1 die optimale Zwischenzielgröße.

[35] Vgl. Görgens/Ruckriegel/Seitz (2001), S.127f. Die Autoren weisen darauf hin, dass eng abgegrenzte Geldmengenaggregate eine Tendenz zu instabilen Verläufen haben. Thieme (1995, S.114ff.) kann hingegen für Deutschland im Zeitraum Januar 1980 bis Juni 1990 nachweisen, dass die Möglichkeiten der Beeinflussung weiter Geldmengenaggregate über eine Geldbasissteuerung geringer sind als bei engen Geldmengenaggregaten.

- Die Untersuchungen zur Geldnachfrage stellen hohe Ansprüche an die Qualität des Datenmaterials. Solange die vielfach geäußerten Zweifel an den chinesischen Statistiken nicht glaubwürdig ausgeräumt werden können, dürften empirische Untersuchungen immer einer grundsätzlichen Kritik ausgesetzt sein.
- Die Verwendung von Marktzinssätzen als Opportunitätskostenmaßstab der Geldhaltung erweist sich in China als problematisch. Die Ableitung aussagekräftiger Ergebnisse erfordert eine freie Zinsbildung auf den Märkten. Genau das ist aber aufgrund der staatlichen Administrierung der Zinssätze in China nicht gegeben. Aus diesem Grund werden in mehreren Untersuchungen die Opportunitätskosten anhand eines Nationaleinkommen-Deflators gemessen.

Diese Vorbehalte relativieren die Untersuchungsergebnisse und weisen zugleich den weiteren Forschungsbedarf für die Zukunft auf. In Anbetracht der hier dargelegten Analyse des chinesischen Geldangebots und der chinesischen Geldnachfrage kann jedoch zusammenfassend festgehalten werden, dass die Anwendung des Konzeptes der Geldmengensteuerung in der Volksrepublik China nachvollziehbar und begründbar erscheint.

5 Auswirkungen des WTO-Beitritts

Am 11. Dezember 2001 wurde die Volksrepublik China offiziell als 143. Mitglied der Welthandelsorganisation (WTO) begrüßt.[36] Vom WTO-Beitritt sind deutliche Impulse für den Reformprozess in der VR China zu erwarten. Nachfolgende Betrachtungen konzentrieren sich schwerpunktmäßig auf die Konsequenzen des Beitritts für den Bankensektor sowie auf die Rolle der Zentralbank in dieser Phase.

Das Beitrittsabkommen legt fest, dass ausländische Banken spätestens Ende 2006, also fünf Jahre nach dem Beitritt, eine Gleichstellung mit den chinesischen Banken bezüglich ihrer Geschäftsmöglichkeiten erfahren sollen.[37] Gegenwärtig sind Größe und Geschäftsvolumen der ausländischen Banken noch keineswegs mit denen inländischer Banken vergleichbar. Als Folge zahlreicher staatlicher Beschränkungen beträgt der Marktanteil der Auslandsbanken – gemessen an den Bilanzsummen – lediglich 2 v.H., wobei ihr Anteil bei Fremdwährungsgeschäften deutlich höher ist als ihr Anteil bei Geschäften in Inlandswährung.[38]

Mit Aufgabe der Kontrahierungsverbote steigt die Attraktivität der Auslandsbanken für Unternehmen und für die wohlhabende Privatkundschaft, da die vorhandene Geschäftskompetenz der Banken einer gezielteren Bedürfnisanalyse und -befriedigung dienlich sein wird. Mittel- bis langfristig ist deshalb von einer Expansionsstra-

---

[36] Nach den Statuten der WTO kann ein Land 30 Tage nach Ratifizierung des Abkommens durch das jeweilige Land als Mitglied aufgenommen werden. China hat das Abkommen am 11. November 2001 ratifiziert.

[37] Ein Überblick über die Beitrittsbedingungen ist zu finden bei World Trade Organisation (2002).

[38] Vgl. Bang (2002), S.47.

tegie der Auslandsbanken auszugehen. Zudem können sie sich durch den Aufkauf regionaler chinesischer Banken ein Zweigstellennetz sichern, das die Grundlage für den Ausbau des breiten Privatkundengeschäftes schafft. Diese Entwicklung kann jedoch überlagert werden durch die Einführung neuer Techniken am chinesischen Bankenmarkt beispielsweise in Form des Direct-Banking, die die Notwendigkeit eines engmaschigen Zweigstellennetzes reduzieren, da sie verstärkt das Internet als Kommunikations- und Distributionskanal nutzen.

Wie wirkt sich dieses Szenario auf die vier zur Zeit marktbeherrschenden staatlichen Geschäftsbanken aus? Diese Finanzinstitutionen haben bis dato noch nicht den Anschluss an den internationalen Standard im Bankengeschäft gefunden. Die Mängel auf den Gebieten der technischen Ausstattung, des Know-how und der Eigenständigkeit nähren Prognosen, die – unter der Annahme einer unveränderten Reformgeschwindigkeit – innerhalb der ersten zehn Jahre nach WTO-Beitritt sowohl im Aktiv- als auch im Passivgeschäft den Verlust von 20-30 v.H. Marktanteil vorhersagen.[39] Da die Schwächung ihrer Position insbesondere auf der Abwanderung finanziell leistungsstarker und damit bedürfnisindividueller Kunden beruht, besteht die Gefahr einer weiteren Verschlechterung der Risikostruktur der Bankbilanzen.[40]

Um dieser Entwicklung entgegenzutreten, wird in Zukunft ein höheres Reformtempo bei der Modernisierung der staatlichen Geschäftsbanken notwendig sein. Dass sich die Reformmaßnahmen jedoch letztlich nicht nur auf die Banken beziehen dürfen, wird aus den engen finanziellen Verflechtungen zwischen ineffizienten Staatsbanken und maroden Staatsunternehmen deutlich. Die Lösung der wirtschaftlichen Probleme der Staatsunternehmen und die Neuausrichtung der staatlichen Banken stellen damit zwei Seiten einer Medaille dar.

Die Rolle der People's Bank of China im Reformprozess liegt in der Stabilisierung des makroökonomischen Umfeldes durch eine auf Preisstabilität verpflichtete moderate geldpolitische Steuerung. Hierbei erscheint es sinnvoll, ein Geldmengenaggregat als Zwischenzielgröße der geldpolitischen Aktivitäten zu verwenden. Die Ausgestaltung der Geldpolitik muss schwerpunktmäßig auf dem Einsatz indirekter Instrumente basieren. Insbesondere die Zinsregulierung muss zügig abgebaut werden, damit der Zins die Knappheit des Inputfaktors Kapital reflektieren und das Kapital effizient alloziiert werden kann.

Einen Beitrag zur Stabilisierung des chinesischen Finanzsystems kann die chinesische Zentralbank durch die Etablierung einer funktionsfähigen Bankenaufsicht leisten. Erste Schritte wurden bereits durch die Überarbeitung der Eigenkapitalrichtlinien sowie des Kreditklassifizierungssystems unternommen. Auch für die Zukunft besteht weiterer Handlungsbedarf: Insbesondere sind eine adäquate Qualifikation des Bankenpersonals sicherzustellen, die Informationsgewinnung, -verarbeitung und -bereitstellung zu verbessern und der Einfluss staatlicher Stellen auf das Bankensys-

---

[39] Vgl. Bang (2002), S.49.
[40] Eine ausführliche Diskussion der Auswirkungen auf den Bankensektor ist zu finden bei Langlois (2001), S.623ff., He (2001) sowie Schick/Dehne (2002).

tem zurückzudrängen. Darüber hinaus sind die derzeitig noch unzureichenden rechtlichen Rahmenbedingungen auszugestalten.[41]

Die Geschwindigkeit der Reformen in den letzten zwanzig Jahren lassen jedoch
Zweifel aufkommen, ob die grundlegenden strukturellen Mängel im Finanzsektor in
wenigen Jahren behoben werden können. Zumal die chinesische Regierung strikt
darauf bedacht ist, soziale und politische Spannungen größeren Ausmaßes zu vermeiden. Gleichwohl erhöht der WTO-Beitritt den Handlungsdruck für die wirtschaftspolitischen Entscheidungsträger deutlich und stärkt damit die reformorien-
tierten Kräfte in der Volksrepublik. Gerade dieser Sachverhalt begründet die Hoffnung, dass das Reformtempo in den folgenden Jahren anziehen und dies zu einer
deutlichen Verbesserung der Rahmenbedingungen im Bankensektor und auch der
Wettbewerbsfähigkeit der chinesischen Banken beitragen wird. Ob und inwieweit
dies gelingt, kann erst in einigen Jahren festgestellt werden, wenn der von den wirtschaftspolitischen Entscheidungsträgern bekundete Reformwille durch weitere ziel-
adäquate Reformmaßnahmen belegt worden ist.

6   Literaturverzeichnis

Addison, Tony / Demery, Lionel (1993): "An analytical framework", in: Page,
  Sheila (Hg.): *Monetary policy in developing countries*, New York: Routledge,
  S.17-23

Almanac of China's Finance and Banking (diverse Jahrgänge): Peking: ohne Ver-
  lagsangabe

Anderson, Jonathan (2003): "How does China keep the renminbi fixed?", in: Gold-
  man Sachs Greater China Economic Research Group, *Monthly Economics Digest*
  No.2003/02, S.3-4

Bang, Hyeon-Cheon (2002): "The reform of Chinese state commercial banks: Re-
  sponding to China's WTO accession", http://sias.snu.ac.kr/i/i-thesis/i-0208thesis/
  99871509hcbang.pdf, 10.01.2003

Blejer, Mario u.a. (1991): *China: Economic reform and macroeconomic management*, IMF Occasional Paper, 76, Washington D.C.

Bordo, Michael / Jonung, Lars (1987): *The long-run behavior of the velocity of circulation*, New York: Cambridge University Press

Cassel, Dieter / Thieme, H. Jörg (1976): „Verteilungswirkungen von Preis- und Kassenhaltungsinflation", in: Cassel, Dieter; Thieme, H. Jörg (Hg.), *Einkommens-
  verteilung im Systemvergleich*, Stuttgart, New York: Gustav Fischer, S.101-121

China Statistical Yearbook (diverse Jahrgänge), Peking: China Statistics Press

EcoWin (2003): *Global financial and economic database*, http://www.ecowin.com,
  25.05.2003

---

[41]   So fehlt beispielsweise ein Konkursrecht für Finanzinstitutionen. Ebenso sind die Bilan-
      zierungsrichtlinien zu überarbeiten. Vgl. hierzu auch Huang (2002), S.186.

Feltenstein, Andrew/Farhadian, Ziba (1987): "Fiscal policy, monetary targets, and the price level in a centrally planned economy: an application to the case of China", in: *Journal of Money, Credit, and Banking*, 2, S.137-156

Girardin, Eric (1997): "Is there a long run demand for currency in China?", in: *Economics of Planning*, 3, S.169-184

Görgens, Egon / Ruckriegel, Karlheinz / Seitz, Franz (2001): *Europäische Geldpolitik. Theorie, Empirie, Praxis*, 2. Auflage, Düsseldorf: Werner

Hafer, Rik W. / Kutan, Ali M. (1994): "Economic reforms and long-run money demand in China: implications for monetary policy", in: *Southern Economic Journal*, 4, S.936-945

Hansen, Bruce E. (1992): "Tests for parameter instability in regressions with I(1) processes", in: *Journal of Business and Economic Statistics*, 3, S.321-335

Hansen, Bruce E. (2002): "Tests for parameter instability in regressions with I(1) processes", in: *Journal of Business and Economic Statistics*, 1, S.45-59

He, Liping (2001): "Facing the WTO accession: Problems and challenges in China's banking industry", http://www.iweg.org.cn/wec/English/articles/2001_03/heli ping.htm, 24.11.2002

Huang, Yanfen (2002): *The money supply process and monetary policy in China*, Europäische Hochschulschriften, Reihe V, Band 2931, Frankfurt a.M.: Peter Lang

International Monetary Fund (2003): "International financial statistics", http://ifs.ap di.net/imf/, 15.04.2003

Issing, Otmar (1993): *Einführung in die Geldtheorie*, 9. A., München: Vahlen

Issing, Otmar (2001): *Einführung in die Geldtheorie*, 12. A., München: Vahlen

Lange, Oskar (1936/37): "On the economic theory of socialism", in: *The Review of Economic Studies*, 4, S.53-71

Langlois, John D. Jr. (2001): "The WTO and China's financial system", in: *The China Quarterly*, 167, September, S.611-629

Louven, Erhard (1990): „Anmerkungen zur Reformdebatte in der VR China", in: *China aktuell*, April, S.283-287

People's Bank of China (2003): *Balance Sheet of Monetary authority*, http://www. pbc.gov.cn/baogaoyutongjishuju/2002S2.htm, 14.04.2003

Peters, Helmut (2003): „Die Lage zwingt uns zu handeln – Teil 2: Aspekte der ökonomischen Entwicklung", in: *Junge Welt*, 25.01.2003

Schick, Rainer / Dehne, Bodo M. (2002): „Neue Perspektiven für Banken in China nach dem WTO-Beitritt", in: *Die Bank*, 5, S.295-299

Siebke, Jürgen (1995): „Alternativen der Geldmengensteuerung", in: Siebke, Jürgen; Thieme, H. Jörg (Hg.): *Geldpolitik*, Baden-Baden: Nomos, S.35-52

Sik, Ota (1967): *Plan und Markt im Sozialismus*, Wien: Molden

Thieme, H. Jörg (1980): „Probleme der Definition und Messung von Inflation in Systemen zentraler Planung", in: Schenk, Karl-Ernst (Hg.), *Lenkungsprobleme und Inflation in Planwirtschaften*, Schriften des Vereins für Socialpolitik, 106, Berlin: Duncker & Humblot, S.45-70

Thieme, H. Jörg (1995): „Finanzinnovationen und Geldmengensteuerung in Deutschland", in: Siebke, Jürgen; Thieme, H. Jörg (Hg.), *Geldpolitik*, Baden-Baden: Nomos, S.93-132

Thieme, H. Jörg (1996): „Inflationsbekämpfung in einer Transformationsökonomie", in: Schinke, Eberhard; Hong, Zhong (Hg.), *Ordnungsreform und Entwicklung der chinesischen Wirtschaft in den 90er-Jahren*, Berlin: Duncker & Humblot, S.87-106

Thieme, H. Jörg / Vollmer, Uwe (1985): „Theorien des Geldwirkungsprozesses", in: Thieme, H. Jörg (Hg.), *Geldtheorie*, Baden-Baden: Nomos, S.71-106

Willms, Manfred (1987): „Geldangebotstheorie", in: Thieme, H. Jörg (Hg.): *Geldtheorie*, 2. A., Baden-Baden: Nomos, S.11-40

World Trade Organization (2002): "Trade in services – The People's Republic of China. Schedule of special commitments 14.02.2002", GATS/SC/135, 02-0796, http://docsonline.wto.org, 02.03.2003

Xie, Andy (2003): „Exporte federn SARS-Folgen für Chinas Wirtschaft ab", in: *Welt am Sonntag*, 23, 08.06.2003, S.38

Xu, Yingfeng (1998): "Money demand in China: A disaggregate approach", in: *Journal of Comparative Economics*, 3, S.544-564

Yi, Gang (1993): "Towards estimating the demand of money in China", in: *Economics of Planning*, 26, S.243-270

Yi, Gang (1994): *Money, banking and financial markets in China*, Boulder: Westview Press

Yu, Qiao/Tsui, Albert K. (2000): "Monetary services and money demand in China", in: *China Economic Review*, 11, S.134-148

Wirtschaftsaktivitäten der Auslandschinesen im asiatisch-pazifischen Raum

Achim Jassmeier

1 Ökonomische Bedeutung der Auslandschinesen im asiatisch-pazifischen Raum

1.1 Vorbemerkungen

Der asiatisch-pazifische Raum gewinnt im globalen Wettbewerb immer mehr an Bedeutung. Mittel- bis langfristig werden nicht Krisenerscheinungen wie die Strukturkrise in Japan oder die „Asienkrise" der späten 1990er-Jahre, sondern Spezifika des Unternehmensumfeldes in Ostasien die zentralen Herausforderungen für westliche Unternehmen, sei es bei Geschäftsaktivitäten in der Region oder im globalen Wettbewerb mit ostasiatischen Unternehmen, bilden. Neben einer hohen Komplexität und Dynamik der ostasiatischen Märkte ist dabei insbesondere der hohe kulturelle Fremdheitsgrad der Länder der Region von Bedeutung. Beides hat nach Überzeugung vieler Autoren zur Herausbildung einer spezifisch ostasiatischen Ausprägung des Wirtschaftslebens geführt, die sich deutlich von derjenigen in westlichen Industrieländern unterscheidet. In der Literatur finden sich in diesem Zusammenhang Schlagworte wie „konfuzianischer Kapitalismus", „asienspezifische Wirtschaftskulturen" oder „ostasiatisches Modell".

Hauptakteure des Wirtschaftslebens im asiatisch-pazifischen Raum, die dessen Dynamik im Wesentlichen hervorrufen, sind Unternehmen aus verschiedenen Ländern der Region. Diese haben in Bezug auf den Unternehmensaufbau „angemessene Organisationsstrukturen gefunden, d.h. aus der Tradition übernommen und unter neuen wirtschaftlichen Bedingungen weiterentwickelt",[1] die sich in wichtigen Bereichen von westlichen Strukturen unterscheiden.

Nach Überzeugung vieler Autoren existieren drei deutlich abgrenzbare Formen eines spezifisch ostasiatischen „Kapitalismus", der u.a. in einer charakteristischen Ausprägung verschiedener Unternehmenskonglomerate bzw. Unternehmensnetz-

---

[1] Machetzki, R. (1993), S.139.

werke zum Ausdruck kommt.[2] Gemeinsam ist diesen Unternehmensnetzwerken insbesondere eine (wirtschafts)kulturspezifische Prägung von Organisations- und Managementstrukturen sowie ein dichtes ökonomisches und soziales Beziehungsgeflecht. Unterschiede ergeben sich in Bezug auf verschiedene (wirtschafts)kulturelle Subtypen sowie eine unterschiedliche Prägung durch die spezifische Wirtschafts- und Politikumwelt.[3] Diese drei Ausprägungsformen von Unternehmenskonglomeraten sind:

- japanische Unternehmenskonglomerate (Keiretsu),
- koreanische Unternehmenskonglomerate (Chaebol),
- (auslands)chinesische Unternehmenskonglomerate.

Den Keiretsu und den Chaebol wurde im Westen bereits früh viel Beachtung geschenkt; die Unternehmensstrukturen innerhalb der Volksrepublik China sind ein in Teilaspekten auch in diesem Band analysiertes Themengebiet. Im Zentrum der Überlegungen dieses Beitrags stehen die kulturellen Determinanten des ökonomischen Handelns von Auslandschinesen, die Merkmale und Ausprägungsformen auslandschinesischer Unternehmen sowie deren Wirtschaftsaktivitäten im asiatisch-pazifischen Raum.

1.2 Historischer Entstehungskontext, quantitative Bedeutsamkeit und Abgrenzung eines großchinesischen Kultur- und Wirtschaftsraums

China ist nicht nur das bevölkerungsreichste Land der Erde mit der ältesten noch lebendigen Hochkultur der Welt, sondern stellt auch die kulturelle Keimzelle ganz Ostasiens dar.[4] China wird oftmals nicht mehr nur als ein Land, sondern als eigene Zivilisation gesehen.[5] Ein Grund dafür kann in den Auswanderungswellen aus dem Kernland China und in der großen, insbesondere ökonomischen Bedeutung ethnischer Chinesen in vielen Ländern des asiatisch-pazifischen Raums gesehen werden.

Obwohl historische Quellen weitgehend fehlen, kann davon ausgegangen werden, dass Chinesen seit mehr als 2.000 Jahren nach Südostasien eingewandert sind. In Südostasien existierten bereits chinesische Siedlungen, als westliche Seefahrer zum ersten Mal in die Region kamen. Die westliche Kolonialherrschaft verlieh dem

---

[2]   Vgl. Rüffer, S./Thobe, W. (2001), S.293; Redding, S.G. (1995), S.61; Weggel, O. (1993), S.230ff.
[3]   Siehe dazu Abschnitt 2.3 dieses Beitrages.
[4]   Vgl. Kolb, A. (1962), S.21-22. Zu den chinesischen Kultureinflüssen in Japan siehe ebenda, S.497ff., zur Sinisierung Koreas siehe ebenda, S.459ff.
[5]   Siehe dazu für viele Huntington, S.P. (1997), S.57ff. Huntington fasst chinesisch geprägte Länder unter dem Begriff „sinischer Kulturkreis" (in früheren Veröffentlichungen auch „konfuzianischer Kulturkreis") zusammen; anders als andere Wissenschaftler grenzt er in Ostasien darüber hinaus einen separaten japanischen Kulturkreis ab.

Zustrom chinesischer Einwanderer eine neue Dimension, da diese erstens hinreichende Sicherheit für die Ausweitung chinesischer Geschäftsaktivitäten in den betroffenen Ländern bot, wobei Auslandschinesen oft als Zwischenhändler dienten, und zweitens von den Kolonialherren gezielt Chinesen als Kontraktarbeiter auf Plantagen, im Bergbau etc. in die südostasiatischen Länder geholt wurden.[6]

Mit dem Ende der Kolonialzeit übernahmen einheimische Gesellschaftskräfte die Regierungs- und Verwaltungsgeschäfte von den abziehenden Europäern; die in den betreffenden Ländern lebenden Auslandschinesen hingegen nahmen die europäischen Anteile an Industrie- und Handelsunternehmen sowie an Banken in Besitz und vergrößerten auf diese Weise ihren wirtschaftlichen Einfluss erneut.[7]

Eine neue Welle chinesischer Einwanderung nach Südostasien (aber auch nach Taiwan, Hongkong und in andere Länder der Welt) resultierte aus den Ereignissen der chinesischen Revolution von 1949. In qualitativer Hinsicht unterschied sich die Flucht chinesischer Kaufleute, Industrieller und Bankiers deutlich von früheren Zuwanderungen. Waren frühere Zuwanderer zumeist kleine Bauern, Handwerker oder Händler, die nur ein geringes Qualifikations- und Bildungsniveau aufwiesen,[8] kamen nun „Unternehmer mit internationalen Verbindungen, ansehnlichem Management-Know-how im Handel und den Dienstleistungen oder mit industriellen Erfahrungen, die oft schon einige Jahre vor der Flucht ihr Kapital ins Ausland transferiert hatten".[9]

Heute leben ca. 55 Millionen Auslandschinesen in den Übergangs- und aufstrebenden Entwicklungsländern Ost- und Südostasiens. Tabelle 1 verdeutlicht, dass Auslandschinesen einen dominierenden ökonomischen Einfluss in den Ländern der Region haben, auch dann, wenn sie nur eine (zahlenmäßig geringe) Bevölkerungsminderheit darstellt.

Tab. 1: **Bevölkerungsanteil und wirtschaftliche Bedeutsamkeit der Auslandschinesen**

Land	Gesamtbe- völkerung	Chinesische Bevölkerung	Anteil Chi- nesen (%)	Anteil chinesisch kontrollierten Marktkapitals (%)
Brunei	299.939	42.800	15,0	k.A.
Kambodscha	11.163.861	250.000	2,0	70,0
Indonesien	209.774.138	5.244.353	2,5	73,0
Laos	5.116.959	66.520	1,3	k.A.
Malaysia	20.491.303	6.147.391	30,0	69,0
Myanmar	46.821.943	8.193.840	17,5	k.A.
Philippinen	76.103.564	1.522.071	2,0	50,0-60,0
Singapur	3.440.693	2.669.978	77,6	81,0

---

[6] Zur Geschichte chinesischer Einwanderung nach Südostasien siehe Thiel, F. (1975), S.11-21; Solich, E.J. (1960), S.2-7.

[7] Vgl. Lemke, R. (1984), S.394.

[8] Vgl. Thiel, F. (1975), S.173.

[9] Lemke, R. (1984), S.395.

Land	Gesamtbe-völkerung	Chinesische Bevölkerung	Anteil Chinesen (%)	Anteil chinesisch kontrollierten Marktkapitals (%)
Taiwan	21.699.776	21.048.783	97,0	95,0
Thailand	59.450.818	8.323.115	14,0	81,0
Vietnam	75.123.880	1.051.734	11,4	45,0
Summe	**529.486.874**	**54.560.585**	**10,3**	

Quelle: Eigene Zusammenstellung nach Kotler, P./Kajiwara, H. (2000), S.14, 15.

Die Auslandschinesen Südostasiens stammen überwiegend aus Südchina und sind, trotz ihrer Zugehörigkeit zu verschiedenen Sprachgruppen,[10] ethnisch homogen. Die Auslandschinesen in den Übergangs- und aufstrebenden Entwicklungsländern Ost- und Südostasiens bilden also zusammen mit den Chinesen im südlichen China eine relativ einheitliche Bevölkerungsgruppe, die durch gegenseitige Beeinflussung und Durchdringung sowie durch vielfältige Verbindungen gekennzeichnet ist. Die so umschriebene Gruppe von Südchinesen unterscheidet sich, nicht zuletzt aufgrund einer signifikant ausgeprägteren wirtschaftlichen Aktivität, von der nordchinesischen Bevölkerung.[11]

Die ökonomische Bedeutung und die länderübergreifenden Wirtschaftsaktivitäten der Auslandschinesen legen nahe, bei den folgenden Betrachtungen einen „großchinesischen Wirtschaftsraum" zu fokussieren, der faktisch neben Westeuropa, Nordamerika und Japan ein viertes weltwirtschaftliches Gravitationszentrum bildet. Es scheint somit sinnvoll, das Mitte der 1980er-Jahre von Ohmae vorgestellte Konzept der Triade in Richtung einer „Tetrade" zu erweitern.[12]

Die hohe Komplexität und große Heterogenität sowie der geringere Bekanntheitsgrad des großchinesischen Wirtschaftsraums[13] resultieren zum einen aus dem Tatbestand, dass die länderübergreifenden Wirtschaftsaktivitäten der Auslandschinesen in keiner nationalen Statistik abgebildet werden, zum anderen aus der Tatsache, dass auslandschinesische Unternehmen in sehr verschiedenartigen Wirtschafts- und Politikumwelten arbeiten. Bei diesen können mit Redding vier Kategorien unterschieden werden:

1. Der „Stadtstaat" Singapur sowie die Sonderverwaltungszone Hongkong sind bis heute stark von westlichen Traditionen in Wirtschaft und Politik beeinflusst und stellen international bedeutende Handels-, Dienstleistungs- und Verkehrszentren dar.

2. Taiwan ist ein eindeutig chinesisch geprägter „kapitalistischer Staat", der allerdings stark von japanischen und US-amerikanischen Vorstellungen in Politik

---

[10] Vgl. Seagrave, S. (1996), S.230; Solich, E.J. (1960), S.2.
[11] Vgl. Seagrave, S. (1996), S.13ff.; Böttcher, S. (1993), S.75.
[12] Vgl. Jaßmeier, A. (1999), S.143ff.; Gälli, A. (1997), S.155ff.
[13] Siehe dazu beispielsweise das Standardwerk von Seagrave, S. (1996), das den Untertitel *Das unsichtbare Wirtschaftsimperium der Auslandschinesen* trägt.

und Wirtschaft beeinflusst ist. Management und Organisation taiwanischer Unternehmen sind eine spezielle Mischung aus amerikanischen und japanischen Elementen.

3. In den „Gastumwelten" Südostasiens bilden Chinesen eine ethnische Minderheit, verfügen aber über einen dominierenden wirtschaftlichen Einfluss. Länderübergreifende auslandschinesische Familienkonglomerate bestimmen das Wirtschaftsgeschehen der Länder Südostasiens maßgeblich.

4. Im „küstennahen China" haben insbesondere auslandschinesische Direktinvestitionen zur Herausbildung neuer Formen eines hybriden Kapitalismus/Sozialismus geführt, welche gegebenenfalls ein Entwicklungsmodell für ganz China darstellen können.[14]

Insgesamt umfasst der beschriebene länderübergreifende großchinesische Wirtschaftsraum eine Bevölkerungszahl von rund 200 Millionen Menschen, die

* (potenziell) marktwirtschaftlich-kapitalistisch,
* auf einer gemeinsamen ethnischen und kulturellen Basis,
* über Ländergrenzen hinweg,
* in auf Vertrauen basierenden, informellen Beziehungsnetzen,
* ohne formale regionale Organisationen oder Gremien kooperieren.[15]

2 Kulturelle Grundlagen des ökonomischen Handels von Auslandschinesen

2.1 Vorbemerkungen

Zieht man als Modell der Kulturdeskription das von Dülfer entwickelte „Schichtenmodell" heran, so lassen sich vier das Wirtschaftsleben beeinflussende kulturelle Ebenen innerhalb einer Gesellschaft identifizieren:

* Stand der Realitätserkenntnis und Technologie,
* kulturell bedingte Wertvorstellungen,
* soziale Beziehungen und Bindungen,
* rechtlich politische Normen.[16]

Diese Ebenen bilden zusammen mit den im jeweiligen Land vorherrschenden natürlichen Gegebenheiten die verhaltensbeeinflussende globale Unternehmensumwelt, welche die Verhaltensweisen der Wirtschaftssubjekte und die Strukturmerkmale soziotechnischer Systeme wie Unternehmen, Banken, Gewerkschaften etc. determi-

---

[14] Vgl. Redding, S.G. (1995), S.61; Schütte, H./Lasserre, P. (1996), S.1-3, 12-15, 86-87.
[15] Vgl. Rüffer, S./Thobe, W. (2001), S.296; Redding, S.G. (1995), S.61.
[16] Vgl. Dülfer, E. (1996), S.206ff.

nieren.[17] Diese vier Ebenen werden im Folgenden für den (auslands-)chinesischen Kultur- und Wirtschaftsraum untersucht.

2.2   Stand der Realitätserkenntnis und Technologie

Der Begriff Weltbild kann als „die im Zusammenhang geordnete Summe des anschaulichen Wissens von der Welt"[18] verstanden werden. Das Weltbild umfasst in einer weiten Auslegung neben „meist theoretischen und meist (natur-)wissenschaftlichen Explikationen der Wirklichkeit"[19] auch die Frage nach Sinn und Deutung des Weltganzen sowie der Stellung des Menschen in diesem; es beinhaltet darüber hinaus Ideale sowie die obersten Grundsätze der Lebensgestaltung und hat somit lebens- und handlungsorientierende Funktion.[20] In dieser weiten Auslegung bildet das Weltbild den zentralen Faktor des Standes der Realitätserkenntnis und Technologie einer Gesellschaft.[21]

Die Weltsicht und das Verhalten der Mitglieder einer Kultur können anhand von Modellen der Kulturexplikation analysiert werden. Der Umgang mit Unterschieden in Weltsicht und Verhalten, die aus der Prägung der untersten kulturellen Ebene des Menschen resultieren, sowie deren Auswirkungen im Wirtschaftsleben sind in der Unternehmenspraxis insbesondere in jüngerer Zeit unter dem Stichwort „Interkulturelle Kompetenz" von hohem Interesse.[22]

In seiner Untersuchung kultureller Determinanten auslandschinesischen Managements unterscheidet Redding fünf Dimensionen der Realitätserkenntnis, die Auswirkungen auf das Mitarbeiterverhalten sowie die Organisations- und Managementstrukturen in Unternehmen haben:

- Causation (Sicht von Ursache-Wirkung-Zusammenhängen, Kausalitätsdenken),
- Probability (Sicht der Zukunft),
- Time (Zeitauffassung),
- Self (Selbstsicht des Menschen),
- Morality (Moralauffassung, Ethik).[23]

Die westliche, durch die griechische Philosophie beeinflusste Sicht von Ursache-Wirkungszusammenhängen ist durch ein physikalisches, kausal-mechanisches Weltbild geprägt, bei dem die Reaktion eines Elements nur die (mechanische) Reaktion

---

[17]   Vgl. ebenda, S.216ff.
[18]   Vgl. Schmidt, H. (1991), S.743.
[19]   Ulfig, A. (1993), S.478.
[20]   Vgl. Ulfig, A. (1993), S.477.
[21]   Vgl. Dülfer, E. (1996), S.259. Die Begriffe „Weltbild" und „Weltsicht" werden im Folgenden synonym gebraucht.
[22]   Siehe dazu im Überblick Gibson, R. (2000), S.34-37, der die in diesem Zusammenhang gängigen Modelle der Kulturexplikation kurz vorstellt.
[23]   Vgl. Redding, S.G. (1980), S.131. Siehe dazu auch die Übersicht bei Limlingam, V.S. (1986), S.136.

auf Aktivitäten eines anderen ist. Für Asien sind demgegenüber ganzheitliche Betrachtungsweisen und das Denken in Zusammenhängen (Vernetzungen) kennzeichnend, bei denen sich die Reaktionen eines Elements aus einem Wirkungsfeld (mehrerer) benachbarter Elemente ergeben. Aus diesem Grund ist dem asiatischen Denken eine isolierte Betrachtung einzelner Einflussgrößen fremd. Das Weltbild der Chinesen kann als sinnlich-räumlich, vernetzt und mit metaphysischen Elementen durchsetzt charakterisiert werden.[24]

Die asiatische Sicht der Zukunft ist durch die Annahme gekennzeichnet, dass gegenwärtige Ereignisse nicht mit Hilfe wissenschaftlicher Methoden linear in die Zukunft „extrapoliert" werden können. Zukunft ist für Asiaten nicht „kalkulierbar"; aus dieser Einstellung resultiert eine im Wesentlichen fatalistische Einstellung gegenüber zukünftigen Ereignissen.[25] Die asiatische Zeitauffassung unterscheidet sich in wesentlichen Merkmalen von der westlichen. Beide sind in Tabelle 2 gegenübergestellt.

Tab. 2:   Asiatische und westliche Zeitauffassung

Westliche Zeitauffassung	**Asiatische Zeitauffassung**
Lineare Zeitauffassung: Geschichte als ein Fortschreiten zum Besseren und Höheren; Geschichte hat einen Anfang und ein Ende. Der Prozess beinhaltet eine Zukunftsdimension => „Fortschrittsgläubigkeit" westlicher Kulturen.	Zyklische Zeitauffassung: Geschichte als Kreislauf mit „goldenem Zeitalter", Verfallsprozess, Umschlagen und erneutem „goldenen Zeitalter" => Wertschätzung des Alten und kritische Einstellung gegenüber „Fortschritt" in traditionellen asiatischen Kulturen.
Zeit als metronomisch darstellbares Kontinuum, das in Abschnitte unterteilbar und präziser Messung zugänglich ist („Chronos" = quantitative Zeit).	Zeit als Diskontinuum aus günstigen und ungünstigen Momenten, die u.a. mit Hilfe parapsychologischer Mittel zu ergreifen oder zu vermeiden sind („Kairos" = günstige Gelegenheit).
Zeit als Summe gleichwertiger Zeiteinheiten (Minuten, Stunden, Tage etc.): Bewertung mit der Uhr.	Zeit als Summe von Ereignissen, als ein in Jahresfesten, Saisonarbeiten etc. erlebbarer Prozess: Bewertung nach der „Dichte" oder Intensität des sozialen Lebens.
Monochrone Zeitauffassung: Zu einer bestimmten Zeit kann nur eine Sache erledigt werden; detaillierte Terminplanung und Setzen von Prioritäten erforderlich.	Polychrone Zeitauffassung: Mehrere Dinge sind gleichzeitig zu erledigen; Vollendung einer Aktivität bedeutsamer als das Einhalten eines Terminplans.

Quelle: Eigene Zusammenstellung nach Weggel, O. (1990), S.200-204; Limlingan, V.S. (1986), S.135 und Redding, S.G. (1980), S.138; Hall, E.T. (1976), S.17-22.

Die Sicht des Individuums im Verhältnis zu seiner menschlichen Umwelt führt unter Berücksichtigung der Aussagen zum asiatischen Kausalitätsdenken, das insbeson-

---

[24]   Vgl. Schmidt, H. (1991), S.773.
[25]   Vgl. Redding, S.G. (1980), S.133.

dere auf Vernetzungen und wechselseitige Beziehungen abstellt, dazu, dass sich die asiatische Sicht des Menschen stark von der individualistischen Auffassung westlicher Kulturen unterscheidet. Das Individuum ist immer im Kontext gesellschaftlicher Einflüsse sowie persönlicher Beziehungen und Bindungen zu sehen. Der Mensch als isoliertes Einzelwesen ist in der asiatischen Vorstellungswelt (und teilweise auch im Sprachgebrauch) nicht existent.[26]

Wesentliches Unterscheidungsmerkmal der Moralauffassungen in Asien und im Westen ist der „Mechanismus", der zum Einsatz kommt, um moralisch vorteilhaftes Verhalten zu bewirken. Dabei ist die Unterscheidung zwischen Gesellschaften, deren Moralität auf einem „Scham-Mechanismus" bzw. einem „Schuld-Mechanismus" beruhen, von Bedeutung. Moral beruht in asiatischen Kulturen auf dem „Scham-Mechanismus", bei dem moralisch einwandfreies Verhalten durch Androhung externer Sanktionen zu erreichen versucht wird. In westlichen Kulturen basiert Moral demgegenüber auf dem „Schuld-Mechanismus", dessen Funktionieren auf einem internalisierten Sündenverständnis beruht. „Scham-Mechanismus" und „Schuld-Mechanismus" können als Kontinuum dargestellt werden, dessen Extrema durch das jeweils anzustrebende und zu vermeidende Ereignis gebildet werden: Gesichtsverlust oder Gesichtsgewinn im ersten, Unterlassung oder Verdienst im zweiten Fall.[27]

Der Stand der Realitätserkenntnis hat Auswirkungen auf das Mitarbeiterverhalten sowie die Organisations- und Managementstrukturen in Unternehmen. Tabelle 3 zeigt diese Auswirkungen für (auslands)chinesische Familienunternehmen.

2.3   Kulturell bedingte Wertvorstellungen

Eine der wichtigsten Quellen kulturell bedingter Wertvorstellungen und daraus abgeleiteter individueller Verhaltensnormen ist die Religion; sie ist darüber hinaus ein grundlegendes Medium des Weltverständnisses für den Einzelnen.[28] Die Religion stellt also ein wichtiges Bindeglied zwischen dem Weltverständnis (im Sinne von Realitätserkenntnis oder Weltbild) einerseits und den kulturell bedingten Wertvorstellungen andererseits dar („Scharnierfunktion").

Tab. 3:   **Auswirkungen des chinesischen Realitätsverständnisses auf Organisations- und Managementstrukturen des chinesischen Familienunternehmens**

	Kausalität	Zukunfts-verständnis	Zeitauffassung	Rolle des Individuums	Moralver-ständnis
Planung	Formale Planungsmechanismen sind kaum entwickelt	Vertrauen auf Intuition; fatalistische Zukunftsauffassung	Stichtagen und Schlusstermi-nen wird nur geringe Priorität beigemessen		

---

[26]   Vgl. Redding, S.G. (1980), S.135-136.
[27]   Vgl. Redding, S.G. (1980), S.138.
[28]   Vgl. Dülfer, E. (1996), S.275.

	Kausalität	Zukunftsverständnis	Zeitauffassung	Rolle des Individuums	Moralverständnis
Organisation	Abstrakte Unternehmensfunktionen sind kaum ausgebildet		Oberflächliche Strukturierung von Abläufen => Koordinationsschwierigkeiten => limitiertes Größenwachstum	Hohe Bedeutsamkeit personalistischer Netzwerke	
Führung			Durch eingeschränkte Verantwortlichkeit bedingte Notwendigkeit einer zentralistischen Führung	Hohe Subjektivität; Bindung durch persönliche Verpflichtung; paternalistischer Führungsstil	Sensibilität gegenüber „Wahrung des Gesichts"; Pragmatismus in Fragen der Unternehmensethik
Kontrolle	Kein Steuerungs- und Regelkreissystem		Verantwortlichkeit für Endergebnisse, nicht für Einhaltung eines Zeitrahmens => Probleme bei dringlicher Aufgabenerfüllung	Vermeidung von Konfliktsituationen => keine objektiven, persönlichen Leistungsbeurteilungen	Gebrauch des Scham-Mechanismus

Quelle: In Anlehnung an Redding, S.G. (1980), S.143.

Typisches Merkmal aller chinesischen Gesellschaften und damit auch der auslandschinesischen Gesellschaften in Südostasien ist die Parallelität bzw. Vermischung der „Drei Religionen" (Buddhismus, Daoismus und Konfuzianismus). Konfuzianische Tugenden haben lebens- und handlungsleitende Funktion. Der Daoisten-Priester spielt im Alltagsleben als religiöser „Dienstleister" durch Wahrsagerei, Exorzismus, Kräutermedizin oder Heildrogen eine Rolle. In gleicher Weise ist der buddhistische Mönch für regelmäßige Andachten und Bestattungszeremonien zuständig. Weggel beschreibt diese Parallelität wie folgt:

> Man unterscheidet zwischen den ‚Drei Religionen' nicht nach Dogma, sondern nach Nützlichkeit: Den Kalenderdienst besorgt am besten das konfuzianische Beamtentum, die Bekämpfung von Krankheiten, Unfällen und Pestilenzen der Daoisten-Exorzist, die Bestattung und das Totenwesen der buddhistische Mönch.[29]

Der Konfuzianismus als lebens- und handlungsleitende, pragmatische Lebensphilosophie ist in vielen asiatischen Gesellschaften, besonders in chinesischen Gesellschaften, so dominierend, dass er als das prägende Element der Gesellschaft und der

---

[29]   Weggel, O. (1990), S.241.

Wirtschaft aufgefasst werden kann. Entwicklungsstufen, Ausprägungsformen, Wesensmerkmale und wirtschaftsfreundliche Grundtugenden des Konfuzianismus sollen hier nicht behandelt werden.[30] Vielmehr soll der Konfuzianismus als Ausgangspunkt einer Klassifikation von Unternehmensnetzwerken im asiatisch-pazifischen Raum herangezogen werden.

Unterteilt man mit Weggel die in Ostasien vorherrschende metakonfuzianische Wirtschaftskultur[31] in einen japanisch-koreanischen und einen (auslands-)chinesischen Subtyp, so lassen sich die in Abbildung 1 dargestellten Arten von Unternehmensnetzwerken unterscheiden.

Abb. 1: **Wirtschaftskulturspezifische Unternehmensformen im asiatisch-pazifischen Raum**

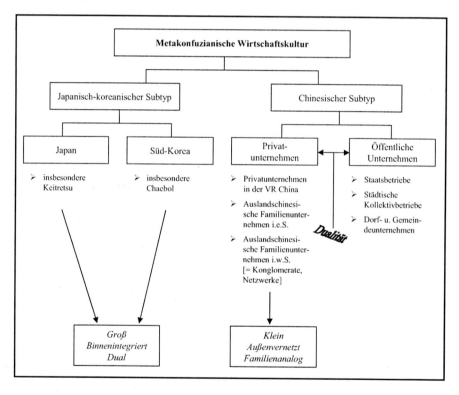

Quelle: Eigene Darstellung.

---

[30] Siehe dazu beispielsweise Jassmeier, A. (1999), S.131f.; 135ff.

[31] Vgl. Weggel, O. (1993a), S.230ff. Anders jedoch Huntington, der einen japanischen und einen konfuzianischen (sinischen) Kulturkreis identifiziert.

Die in Abbildung 1 dargestellten Grundmerkmale japanischer und koreanischer Unternehmenskonglomerate (Größe, Binnenintegration, Dualität) werden an dieser Stelle nicht näher spezifiziert;[32] die Merkmale (auslands)chinesischer Privatunternehmen (begrenzte Größe, Außenvernetzung, Familienbezug) werden im dritten Abschnitt dieses Beitrages fokussiert.

2.4 Soziale Beziehungen und Bindungen

Die chinesische Gesellschaft ist durch verschiedene, hierarchisch angeordnete Beziehungsebenen gekennzeichnet. Abbildung 2 verdeutlicht, dass in der traditionellen chinesischen Gesellschaft die Familie die maßgebliche Basiseinheit ist.

> Absolutes Vertrauen und unbedingte Loyalität zwischen den Familienmitgliedern gelten als selbstverständlich [...] Gegenseitigkeit gibt es in dieser Kernfamilie nicht, wohl aber Schutz im Tausch gegen Respekt und Gehorsam.[33]

Abb. 2: Chinesische Beziehungshierarchie

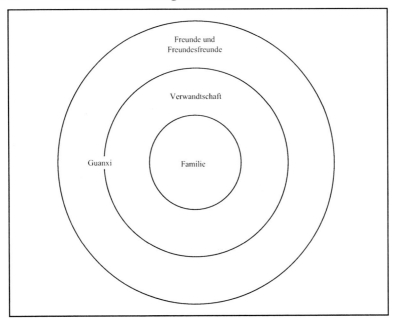

Freunde und Freundesfreunde

Verwandtschaft

Guanxi

Familie

Quelle: Schütte, H./ Lasserre, P. (1996), S.98.

Die zweite Ebene bildet eine vielschichtige Verwandtschaft. „Von ihnen wird Loyalität erwartet, aber auf der Grundlage irgendeiner Art von Gegenseitigkeit, von Ge-

---

[32] Siehe dazu für viele Jaßmeier, A. (1999), S.170ff., 182ff.
[33] Schütte, II./ Lasserre, P. (1996), S.98.

ben und Nehmen. Verwandte tun sich geschäftlich zusammen, wenn ihnen das sofort oder künftig konkrete Vorteile verspricht. Das kann eine moralische Schuld oder einen moralischen Kredit begründen, die sich irgendwann einmal aktivieren lassen."[34] Für eine Abgrenzung der weit verzweigten Verwandtschaft ist auch heute noch das traditionelle chinesische Klansystem von Bedeutung. Ein Klan ist eine Personengruppe, die von einem gemeinsamen Ahnen abstammt, und an deren Spitze ein Patriarch steht. Unterhalb der Klanebene bilden diejenigen Familien, die in näherer Blutsverwandtschaft stehen, eine „Familiengruppe" (*fang*). Ein „fang" umfasst gewöhnlich fünf Generationen und hat eine Größenordnung, bei der der Einzelne noch von allen gekannt wird.[35]

Die dritte Ebene bilden soziale Beziehungen zu Freunden und Freundesfreunden. Diese Beziehungen, die häufig zu weit verzweigten Beziehungsnetzen ausgebaut sind, werden mit dem Begriff „Guanxi" umschrieben, ein Terminus der grob mit „persönliche Beziehungen/Verbindungen" übersetzt werden kann.[36] „Guanxi" setzen sich nicht aus diskreten Einzelereignissen zusammen, sondern beruhen auf einer Summe verschiedener Ereignisse, die dauerhafte Beziehungen zwischen den Geschäftspartnern begründen. Wesentliche Merkmale sind Gegenseitigkeit, Vertrauen, variierende Intensität und Investitionen der Partner in die Beziehung. Dabei ist hervorzuheben, dass „Guanxi" auf persönlichen, nicht auf rein unternehmensbezogenen Beziehungen beruhen und dass sie nicht nur geschäftliche, sondern auch soziale Kontakte einschließen.[37]

Das Guanxi-Konzept ist tief im Weltbild und in den kulturellen Wertvorstellungen der Chinesen verwurzelt. Brunner et al. umschreiben dies wie folgt:

> To comprehend the guanxi concept, it is important to recognize that while Westerners assume that an individual acts in one's self-interest, makes decisions rationally, and is in control of one's destiny, the Chinese perceive that one's existence in society is largely influenced by relationships with others; and that one cannot change the environment but must harmonize with it. They maintain that if one is to survive and cope in a competitive and conceivably hostile environment, it is essential to ally oneself with as many friends as possible who will support and protect them against adversity if required. In Chinese eyes, one's success depends largely on the various guanxi one has, rather than one's personal efforts.[38]

Das Zitat macht deutlich, dass das Guanxi-Konzept an einige typische Merkmale der chinesischen Weltsicht anknüpft, die in deutlichem Gegensatz zu den westlichen Denkmustern stehen:

- Denken in Vernetzungen statt Denken in linearen Ursache-Wirkung-Beziehungen,

---

[34] Schütte, H./ Lasserre, P. (1996), S.99.
[35] Vgl. Li, H. (1991), S.58; Redding, S.G. (1990), S.55.
[36] Vgl. Weggel, O. (1993b), S.342.
[37] Vgl. Davies, H. et al. (1995), S.210.
[38] Brunner, J.A. et al. (1989), S.9-10.

- Anpassung an die und Harmonie mit der Umwelt statt Beeinflussung und Veränderung der Umwelt,
- sich fügen in das eigene Schicksal (Fatalismus) statt Beeinflussbarkeit der eigenen Zukunft.

Die Bedeutung von „Guanxi" im Asiengeschäft wird von einigen Autoren so hoch eingeschätzt, dass sie als Ausgangspunkt eines dritten Paradigma im Marketing („Ostasien-Marketing") bezeichnet werden.[39]
Eine Besonderheit sozialer Beziehungen außerhalb von Familie und Klan ist bei den Auslandschinesen zu beobachten. Ursprünglich war eine geringe gesellschaftliche Integration außerhalb von Familie oder Klan kennzeichnend. Da jedoch die fremde Umgebung im Ausland Gefahren bergen und Anforderungen stellen konnte, die die Leistungsfähigkeit und Einflussmöglichkeiten von einzelnen Familien bzw. Klans überstieg, wurden über Familien- bzw. Klanverbindungen hinausgehende soziale Netzwerke aufgebaut.[40] Knotenpunkte dieser Netzwerke sind auslandschinesische Vereinigungen, die in allen Ländern Südostasiens ähnlichen Charakter aufweisen und von oberflächlichen Unterschieden zwischen den chinesischen Gemeinwesen in den unterschiedlichen Ländern unberührt bleiben. Sie sind dadurch gekennzeichnet, dass sie grundlegende und wesentliche Organisationsprinzipien aufweisen, die sich aus im chinesischen Mutterland selbst heimischen Vorbildern herleiten. Diese Vereinigungen werden i.d.R. nach vier unterschiedlichen Kriterien gebildet:

- Verwandtschaft, erkennbar am gemeinsamen Familiennamen,
- landsmannschaftliche Zugehörigkeit in China,
- Dialekt,
- Berufszugehörigkeit, basierend auf alter chinesischer Gildezugehörigkeit.[41]

Die länderübergreifenden Aktivitäten auslandschinesischer Familienunternehmen und die große Bedeutung gesellschaftlicher Beziehungsnetzwerke sind zentrale Merkmale eines in der gesamten Region zu beobachtenden Wirtschaftsgebarens, welches von Redding mit dem Begriff „Chinesischer Kapitalismus" umschrieben wird.[42]

---

[39] Vgl. Ambler, T. (1994), S.69ff. Dieses Paradigma tritt dann neben das im Investitionsgütermarketing vorherrschende Interaktionsparadigma und das im Konsumgütermarketing vorherrschende Stimulus-Reaktionsparadigma; siehe dazu Jassmeier, A. (1999), S.15f.
[40] Vgl. Redding, S.G. (1990), S.56.
[41] Vgl. Redding, S.G. (1990), S.56.
[42] Siehe dazu beispielsweise die Übersicht in Redding, S.G. (1990), S.83.

2.5   Rechtlich politische Normen

Bis zum 19. Jahrhundert konnten sich die chinesischen Vorstellungen einer gesellschaftlichen Ordnung über Jahrtausende hinweg selbstständig, weitgehend ohne
fremden Einfluss entwickeln. Das gesellschaftliche Grundprinzip der Wahrung der
natürlichen Ordnung und das Streben nach Harmonie führten zu einem Wesentlichen Grundsatz menschlichen Zusammenlebens in China, der Streitvermeidung.
Dieser Grundsatz drückte sich in einer ablehnenden Haltung gegenüber Gesetzen
und juristischen Organen aus. Rechte und Pflichten des Einzelnen sollten sich nicht
aus Gesetzbüchern, sondern aus seiner Stellung im gesellschaftlichen Gefüge ergeben.[43]

Die Entwicklungsgeschichte der traditionellen chinesischen Rechtsordnung ist
durch den Gegensatz zwischen Konfuzianern und Legalisten gekennzeichnet.
Grundlage der konfuzianischen Interpretation rechtlich-politischer Normen ist der
Begriff „li" (übersetzt: Verhaltensnormen, Sittenordnung), der die Grundlage des
gesellschaftlichen Verhaltens und die soziale Stellung des Einzelnen regelt. Das
Recht hatte im Konfuzianismus nur den eingeschränkten Auftrag, außerhalb der
natürlichen Ordnung liegendes gesellschaftliches Verhalten zu regeln. Den Gegen-
pol zu den Konfuzianern bildeten die Legalisten, die „fa" (übersetzt: Recht, ge-
schriebenes Gesetz) als unbedingt notwendig erachteten. Vom Beginn der Han-Dynastie (206 v.Chr.) bis zum Ende der Qing-Dynastie (im Jahre 1912) waren Staats-
philosophie und Rechtsordnung in China konfuzianisch orientiert. Es herrschte das
Ideal des „Regierens durch Sittenordnung", nicht das „Regieren durch Gesetz" vor.
Amtsträger wurden konfuzianisch, nicht juristisch ausgebildet. Ein eigenständiger
Juristenstand und eine spezielle Rechtswissenschaft bildeten sich nicht heraus.
Trotzdem entstanden bedeutende Gesetzeswerke, z.B. das Tang-Gesetzbuch von 653
n. Chr. und das Gesetzbuch der Qing-Zeit (1644-1911).[44]

Im Gegensatz zu westlichen Rechtssystemen, bei denen traditionell der zivil-
rechtliche Aspekt, d.h. die Regelung von Beziehungen zwischen Individuen, im
Vordergrund steht, ist die traditionelle chinesische Rechtsordnung durch ein Primat
des Strafrechts gekennzeichnet. Dies zeigt sich u.a. darin, dass (aus westlicher Sicht)
privatrechtliche Streitigkeiten nicht horizontal (zwischen den „Rechtssubjekten")
sondern vertikal (über den Staat mittels hoheitlicher Maßnahmen) ausgetragen werden; so wurde beispielsweise bei Vertragsbruch mit strafrechtlichen Mitteln einge-
schritten.[45]

Die rechtlich-politische Unternehmensumwelt auslandschinesischer Unternehmen in den Gastländern Südostasiens ist heterogen. Trotzdem sind aus westlicher
Sicht einige grundlegende Gemeinsamkeiten über Ländergrenzen hinweg zu erkennen:

---

[43]   Vgl. Grasmann, G. (Bearb.) (1989), S.547-549; Weggel, O. (1990), S.37ff.
[44]   Vgl. Grasmann, G. (Bearb.) (1989), S.549-551; Weggel, O. (1990), S.115.
[45]   Vgl. Grasmann, G. (Bearb.) (1989), S.551.

- Verflechtung von Rechtsordnung und Moral- bzw. Sittenordnung i.w.S.: Eine strikte Trennung von Recht, Sitte, Moralvorstellungen, religiösen Anschauungen und Brauchtum war in den asiatischen Gesellschaften unbekannt. Darüber hinaus wurde die in Europa bereits seit spätrömischer Zeit vorherrschende Trennung von Profan- und Sakralrecht in den meisten traditionellen Rechtsordnungen in Asien nicht vollzogen. Wegen dieses Mischcharakters waren die traditionellen Rechtsordnungen in Asien weniger abstrakt und volksfremd als die westlichen.[46]

- Subsidiarität der Rechtsordnung: Im Unterschied zum Westen vertrauen die Menschen in den asiatisch-pazifischen Ländern bei der Sicherung des gesellschaftlichen Zusammenlebens nicht primär auf die Rechtsordnung. Es wird vielmehr zuerst versucht, die „gestörte Harmonie" innerhalb der sozialen Ordnung durch vermittelnde Tätigkeiten, Selbstbeschränkung und Versöhnung wiederherzustellen (Schlichtungspriorität). Eine juristische Lösung wird erst angestrebt, wenn alle anderen Mittel zur Konfliktlösung versagen. Die Rechtsordnung erfüllt also vor allem subsidiäre Aufgaben.[47]

- Mehrschichtigkeit der Rechtsordnung: Die heutigen Rechtsordnungen der meisten asiatisch-pazifischen Länder sind durch Überlagerung verschiedener Rechtstraditionen entstanden. Das historisch gewachsene Recht der einzelnen Länder wurde mit Beginn der Kolonialisierung durch die Rechtsordnung der Kolonialherren überlagert, wobei jedoch das traditionelle Recht seinen Einfluss nicht ganz verlor. Auch die kolonial ungebundenen bzw. halbkolonialen Länder rezipierten westliches, oftmals deutsches Recht. Nach Erlangung der staatlichen Unabhängigkeit wurde in den meisten asiatisch-pazifischen Ländern auch das Rechtssystem reformiert.[48]

Rechtsverständnis und Rechtspraxis basieren in Asien auf grundlegend anderen Regelungsprinzipien als im Westen. Im zivilrechtlichen Bereich werden Rechtsbeziehungen im Westen als nach dem „Marktprinzip" geordnet aufgefasst. Die soziale Interaktion kann mit dem Austausch von Gütern zwischen gleichberechtigten Marktteilnehmern verglichen werden. Hinsichtlich der Rechtsbeziehungen ist diese Art von Interaktion durch einen individuellen Vertrag gekennzeichnet, der im Konfliktfall eine klare Interpretationsgrundlage für eine neutrale, professionelle Drittpartei (z.B. Gerichte) darstellt. Legalität wird hier mit Hilfe einer allgemeinen, technischen Gesetzesauslegung durch die Justiz angestrebt. Im Gegensatz dazu sind in Asien die sozialen Beziehungen der Partner durch Zugehörigkeit zu einer gesellschaftlichen Grundeinheit im Sinne einer „erweiterten Familie" gekennzeichnet. Die Rechtsbeziehungen können als nach dem „Gemeinschaftsprinzip" gestaltet interpretiert werden. Nach westlicher Auffassung weist diese Art gesellschaftlicher Beziehungen keinen rechtlichen oder nur quasirechtlichen Charakter auf, allerdings spielt

---

[46] Vgl. Weggel, O. (1990), S.116-117.
[47] Vgl. Grasmann, G. (Bearb.) (1989), S.545; Weggel, O. (1990), S.115.
[48] Vgl. Yasuda, N. (1993), S.144ff.; Weggel, O. (1990), S.117ff.

dieses Prinzip in asiatischen Rechtssystemen sowohl wegen der Subsidiarität der Rechtsordnung als auch wegen der Verflechtung der Rechts- mit der Sittenordnung eine wesentliche Rolle.[49]

Im zivilrechtlichen Bereich spielt das von westlichen Vorstellungen stark abweichende Vertragsverständnis eine große Rolle. Asiatische Geschäftspartner fassen einen Vertrag nicht als eine rein sachliche Beziehung zwischen „Rechtssubjekten" auf, die sich ausschließlich am Marktprinzip ausrichtet. Darüber hinaus wird die Unterscheidung der Vertragselemente „Verpflichtung" und „Erfüllung" in Asien noch immer als fremdartig empfunden. Nicht die „Verpflichtung" nach westlicher Interpretation wird als bindend angesehen, sondern das zwischen den Geschäftspartnern bestehende Vertrauensverhältnis, letztlich der Respekt vor „li" (i.S.v. Moral und Sitte). Verträge werden also unter Beachtung des Gemeinschaftsprinzips geschlossen und sind durch eine enge Verflechtung rechtlicher und moralisch-sittlicher Elemente gekennzeichnet.[50]

An dieser Stelle wird auch deutlich, warum umfangreiche Geschäfts- und Lieferbedingungen in Verträgen von asiatischen Geschäftspartnern häufig als unmoralisch abgelehnt werden. Ein solcher Vertrag weist in den Augen vieler Asiaten darauf hin, dass von vornherein davon ausgegangen wird, dass ein Partner das Vertrauen des anderen missbrauchen könnte. Eine weitere Schwierigkeit besteht darin, einen Vertragstext so zu übersetzen, dass er sich einem nicht im westlichen Rechtsdenken geschulten Asiaten überhaupt erschließt. Sogar westlich ausgebildete asiatische Juristen haben mit einer solchen Übersetzung Probleme, da sie bei juristischen Problemen in fremdsprachlichen Begrifflichkeiten denken. Es ist deshalb darauf zu achten, die Vertragsklauseln einfach zu halten, sodass den asiatischen Geschäftspartnern auch der Sinn einzelner Vertragsklauseln deutlich wird.[51]

3 Organisation und Führung in auslandschinesischen Unternehmen

3.1 Vorbemerkungen

Die Organisationsform des auslandschinesischen Familienunternehmens ist generell dadurch gekennzeichnet, dass nicht nur in Bezug auf Besitz- und Mehrheitsverhältnisse sowie Unternehmensnachfolge, sondern auch hinsichtlich Leitungsbefugnis und Personalpolitik ein starker Familienbezug vorherrscht. Dabei werden die wichtigen Führungspositionen von Familienmitgliedern besetzt; der Familienbezug kann

---

[49] Zu den Rechtsprinzipien siehe Yasuda, N. (1993), S.145-147, der als drittes Prinzip noch das primär im öffentlichen Recht bedeutsame „Anweisungsprinzip" nennt. In ähnlicher Weise stellt Weggel Rechtsbeziehungen im „Marktmilieu" und im „Pachthofmilieu" gegenüber; siehe Weggel, O. (1990), S.121.

[50] Vgl. Weggel, O. (1990), S.121.

[51] Vgl. Lemke, P. (1990), S.68ff.

dabei so stark sein, dass weniger kompetente oder qualifizierte Verwandte Fachleuten, die nicht zur Familie gehören, vorgezogen werden.[52]

Im Folgenden wird zwischen Familienunternehmen im engeren Sinne (i.e.S.) und Familienunternehmen im weiteren Sinne (i.w.S.) unterschieden:

- Als Familienunternehmen i.e.S. wird ein einzelnes Klein- bzw. Mittelunternehmen (KMU) bezeichnet, welches spezielle Merkmale hinsichtlich Evolution, Organisation und Management aufweist. So wie die Familie die maßgebliche „Danwei" (Grundeinheit) der (auslands)chinesischen Gesellschaft darstellt,[53] kann das chinesische Familienunternehmen i.e.S. als „Danwei" des (auslands) chinesischen Wirtschaftslebens bzw. des von Redding beschriebenen „chinesischen Kapitalismus" aufgefasst werden.

- Als Familienunternehmen i.w.S. (erweitertes Familienunternehmen) wird ein Unternehmensnetzwerk bzw. Unternehmenskonglomerat (Mischkonzern) aus einer Vielzahl nur locker verbundener Klein- und Mittelunternehmen bezeichnet, bei dem Eigentum an und Kontrolle von Einzelfirmen in der Hand einer Unternehmerfamilie vereinigt sind. Ähnlich wie auf gesellschaftlicher Ebene zur Ausweitung des Familieneinflusses auf ein weit verzweigtes Guanxi-Netz zurückgegriffen wird, basiert das Größenwachstum auslandschinesischer Firmenkonglomerate ebenfalls auf Familienbindungen/Guanxi-Beziehungen. Dieser Unternehmenstyp wird deshalb auch als „familienanaloger" Unternehmenstyp oder als „Guanxi-Unternehmen" bezeichnet.[54]

3.2 Auslandschinesische Familienunternehmen im engeren Sinne

Das auslandschinesische Familienunternehmen i.e.S. ist durch einen Entstehungs- und Entwicklungsprozess gekennzeichnet, der im Laufe der Zeit zu einem Wachstumsdilemma und zu mangelnder Stabilität der Unternehmensorganisation führt. Das limitierte Größenwachstum chinesischer Familienunternehmen i.e.S. führt dabei fast zwangsläufig zur Herausbildung von Klein- und Mittelunternehmen.[55] Das Wachstumsdilemma auslandschinesischer Familienunternehmen kann insbesondere auf zwei Faktoren zurückgeführt werden:

- Drang zur Selbstständigkeit seitens der Mitarbeiter,
- Unternehmensteilung in Abhängigkeit vom Lebenszyklus der Familie.[56]

---

[52] Vgl. Weidenbaum, M. (1997), S.36-37; Machetzki, R. (1993), S.137.
[53] Zur Bedeutung der Danwei siehe Weggel, O. (1990), S.57ff.
[54] Vgl. Machetzki, R. (1993), S.137.
[55] Vgl. Weggel, O. (1993a), S.232; Redding, S.G. (1990), S.176ff.; Wong, S. (1985), S.58ff.
[56] Vgl. Herrmann-Pillath, C. (1997), S.114.

Der erste Faktor ist die sprichwörtliche Eigenschaft von Chinesen, zu einem möglichst frühen Zeitpunkt die Selbstständigkeit zu suchen („Lieber Schnabel eines Huhns als Hinterteil eines Rindes sein" – „*ning wei ji kou, wu wei niu hou*"). Der Drang zur Selbstständigkeit ist eine wichtige Beschränkung für das Unternehmenswachstum, da gerade hochqualifizierte und engagierte Mitarbeiter, die langfristig an der Fortentwicklung einer Unternehmung mitwirken, eher rar sind. Auf der anderen Seite wird die Selbstständigkeit allerdings auch aktiv durch Dritte unterstützt: Ein Faktor, der zur Bildung von Unternehmensnetzwerken führt, ist zum Beispiel die Förderung einer Neugründung durch Mitarbeiter (etwa in Gestalt eines persönlichen Kredites), die dann später enge Zuliefererbeziehungen zur Mutterunternehmung pflegen.[57]

Der zweite das Unternehmenswachstum bremsende Faktor ist die aus agrarischen Traditionen in die unternehmerische von heute übernommene Praxis der Realteilung und Aufteilung des Vermögens noch zu Lebzeiten der Eltern. Die idealtypische Familienunternehmung i.e.S. durchläuft nach Gründung und Aufbauphase einen schrittweisen Prozess anschließender Dezentralisierung und Selbstauflösung, nachdem die Erben in das Unternehmen der Eltern eingetreten sind. Wong hat ein Modell der Evolution des chinesischen Familienunternehmens i.e.S. entworfen, das die Entwicklung dieser Unternehmensform in vier Phasen unterteilt. Diese Phasen und deren jeweilige Merkmale sind in Abbildung 3 zusammengestellt.

Die Beziehungen des chinesischen Familienunternehmens i.e.S. zu seiner Unternehmensumwelt sind von intensiven Außenvernetzungen geprägt. Es ist in seinen Umweltbeziehungen sehr feinmaschig gestaltet, was in extensiven Netzwerkverflechtungen und untereinander verbundenen Geschäftsleitungen zum Ausdruck kommt. Die gesamten Geschäftsverbindungen auslandschinesischer Familienunternehmen sind durch wesentlich geringer ausgeprägte Über- und Unterordnungsverhältnisse gekennzeichnet als beispielsweise die Geschäftsbeziehungen japanischer Unternehmen.[58] Chinesische Geschäftsleute bevorzugen dabei „eher das zwischenpersönliche Netzwerk, den ‚harmonischen', d.h. intersubjektiven Ausgleich, den Monismus (im Sinne ideologischen und terminologischen Gleichklangs) und die informelle Beziehung (im Sinne von Wechselseitigkeit und ständigen Interaktionsprozessen)".[59] Wesentlich weniger Bedeutung wird in der chinesischen Geschäftswelt geschriebenen Verträgen beigemessen; wichtig sind vielmehr informelle, auf Vertrauen basierende Beziehungen zwischen Einzelpersonen.

Abb. 3:   **Modell der Evolution des auslandschinesischen Familienunternehmens im engeren Sinne**

Phase I: Gründung
Partnerschaften weitgehend nicht verwandter Personen zwecks Kapitalakkumulation.

[57]   Vgl. Hermann-Pillath, C. (1997), S.114.
[58]   Vgl. Weggel, O. (1993a), S.232.
[59]   Weggel, O. (1993b), S.341.

Versuch einzelner Partner, Managementpositionen durch eigene Vertrauensperso-
nen (Familienmitglieder) zu besetzen; Instabilität der Partnerschaften durch gegen-
seitiges Misstrauen.

Familienbezogenheit des Unternehmens nimmt im Phasenverlauf immer mehr zu.

In Phase I sind Unternehmensvermögen, Managementeinfluss und Gewinne noch
ungeteilt.

Phase II beginnt, wenn ein Partner und dessen Familie das mehrheitliche Eigentum
an der Unternehmung erlangt.

Phase II: Zentralisation

Starke Dominanz des Gründungsunternehmers: zentralisierte Entscheidungsge-
walt, geringe Delegation von Verantwortung, personalistischer Führungsstil.

Implikationen für Kapitalbildung und Kapitalverwendung: Reinvestition von Gewinnen gut durchsetzbar, Kapitalverschiebungen innerhalb des Familienunternehmens
problemlos.

Zunehmende Konflikte zwischen alterndem Gründerunternehmer und (männlichen)
Erben rufen zentripetale Tendenzen im Unternehmen hervor.

In Phase II sind Unternehmensvermögen und Managementeinfluss ungeteilt, Gewinne werden zwischen den (männlichen) Erben aufgeteilt.

Phase III beginnt, wenn der Gründerunternehmer seine dominierende Rolle an die
Erben verliert.

Phase III: Segmentierung

Das Unternehmensvermögen ist noch ungeteilt.

Aufteilung der Gewinne des Familienunternehmens: => unproblematisch, solange
die (männlichen) Erben noch keine eigene Familie haben; => Konflikte, wenn unterschiedliche Kinderzahl mit verschiedenen Bedürfnissen (z.B. Ausbildung) das Verlangen nach Neuaufteilung des Gewinnes stimulieren.

Aufteilung des Managementeinflusses: Geschäftsverantwortung obliegt dem älte-
ren Bruder => Gegenstrategien der jüngeren Brüder bestehen darin, sich Spezial-
kenntnisse (z.B. Accounting, Marketing) anzueignen oder zur Gründung von Tochterunternehmen zu drängen, die dann jeweils von einem der jüngeren Brüder
geleitet werden.

Getrennte Einflusssphären und Tochtergesellschaften schränken die Macht des
„Ältesten-Bruder"-Unternehmers ein => Dispositionsspielraum bei Reinvestition von
Gewinnen und Kapitalverschiebungen innerhalb der Unternehmensgruppe wesent-
lich stärker eingeschränkt als in Phase II.

Gelingt es einem Bruder, einen mehrheitlichen Anteil innerhalb des segmentierten
Unternehmens zu erlangen, tritt das Unternehmen erneut in Phase II ein; ansonsten beginnt Phase IV.

Phase IV: Desintegration

Unterschiede in den Erbanteilen der verschiedenen Familien in der zweiten Generation aufgrund unterschiedlicher Fertilität.

Familienbande in der zweiten Generation zerbrechlicher als in der ersten.

Am Ende von Phase IV stehende Aufteilung des Unternehmensvermögens bedeutet Ende der Unternehmensexistenz.

Quelle: Eigene Darstellung nach Angaben aus Wong, S. (1985), passim.

3.3   Auslandschinesische Familienunternehmen im weiteren Sinne (Unternehmenskonglomerate)

Trotz des im Modell von Wong beschriebenen Wachstumsdilemmas und der mangelnden Stabilität der Unternehmensorganisation konnten auslandschinesische Familienunternehmen in Ost- und Südostasien zumindest nationale oder regionale Bedeutung erlangen.[60] Dieser Tatbestand ist darauf zurückzuführen, dass dieser Unternehmenstyp in hohem Maße „außenvernetzt" ist. Auslandschinesische Familienunternehmen entwickeln im Verlauf ihrer Evolution selten eine komplexe, differenzierte Organisationsstruktur wie westliche Großunternehmen. Bei Konzernbildungen wird auf Beteiligungen an einer Vielzahl kleiner und mittlerer Firmen in unterschiedlicher Höhe zurückgegriffen. Das Ergebnis ist ein Firmenkonglomerat, welches durch ein Netz wechselseitiger Besitzverhältnisse gekennzeichnet ist. Die These, dass auslandschinesische Unternehmen sich generell nicht zu Großunternehmen im westlichen Sinn entwickeln, wurde bereits früh von Redding aufgestellt:

> In the Chinese case, growth along Western lines, which usually is by growing the corporate body itself, appears to be resistant. There are large Chinese companies, it is true, but they appear still to be run in the same way as small Chinese companies. They remain in family control. Rational/legal authority is not adopted. Size is often achieved by collecting together a set of small businesses and leaving them uncoordinated except at the financial level. More complex forms of large scale enterprise have not developed: there are no Chinese multinationals.[61]

Das Wachstum des auslandschinesischen Familienunternehmens beruht auf einer Konglomeratsdiversifikation, d.h. auf einer betrieblichen Wachstumsstrategie durch Ausdehnung der Geschäftätigkeit auf neue Produkte und Märkte, bei der zwischen den bisherigen und den neu hinzutretenden Tätigkeitsbereichen keinerlei Beziehung besteht. Schütte/Lasserre kennzeichnen die Wachstumsstrategie des auslandschinesischen Unternehmenskonglomerats als eine Entwicklung in Richtung der „goldenen Raute", welche die für viele dieser Unternehmen typische Geschäftsfelder (Handel, Fertigung, Immobilien, Finanzierung) umschreibt.[62]

Das auslandschinesische Familienunternehmen i.w.S. ist aufgrund seiner konglomeraten Diversifizierung i.d.R. durch ein heterogeneres Geschäftsportfolio gekennzeichnet als ein westlicher Konzern. Das Management eines solchen Firmenkonglomerats mit einer Vielzahl von Einzelunternehmen ist vom patriarchalischen Gründer-Eigner allein nicht zu leisten. Deshalb erweitert er sein zentralistisches Führungssystem in der Tradition des klassischen chinesischen Sekretariatsprinzip um eine gewisse Anzahl von bewährten Beratern ohne exakte Positionsbeschreibung, die das gesamte Spektrum der Tochterunternehmen überwachen. Alle wichti-

---

[60] Vgl. Schütte, H./Lasserre, P. (1996), S.65 und S.80ff.
[61] Redding, S.G. (1980), S.147.
[62] Vgl. Schütte, H./Lasserre, P. (1996), S.85.

gen Entscheidungen werden durch diesen Beraterstab vorbereitet und dann dem Patriarchen vorgelegt.[63] Wesentliche Unterschiede zwischen dem auslandschinesischen Familienunternehmen i.w.S. und der herkömmlichen westlichen Kapitalgesellschaft sind in Tabelle 4 dargestellt.

Tab. 4: Vergleich auslandschinesischer Familienunternehmen im weiteren Sinne und westlicher Kapitalgesellschaften

Merkmal	Herkömmliche westliche Kapitalgesellschaft	Auslandschinesische Familienunternehmen i.w.S.
Eigentum	Öffentlich	Nicht öffentlich
Nachfolge	Senioritätsprinzip	Familie
Organisationsstruktur	Große einheitliche Firma	Verschränkung vieler mittelgroßer Firmen
Leitung	Dezentral	Zentral
Entscheidungsfindung	Analytisch	Intuitiv
Marktausrichtung	Verbrauch und Industrie	Industrie
Produktpalette	Schmal	Breit
Technisches Niveau	Von hoch bis niedrig	Niedrig bis mäßig
Internes Berichtswesen	Wichtig und formalisiert	Begrenzt und informell
Sorgfalt bei Fusionen und Kapitalbeteiligungen	Groß, bis ins Detail	Eher gering
Verhältnis zwischen Tochterfirmen	Vertraglich geregelt	Informell
Finanzierung	Intern wie extern	Hauptsächlich intern
Öffentliches Profil	Deutlich	Eher undeutlich

Quelle: Weidenbaum, M. (1997), S.43 [Übersetzung des Verfassers].

Maßgeblicher Integrationsfaktor auslandschinesischer Firmenkonglomerate ist das Finanzwesen. Aufgrund fehlender staatlicher Hilfen unterstützen sich die durch wechselseitige Beteiligungen miteinander verbundenen Firmen bei Liquiditätsengpässen. Bei Finanzierungsvorgängen versuchen auslandschinesische Unternehmer möglichst auf Quellen außerhalb des Unternehmens zurückzugreifen. Aus diesem Grunde ist ein hoher Fremdkapitalanteil ein wesentliches Merkmal auslandschinesischer Unternehmen. Auch komplizierte Transaktionen werden innerhalb der informellen Beziehungsnetze getätigt. Persönliches Vertrauen ersetzt häufig ein formelles, kosten- und zeitaufwendiges Prüfen vorgeschlagener Projekte und Finanzierungsvorhaben.[64] Die Unternehmerfamilie verdeckt dabei häufig ihr geschäftliches Engagement, indem sie ihr Vermögen über Familientreuhänder in die unterschiedlichen Beteiligungen investiert.[65] Länderübergreifende Kapitalflüsse zwischen den einzelnen Mitgliedsfirmen auslandschinesischer Mischkonzerne erschweren die

---

[63] Vgl. Schütte, H./Lasserre, P. (1996), S.84.
[64] Vgl. Redding, S.G. (1990), S.170; Weidenbaum, M. (1997), S.40.
[65] Vgl. Weidenbaum, M. (1997), S.37-39.

Analyse der Strukturen und Aktivitäten dieser Unternehmen erheblich. Hinzu kommt, dass auslandschinesische Familienunternehmen relativ selten an der Börse notiert sind und kaum Konzernabschlüsse vorlegen.[66] Auch aus diesem Grunde ist der Bekanntheitsgrad dieses Unternehmenstyps in der westlichen Welt bislang noch nicht so hoch wie derjenige japanischer oder koreanischer Großunternehmen.

4 Regionale und globale Bedeutung auslandschinesischer Familienunternehmen

Seit den 1980er-Jahren haben sich viele auslandschinesische Familienunternehmen von nationalen zu regionalen Akteuren im asiatisch-pazifischen Raum entwickelt. Insbesondere Unternehmen aus Hongkong, Singapur und Taiwan traten als Investoren in den weniger entwickelten Nachbarländern auf. Vorreiter waren auslandschinesische Familienunternehmen aus Taiwan, die wegen steigender Arbeitskosten im eigenen Land Fabrikationsstätten in den ASEAN-Ländern aufbauten.[67]

Eine weitere Verstärkung erfuhr diese Entwicklung durch die zunehmende Öffnung der Volksrepublik China, zu deren wichtigsten Investoren Unternehmen aus dem asiatisch-pazifischen Raum wurden. Abbildung 4 zeigt die Anteile verschiedener Länder an den ausländischen Direktinvestitionen in der Volksrepublik China. Die Grafik verdeutlicht, dass der Anteil der Direktinvestitionen aus auslandschinesisch dominierten Ländern deutlich vor denen aus westlichen Industrieländern und aus Japan liegt.

Abbildung 4 zeigt auch, dass 79% aller Direktinvestitionen in die Volksrepublik China aus dem asiatisch-pazifischen Raum selbst stammen.[68] Daraus lässt sich exemplarisch eine Tendenz für die gesamte Region ableiten. Ethnisch-chinesische Familienkonglomerate beherrschen heute einen erheblichen Teil des Investitionsgeschehens in den ASEAN-Staaten und in der Volksrepublik China. Sie fokussieren dabei deutlich den eigenen Großraum und treiben damit die wirtschaftliche Regionalisierung, d.h. die Konzentration ökonomischer Verflechtung auf die Staaten der Region, voran. Neben räumlicher Nähe lenken dabei ethnisch-kulturelle Faktoren und Kontaktnetzstrukturen die Investitionsströme innerhalb der Region.[69]

Die Regierungen vieler südostasiatischer Länder sehen die länderübergreifenden Geschäftsaktivitäten auslandschinesischer Unternehmenskonglomerate zunehmend auch als strategisches Instrument zur wirtschaftlichen Entwicklung des gesamten Wirtschaftsraumes. Die Auslandschinesen schaffen funktionierende, wenn auch informelle Regionalbündnisse, während die regionale Integration durch formale Organisationen und Gremien wie die ASEAN nur stockend vorankommt.[70]

---

[66] Vgl. Weidenbaum, M. (1997), S.40; Schütte, H./Lasserre, P. (1996), S.86.

[67] Vgl. Fromhold (2001), S.33, 35; Wessel, K. (1998), S.159ff.; Schütte, H./Lasserre, P. (1996), S.87.

[68] Diese Tendenz beschreibt bereits Gälli, A. (1997), S.160ff.

[69] Vgl. Fromhold, (2001), S.33; Wessel, K. (1998), S.159-164.

[70] Vgl. Schütte, H./Lasserre, P. (1996), S.82.

Abb. 4: **Herkunftsländer ausländischer Direktinvestitionen in der Volksrepublik China**

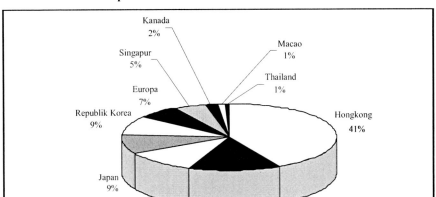

Quelle: Eigene Darstellung.

Eine über die Region hinausgehende Bedeutung haben auslandschinesische Familienunternehmen für westliche Unternehmen, denen ein geplanter Eintritt in die asiatisch-pazifischen Märkte wegen hoher Marktbarrieren, großer Marktrisiken und einer komplexen Unternehmensumwelt Schwierigkeiten bereitet. Auslandschinesische Unternehmenskonglomerate bieten sich dabei wegen ihrer starken regionalen Position als strategische Kooperationspartner an. Im Gegenzug besteht bei auslandschinesischen Unternehmen noch immer ein hoher Bedarf nach Zugang zu internationalen Märkten, Markennamen und neuen Technologien. Zudem werden Allianzen mit westlichen Unternehmen aufgrund verbesserter Organisations- und Managementstrukturen seitens der auslandschinesischen Unternehmen zunehmend einfacher (verbesserter „organizational fit").

In landesbezogenen marktsuchenden Partnerschaften ist die Stärke auslandschinesischer Unternehmen beim Zugang zu Vertriebskanälen und deren Fähigkeit zur Erlangung politischer Unterstützung bedeutsam. In landesbezogenen ressourcensuchenden Partnerschaften können westliche Unternehmen die hohe Kompetenz beim Zugang zu und beim Management von lokalen Arbeitskräften nutzen. Auslandschinesische Familienunternehmen können außerdem innerhalb ihres Beziehungsnetzes erhebliches Kapital mobilisieren und in eine Allianz einbringen. In neuerer Zeit sind landesbezogene Partnerschaften mit auslandschinesischen Familienunternehmen komplexer geworden, da sich diese Unternehmen aufgrund ihrer guten Beziehungen und hohen Akzeptanz auch als Partner für einen Marketeintritt in die Volksrepublik China anbieten. Hier ist eine Möglichkeit zur Fortentwicklung in Richtung globaler Partnerschaften zwischen westlichen und auslandschinesischen Unternehmen gegeben, bei denen beide Partner ihre Ressourcen, Assets und Kompetenzen vereinigen, um ihre Gesamtwettbewerbsfähigkeit in wichtigen regionalen oder globalen Märkten zu steigern.[71]

Zusammenfassend ist festzustellen, dass die Wirtschaftsaktivitäten auslandschinesischer Familienunternehmen nicht mehr nur von regionaler, sondern zunehmend auch von globaler Bedeutung sind. Es ist Machetzki zuzustimmen, der bereits Mitte der 1990er-Jahre feststellte, „dass in der längerfristigen Zukunft die ‚Wirtschaftswelt des Chinesentums' deutlich größere Impulse auf die Weltwirtschaft ausstrahlen wird als der ‚Gegenwartsgigant' Japan".[72]

5   Literaturverzeichnis

Ambler, T. (1994): "Marketing's Third Paradigm: Guanxi", in: *Business Strategy Review*, Vol.5, No.4, S.69-80

Böttcher, S. (1993): „Entfaltung chinesischer Wirtschaftsaktivitäten unter marktwirtschaftlichen Bedingungen", in: Draguhn, W. (Hrsg): *Neue Industriekulturen im pazifischen Asien. Eigenständigkeiten und Vergleichbarkeit mit dem Westen*, Hamburg, S.71-81

Brunner, J.A./Chen, J./Sun, C./Zhou, N. (1989): "The Role of Guanxi in Negotiations in the Pacific Basin", in: *Journal of Global Marketing*, Vol.3, No.2, S.7-23

China Internet Information Center: "Foreign Direct Investment by country or territory", Jan.-Jun. 2002, http://www.china.org.cn/e-company/02-10-20/page0208 17.htm, Zugriff am 14.08.2003

Clermont, A./Schmeisser, W. (Hrsg.) (1997): *Internationales Personalmanagement*, München

Davies, H. et al. (1995): "The Benefits of „Guanxi" – The Value of Relationships in Developing the Chinese Market", in: *Industrial Marketing Management*, Vol.24, S.207-214

Draguhn, W. (Hrsg.) (1993): *Neue Industriekulturen im pazifischen Asien. Eigenständigkeiten und Vergleichbarkeit mit dem Westen*, Hamburg

Dülfer, E. (1996): *Internationales Management in unterschiedlichen Kulturbereichen*, 4. Auflage, München u.a.

Fromhold-Eisebith, M. (2001): „Multinationale Unternehmen aus asiatischen Schwellenländern", in: *Geographische Rundschau*, 53. Jg., H. 7-8, S.32–37

Gälli, A. (1997): „Auslandsinvestitionen in Großchina: Treibkräfte von Modernisierung und Verflechtung", in: Taube, M./Gälli, A. (Hrsg.): *Chinas Wirtschaft im Wandel*, München u.a., S.155-187

Gibson, R. (2000): *Intercultural Business Communication*, Berlin

Grasmann, G. (Bearb.) (1989): *Einführung in die großen Rechtssysteme der Gegenwart*, 2. Auflage, München

---

[71]   Vgl. Redding, S.G. (1995), S.68f. sowie Schütte, H./Lasserre, H. (1996), S.133ff., die zwischen länderbezogenen und globalen strategischen Partnerschaften unterscheiden.

[72]   Machetzki, R. (1994), S.22.

Hall, E.T. (1976): *Beyond Culture*, New York

Herrmann-Pillath, C. (1997): „Unternehmensführung im chinesischen Kulturraum", in: Clermont, A./Schmeisser, W. (Hrsg.): *Internationales Personalmanagement*, München

Huntington, S.P. (1997): *Kampf der Kulturen: die Neugestaltung der Weltpolitik im 21. Jahrhundert*, 6. Auflage, München, Wien

Kolb, A. (1962): *Ostasien: China – Japan – Korea. Geographie eines Kulturerdteils*, Heidelberg

Kotler, P./Kajiwara, H. (2000): *Repostioning Asia: from bubble to sustainable economy*, Singapur u.a.

Laumer, H. (Hrsg.) (1984): *Wachstumsmarkt Südostasien – Chancen und Risiken unternehmerischer Kooperation*, München u.a.

Lemke, P. (1990): *Geschäfte mit Taiwan und Auslands-Chinesen*, Frankfurt/M.

Lemke, R. (1984): „Die Rolle der Auslandschinesen im Wirtschaftsleben Südostasiens", in: Laumer, H. (Hrsg.): *Wachstumsmarkt Südostasien – Chancen und Risiken unternehmerischer Kooperation*, München u.a., S.389-406

Li, H. (1991): *Die Grundstruktur der chinesischen Gesellschaft: Vom traditionellen Klansystem zur modernen Danwei-Organisation*, Opladen

Limlingan, V.S. (1986): *The Overseas Chinese in ASEAN: Business Strategies and Management Practices*, Manila

Machetzki, R. (1993): „ASEAN und die „chinesische" Unternehmung oder: Was ist Rationalität?", in: *Südostasien aktuell*, 12. Jg., H. 2, S.132-140

Machetzki, R. (1994): „Herausforderung des Westens: Asiens Aufstieg in der Weltwirtschaft", in: Ostasiatischer Verein e.V. (Hrsg.): *Wirtschaftshandbuch Asien-Pazifik 1994*, 39. Ausgabe, Hamburg, S.15-41

Ostasiatischer Verein e.V. (Hrsg.) (1994): *Wirtschaftshandbuch Asien-Pazifik 1994*, 39. Ausgabe, Hamburg

Redding, S.G. (1980): "Cognition as an Aspect of Culture and its Relation to Management Processes: An Exploratory View of the Chinese Case", in: *Journal of Management Studies*, Vol.17, No.2, S.127-148

Redding, S.G. (1990): *The Spirit of Chinese Capitalism*, Berlin u.a.

Redding, S.G. (1995): "Overseas Chinese Networks: Understanding the Enigma", in: *Long Range Planning*, Vol.28, No.1, S.61-69

Rüffer, S./Thobe, W. (2001): „Auslandschinesische Unternehmensnetzwerke im asiatisch-pazifischen Raum", in: *Wirtschaftswissenschaftliches Studium*, 30. Jg., H.5, S.293-296

Schmidt, H. (1991): *Philosophisches Wörterbuch*, 22. Auflage, Stuttgart

Schütte, H./Lasserre, P. (1996): *Management-Strategien für Asien-Pazifik*, Stuttgart

Seagrave, S. (1995): *Die Herren des Pazifik. Das unsichtbare Wirtschaftsimperium der Auslandschinesen*, München

Solich, E.J. (1960): *Die Überseechinesen in Südostasien*, Frankfurt/M.

Taube, M./Gälli, A. (Hrsg.) (1997): *Chinas Wirtschaft im Wandel*, München u.a.

Thiel, F. (1975): *Die Auslandschinesen und ihr Einfluss in Südostasien*, Hamburg

Ulfig, A. (1993): *Lexikon der philosophischen Begriffe*, Eltville

Weggel, O. (1990): *Die Asiaten*, 2. Auflage, München

Weggel, O. (1993a): „Perspektiven für die zukünftige Stellung pazifisch-asiatischer Industriekulturen in der Weltwirtschaft", in: Draguhn, W. (Hrsg.): *Neue Industriekulturen im pazifischen Asien. Eigenständigkeiten und Vergleichbarkeit mit dem Westen*, Hamburg, S.223-258

Weggel, O. (1993b): „Die Neuordnung Asiens nach dem Ende der Bipolarität", in: *Südostasien aktuell*, 12. Jg., H. 5, S.334-354

Wessel, K. (1998): „Wirtschaftsdynamik und intraregionale Integration in Ost-/Südostasien", in: *Zeitschrift für Wirtschaftsgeographie*, 42. Jg., H. 3-4, S.155-172

Weidenbaum, M. (1997): „Die Geschäftskultur der Auslandschinesen: Bamboo Connection", in: *Harvard Business Manager*, 19. Jg., H. 1, S.35-45

Wong, S. (1985): "The Chinese Family Firm: A Model", in: *The British Journal of Sociology*, Vol.36, No.1, S.58-72

Yasuda, N. (1993): "Law and Development in ASEAN Countries", in: *ASEAN Economic Bulletin*, Vol.10, No.2, S.144-154

Privatwirtschaft: Deus ex machina?

Doris Fischer

Einleitung

Die Bedeutung des privaten Eigentums für die Marktwirtschaft ist in der „westlichen" Wirtschaftsliteratur wenig umstritten. Dieser Konsens hat auch dazu geführt, dass die Privatisierung von staatlichem Eigentum zu den wesentlichen Reformschritten im Rahmen von Transformationsprozessen, also im Übergang von einer planwirtschaftlichen zu einer marktwirtschaftlichen Ordnung, gezählt wird. Relativ vernachlässigt blieb in der Transformationsliteratur dagegen die Bedeutung des privaten Unternehmertums bzw. der Privatunternehmer für den Übergang von einer Plan- zu einer Marktwirtschaft.[1]

Die Wirtschaftsreformen in China, die 1978 eingeleitet und seit den 1990er-Jahren forciert wurden, stehen in verschiedener Hinsicht im Widerspruch zu den Empfehlungen der Literatur zu Transformationsprozessen. Ein besonders augenfälliger Widerspruch besteht darin, dass China bis vor kurzem dem Namen nach keine Privatisierungen (*siyouhua*) durchgeführt hat. Zwar wurden in der zweiten Hälfte der 1990er-Jahre Privatisierungen von Staatsunternehmen de facto ermöglicht, aber sie wurden nicht unter diesem Schlagwort durchgeführt. Zugleich gelten private Unternehmen spätestens seit Anfang der 1990er-Jahre als der eigentliche Motor des chinesischen Wachstumsprozesses. Dieses Paradoxon aus Vermeidung von Privatisierung einerseits und Ausdehnung der Privatwirtschaft andererseits wird dadurch aufgelöst, dass die Privatwirtschaft in China zunächst nicht aus Privatisierungsprozessen hervorgegangen ist, sondern bis Ende der 1990er-Jahre vor allem aus der Neugründung von privaten Unternehmen. Die Staatsunternehmen wurden nicht privatisiert, sondern durch die Ausdehnung der privaten Unternehmen und die daraus entstehende Wettbewerbssituation in vielen Branchen faktisch marginalisiert.[2]

---

[1] Dies gilt vor allem für den Teil der Transformationsliteratur, die China als untypisches Beispiel lange Zeit ignoriert hat.

[2] Dieser Reformansatz wird in der Literatur u.a. als „privatization from below", „creative reduction" oder auch „kalte Privatisierung" bezeichnet. Vgl. Winiecki (1991: 305); Jefferson/Singh (1997): 179.

Da die Volksrepublik sich auch dadurch von anderen Transformationsprozessen absetzt, dass der Aufbau marktwirtschaftlicher Strukturen auf der Basis eines weitgehend unveränderten politischen Systems erfolgt, hat die Entwicklung der Privatwirtschaft frühzeitig einen besonderen politischen Beigeschmack gehabt: Konkret stellte und stellt sich die Frage, wie die dynamische Entwicklung der Privatwirtschaft in den Kontext eines formal sozialistischen Systems passt, oder umgekehrt, wie das alte politische System in Anbetracht der Veränderungen in der Wirtschaftsordnung überleben kann. Wie berechtigt das Interesse an diesen Zusammenhängen ist, wurde ab 2001 deutlich, als der damalige Parteichef Jiang Zemin in einer Rede am 1. Juli die Aufnahme von Privatunternehmern in die Kommunistische Partei Chinas befürwortete[3] und dieses Anliegen im darauf folgenden Jahr im Rahmen des XVI. Parteitages durch die Änderung der Satzung der Kommunistischen Partei Chinas politisch verankern lassen konnte.[4]

In der Folgezeit wurde in der Literatur erneut die Frage aufgeworfen, in welchem Verhältnis eigentlich die Sphären „guan", die politisch-bürokratische Administration, und „shang", die Privatunternehmen in China, zueinander stehen, insbesondere, ob die Partei (und damit der Regierungsapparat) die Privatunternehmer für ihre Zwecke kooptiert und bändigt oder ob die Privatunternehmer erfolgreich die Partei für ihre Interessen instrumentalisieren können (Holbig 2004).

Mitte der 1990er-Jahre hat die Verfasserin in einem Artikel das Verhältnis von Privatunternehmern und Staat thematisiert (Fischer 1995). Die Idee für das Thema ging damals auf Herrn Professor Erhard Louven zurück. Der vorliegende Artikel knüpft erneut an die Frage des Verhältnisses von „guan" und „shang" an – und geht doch über sie hinaus. Er basiert auf der Beobachtung, dass die wachsende politische Anerkennung der Privatunternehmen und Privatunternehmer inzwischen große Erwartungen an deren zukünftige Rolle ausgelöst hat. In immer mehr Zusammenhängen wird – inner- und außerhalb Chinas – die positive Bedeutung von Privatunternehmen herausgehoben. Wie berechtigt sind die in die chinesische Privatwirtschaft gesetzten wirtschaftlichen, sozialen und politischen Erwartungen? Wie sind sie in den wirtschaftlichen und gesellschaftlichen Kontext einzuordnen?

Der Artikel gibt im ersten Teil einen Überblick über die Entwicklung der Privatwirtschaft in China, eine Abgrenzung von Definitionen und eine kritische Betrachtung der verfügbaren empirischen Daten. Im zweiten Teil wird erläutert und disku-

---

[3] Vgl. http://www.china.org.cn/chinese/jianghua/43378.htm; für eine ausführliche Kommentierung der Rede siehe Holbig (2001).

[4] Wörtlich besagt die veränderte Satzung, dass „chinesische Arbeiter, Bauern, Angehörige der Armee und Intellektuelle sowie fortschrittliche Elemente anderer sozialer Schichten" einen Antrag auf Parteimitgliedschaft stellen können (KPCh 2002). Privatunternehmer fallen unter die letztere Gruppe. Dass Privatunternehmer zu den fortschrittlichen Elementen gehören und dass die Partei sich als Vertreter eben auch dieser gesellschaftlichen Gruppen versteht, ist Bestandteil der „Theorie" der „drei Vertretungen" (*sange daibiao*), die ebenfalls auf Jiang Zemin zurückgeht und zu einem festen Bestandteil der Parteiideologie geworden ist.

tiert, welche Hoffnungen an die Privatwirtschaft als wirtschaftliche, politische und gesellschaftliche Kraft bzw. Gruppe gehängt werden.

1 Chinesische Privatwirtschaft: Eine Bestandsaufnahme

Gerade in den ersten Jahren der Reformpolitik hat sich die chinesische Politik mit der Akzeptanz privatwirtschaftlicher Aktivitäten schwer getan. Nur Schritt für Schritt wurde der Aktionsraum für private Unternehmensformen ausgedehnt.[5] Obwohl hinsichtlich der rechtlichen und faktischen Anerkennung der Privatwirtschaft inzwischen viele Fortschritte erzielt wurden, wirken die ideologisch-politisch bedingten Verkrampfungen im Umgang mit der Privatwirtschaft zum Teil bis heute nach. Dies zeigt sich unter anderem in der statistischen Erfassung der Privatwirtschaft.

1.1 Definitionen und Statistiken

Die Wirtschaftsreformen in China haben nicht nur die realen Verhältnisse verändert, sondern notwendig auch Anpassungen im Statistiksystem nach sich gezogen. Hierzu gehört, dass die volkswirtschaftliche Gesamtrechnung ebenso wie die Erfassungseinheiten an die Veränderungen der wirtschaftspolitischen Rahmenbedingungen und die gesellschaftliche Realität angepasst wurden. Die Veränderungen in der Erfassung der Privatwirtschaft sind hierfür ein hervorragendes Beispiel.

Zu Beginn der Reformzeit unterschieden chinesische Statistiken lediglich zwischen staatlichen (volkseigenen), kollektiven und „anderen" Betrieben, wobei Letztere vor allem die kleine Zahl von Einzelgewerbetreibenden und Jointventures mit dem Ausland umfasste. Die Bezeichnungen sollten den „wirtschaftlichen Charakter" (*jingji leixing*) der Betriebe erfassen. Erst im Verlauf der 1980er-Jahre wurde die Kategorie der Einzelgewerbetreibenden separat ausgewiesen, ebenso die verschiedenen Formen von Unternehmen mit ausländischem Kapital. Nachdem eine Verfassungsänderung im Jahr 1988 offiziell die Existenz von Privatunternehmen erlaubte, tauchte auch diese Kategorie in den Statistiken auf, wobei die Abgrenzung zwischen Privatunternehmen und Einzelgewerbebetreibenden einzig auf der Zahl der Beschäftigten beruht. Privatunternehmen waren Unternehmen mit mehr als acht abhängig Beschäftigten.[6]

---

[5]   Für Darstellungen zur Entwicklung der Privatwirtschaft vgl. Kraus (1989); Garnaut et al. (2001).

[6]   Die Unterscheidung von Privatunternehmen und Einzelgewerbetreibenden auf der Basis der Zahl der Beschäftigten hat einen ideologischen Hintergrund: Die Ablehnung von Privatunternehmertum im Sozialismus geht auf die Kritik der kapitalistischen Ausbeutung der Arbeiter bzw. abhängig Beschäftigten zurück. Den kleinen Einzelgewerbetreibenden wurde frühzeitig unterstellt, dass aufgrund der geringen Anzahl von Beschäftigten und weil es sich häufig um Familienbetriebe handelte, eine kapitalistische Ausbeutung in dem

In den 1990er-Jahren trat zu der Einteilung der Betriebe nach ihrem „wirtschaftlichen Charakter" zunehmend die Unterscheidung nach Rechts- bzw. Beteiligungsformen hinzu. Nach der Einführung der entsprechenden Unternehmensgesetzgebung wurden Kapitalgesellschaften in Form von Aktiengesellschaften (*gufen youxian zeren gongsi*) oder GmbHs (*youxian zeren gongsi*) zugelassen. Aber auch die rechtliche Grundlage für Personengesellschaften wurde durch den Gesetzgeber klarer gestellt.[7]

Für die Statistik entstanden aus den neuen Unternehmensformen zwei Erfassungs- bzw. Abgrenzungsprobleme: Zum einen wurde zunächst nur ein Teil der Betriebe in die neuen Rechtsformen überführt, sodass eine Aufgabe der Kategorisierung nach „wirtschaftlichem Charakter" nicht in Frage kam. Zum anderen konnten durch die neuen Rechtsformen Mischformen entstehen, wenn an einer Aktiengesellschaft oder GmbH Eigentümer unterschiedlichen „wirtschaftlichen Charakters" beteiligt waren. Sollte eine GmbH, an der sich neben einem privaten Anteilseigner auch ein Kollektiv- oder ein Staatsunternehmen beteiligte, als Privatunternehmen oder Kollektiv- bzw. Staatsunternehmen gelten? Entscheiden die Mehrheitsverhältnisse über den „wirtschaftlichen Charakter" oder eher die Rechtsform? Und welche Funktion hat in diesem Zusammenhang noch die Unterscheidung in Einzelgewerbe und Privatunternehmen?

Im Jahr 1998 kündigte die chinesische Regierung daher eine erneute Reform der Unternehmensstatistik an, wobei zwei Einteilungsmethoden festgelegt wurden, zum einen eine Einteilung, die vor allem in der Statistik verwendet wird, zum anderen die der Erfassung bei der Staatlichen Verwaltung für Industrie und Handel (SVIH) (Fischer 2000). Die Einteilung für statistische Zwecke stellte eine revidierte Form der Erfassung des „wirtschaftlichen Charakters" der Unternehmen dar, wobei die Kollektivunternehmen neben den Staatsunternehmen nun zur öffentlichen Wirtschaft (*gongyou*) gezählt wurden, alle anderen zur nicht öffentlichen Wirtschaft (*fei gongyou*) (siehe Tabelle1). Die Einteilung für die Klassifizierung und Zählung der bei der SVIH registrierten Unternehmen war dagegen wesentlich detaillierter und an den bis dahin etablierten Rechtsformen orientiert (Tabelle 2). Beiden Klassifizierungssystemen gemeinsam ist der Wegfall der Einzelgewerbetreibenden (*getihu*).[8]

Sinne, dass der Unternehmer ausschließlich vom Mehrwert der Arbeit seiner Angestellten lebe, nicht zu befürchten sei (Wu 2003: 168f.).

[7]   Das Gesellschaftsgesetz, das Kapitalgesellschaften betrifft, trat 1994 in Kraft. Ein Gesetz zu Einzelpersonunternehmen, das weitgehend die Vorschriften zu Privatunternehmen von 1988 ersetzt, wurde 1999 verabschiedet. Kommentierte Übersetzungen beider Gesetze finden sich in der Sammlung *Chinas Recht* von Frank Münzel, http://lehrstuhl.jura.uni-goettingen.de/chinarecht/990830.htm.

[8]   Trotzdem werden Einzelgewerbebetriebe weiterhin als solche erfasst. Sie sind z.B. in einigen Statistiken des *Statistischen Jahrbuchs* weiterhin enthalten. Außerdem erscheinen weiterhin Darstellungen zur Entwicklung des Einzelgewerbes, zum Beispiel in zwei Berichten zu nicht staatlichen Unternehmen, die 2005 erschienen sind (Huang 2005a, Huang 2005b).

Tab. 1:   **Kategorien des „wirtschaftlichen Charakters" in offiziellen Statistiken (1999)**

Nr.	Kategorie und Untergliederung
1	*Öffentliche Wirtschaft (gongyou jingji)*
11	Staatswirtschaft (guoyou jingji)
12	Kollektive Wirtschaft (jiti jingji)
2	*Nicht öffentliche Wirtschaft (fei gongyou jingji)*
21	Privatwirtschaft (*siying jingji*)
22	Durch Investitionen aus Hongkong, Taiwan und Macau finanzierte Wirtschaft
23	Durch (sonstige) ausländische Investitionen finanzierte Wirtschaft

Quelle: *Jingji Ribao*, 15.10.1998.

Um Schätzungen abzugeben, wie groß die Privatwirtschaft in China ist, bedarf es allerdings weiterhin einer Entscheidung, inwieweit bzw. unter welchen Bedingungen die Unternehmen mit Eigentümern unterschiedlichen wirtschaftlichen Charakters der Privatwirtschaft zuzurechnen sind oder nicht. Weiterhin ist zu beachten, dass chinesische Untersuchungen zu Privatunternehmen (*siying qiye*) die Unternehmen mit ausländischer Kapitalbeteiligung[9] bzw. solche, die zu hundert Prozent in ausländischem Besitz sind, nicht berücksichtigen.

Tab. 2:   **Kategorien von Unternehmen bei der Registrierung (1999)**

Nr.	Registrierte Unternehmenstypen
100	*Unternehmen mit chinesischem Kapital*
110	state-owned enterprises*
120	collective enterprises
130	joint stock enterprises
140	enterprises with joint management
141	state-owned joint enterprises
142	collective joint enterprises
143	state and collective owned joint enterprises
149	other jointly run enterprises
150	limited liability corporations
151	wholly state-owned limited liability corporations
159	other limited liability corporations
160	share-holding corporations
170	private enterprises (*siying qiye*)
171	private one investor enterprise (*siying duzi qiye*)
	private cooperative enterprises (*siying hehuo qiye*)
173	private limited liability corporations
174	private share-holding corporations

---

[9]   Soweit nicht anders angegeben, werden im Folgenden Unternehmen mit Kapital aus Hongkong, Taiwan und Macau sowie Unternehmen mit sonstigem ausländischen Kapital zu Unternehmen mit ausländischem Kapital (UmaK) zusammengefasst.

Nr.	Registrierte Unternehmenstypen
190	others
200	*Unternehmen mit Kapital aus Hongkong, Taiwan und Macau*
210	equity joint venture
220	contractual joint venture
230	wholly foreign-owned enterprises
240	share-holding enterprises
300	*Unternehmen mit (sonstigem) ausländischem Kapital*
310	equity joint venture
320	contractual joint venture
330	wholly foreign-owned enterprises
340	share-holding enterprises

Anm.: * Englische Bezeichnungen, wie sie auch in zweisprachigen chinesischen Publikationen verwendet werden.

Quelle: *Jingji Ribao*, 15.10.1998.

Anders ist dies zum Teil bei Untersuchungen zu *minying qiye* oder *minying jingji*, wörtlich „vom Volk betriebene Unternehmen" bzw. „vom Volk betriebene Wirtschaft", sinngemäß „nicht staatliche Wirtschaft". Diese Kategorie soll im Folgenden mit „Privatwirtschaft" übersetzt werden, wobei allerdings zu beachten ist, dass zu *minying* auch die Kollektivunternehmen gezählt werden (weswegen *minying* und *fei gongyou* (nicht öffentlich, s.o.) definitorisch nicht identisch sind). Neuere chinesische Publikationen unterscheiden zusätzlich zwischen „Privatwirtschaft im engeren Sinne" (ohne Unternehmen mit ausländischem Kapital, *jiayi minying*) und „Privatwirtschaft im weiteren Sinne" (mit Unternehmen mit ausländischem Kapital, *guangyi minying*) (Huang 2005a). Abbildung 1 gibt einen graphischen Überblick über die geschachtelten Definitionen.

Die Frage, welche Unternehmen als „staatlich kontrolliert" gelten, auch wenn sie nicht ausschließlich in staatlichem Besitz stehen, wurde in der Vergangenheit unterschiedlich beantwortet.[10]

---

[10] Im *China Statistical Yearbook* wird als Abgrenzung definiert, dass staatliche kontrollierte Unternehmen all jene Unternehmen mit Anteilseignern unterschiedlichen wirtschaftlichen Charakters seien, in den der staatliche Eigentumsanteil größer sei als der Anteil irgendeines anderen einzelnen Anteilseigners. Anderen Quellen zufolge zählen auch Unternehmen dazu, in dem der staatliche Anteil zwar nicht größer ist als der der anderen Anteilseigner, in denen aber per Vertrag geregelt ist, dass der staatliche Anteilseigner das Unternehmen kontrolliert. Vgl. *China Statistical Yearbook* (2005): 521; Wang (2005).

Abb. 1:   **Alternative Abgrenzungen von Privatwirtschaft**

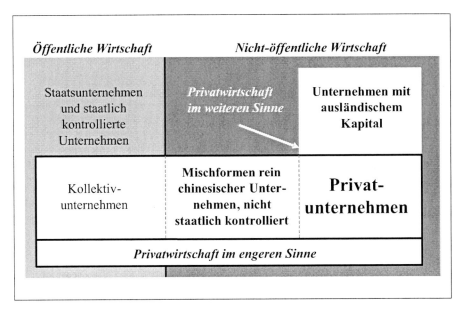

Quelle: Eigene Darstellung.

Dies, zusammen mit den anderen definitorischen Details und Veränderungen, erklärt zum Teil die unterschiedlichen Zahlen, die genannt werden, um die Bedeutung der Privatwirtschaft zu erfassen. Unterschiedliche Angaben zur Ausdehnung der Privatwirtschaft resultieren aber auch daher, dass es unterschiedliche Datenquellen und Erfassungssysteme für die Privatwirtschaft gibt. Tabelle 3 gibt eine Übersicht über die wichtigsten Quellen für statistische Daten zur Privatwirtschaft bzw. zu Privatunternehmen und deren Vor- bzw. Nachteile. Das am leichtesten zugängliche und verbreitete *China Statistical Yearbook* bietet für die Analyse der Privatwirtschaft nur relativ wenige Daten. Daher stützen sich die meisten Publikationen zur Privatwirtschaft zusätzlich auf die anderen Datenquellen, auch wenn daraus häufig Unstimmigkeiten in den Datensätzen erkennbar werden.

1.2   Allgemeine Strukturen und Trends

Je nach Erkenntnisinteresse stehen also unterschiedliche Daten zur Verfügung, um Privatunternehmen, Privatwirtschaft oder nicht öffentliche Wirtschaft zu untersuchen. So ist es heute durchaus möglich zu sagen, dass 91 Prozent (2003) der gesamten Arbeitsplätze in der Volksrepublik in der „Privatwirtschaft" zu finden sind, wenn von der Definition „Privatwirtschaft im weiteren Sinne" ausgegangen wird und die

Beschäftigung im Agrarsektor zusätzlich mit einbezogen wird (z.B. Huang et al. 2005b: 5).

Tab. 3:   Ausgewählte Primärquellen für Daten zur Privatwirtschaft und ihre Aussagefähigkeit

Quelle	Pro	Contra
Statistisches Jahrbuch	Lange Datenreihen	Wenig Details, Konzentration auf Industrieunternehmen
Industriezensus/Wirtschaftszensus[11]	Detailliert	1985, 1995 nur für Industrieunternehmen, erscheint nur in großen Zeitabständen, Zensusergebnisse untereinander nur eingeschränkt vergleichbar
Statistiken des Verwaltungsamtes für Industrie und Handel (SVIH)	Lange Datenreihen, wichtige Daten erhältlich, basiert auf der Registrierung von Unternehmen beim SVIH	Daten verstreut, statistische Definitionen nicht immer klar
Verband für Industrie und Handel (Publikationsmedium: Gongshang Shibao (China Business Times))	Vergleichsweise unabhängige Quelle; kann zum Bewerten anderer Untersuchungsergebnisse geeignet sein; jährliche Untersuchung zu *minying qiye*	Herkunft der Daten nicht immer klar; weichen zum Teil von „offiziellen" Daten ab; Qualität der jährlichen Erhebung schwer überprüfbar
Entwicklungsberichte zu privaten Unternehmen der Arbeitsgruppe zur Untersuchung von privatbetriebenen Unternehmen[12]	Basieren auf Umfragen (und SVIH-Daten); erscheinen zweijährlich seit 1993 (Ausnahme 1999); Mikrodaten auch zu soziologischen u.ä. Aspekten	Eingeschränkt repräsentativ; wechselnde Untersuchungsschwerpunkte

Quelle: Eigene Zusammenstellung und Einschätzungen.

Letzteres ist insofern irreführend, als die oben erläuterten Unternehmenskategorien nicht für den Agrarsektor gedacht sind, sondern lediglich für städtische und ländliche Unternehmen aus dem sekundären und tertiären Sektor. Bei einer Betrachtung der städtischen und ländlichen Beschäftigungssituation ohne Landwirtschaft ergibt

---

[11]   Ein Industriezensus wie in den Jahren 1985 und 1995 wird nicht mehr erhoben. An seine Stelle ist ein gesamtwirtschaftlicher Zensus getreten (erstmals 2004), dessen Aussagekraft größer sein dürfte und der wohl auch zu einer Neubewertung der Bedeutung der Privatwirtschaft beitragen wird, da er den Dienstleistungssektor integriert und weiter erfasst als das statistische Meldesystem. Dieser Zensus war u.a. Ursache für die revidierten Werte zum Bruttoinlandsprodukt, die China im Dezember 2005 bekannt gab.

[12]   Die Arbeitsgruppe wurde speziell für diese Untersuchungsberichte gegründet. Initiatoren sind die Einheitsfront-Abteilung der KPCh, der Verband für Industrie und Handel und eine Forschungsgruppe für die chinesische Privatwirtschaft.

sich ein Beschäftigungsanteil der Privatwirtschaft im weiteren Sinne von ca. 80 Prozent – mit steigender Tendenz – und ein Anteil der Privatunternehmen und Einzelgewerbetreibenden von 24 Prozent (siehe Tabelle 4).

Tab. 4: **Bedeutung der Unternehmen mit unterschiedlichem „wirtschaftlichen Charakter" für die Beschäftigung**

1. Städtische und ländliche Beschäftigte, nicht Landwirtschaft (Mio.)		davon		Nachrichtlich:
		Staatlich	Privatwirtschaft im weiteren Sinne	Privatunternehmen und Einzelgewerbe
2001	365,1	76,4	288,7	74,7
2002	368,7	71,6	297,1	81,5
2003	378,9	68,8	310,1	89,4
2004	399,3	67,1	332,2	96,0
		Anteile (Prozent)		
2001	100	20,9	79,1	20,5
2002	100	19,4	80,6	22,1
2003	100	18,1	81,9	23,6
2004	100	16,8	83,2	24,0
2. Städtische Beschäftigte (Mio.)		davon		Nachrichtlich:
		Staatlich	Privatwirtschaft im weiteren Sinne	Privatunternehmen und Einzelgewerbe
2001	239,4	76,4	163,0	36,6
2002	247,8	71,6	176,2	42,7
2003	256,4	68,8	187,6	49,2
2004	264,8	67,1	197,7	55,2
		Anteile (Prozent)		
2001	100	31,9	68,1	15,3
2002	100	28,9	71,1	17,2
2003	100	26,8	73,2	19,2
2004	100	25,3	74,7	20,8

Quelle: *China Statistical Yearbook*, verschiedene Jahrgänge, und eigene Berechnungen.

Im städtischen Arbeitsmarkt liegt der Anteil der Privatwirtschaft im weiteren Sinne heute bei knapp 75 Prozent. Der Anteil der städtischen Beschäftigten in Unternehmen, die als Privatunternehmen oder Einzelgewerbetreibende registriert sind (keine Mischformen, kein ausländisches Kapital), liegt dagegen bei lediglich ca. 20 Prozent, allerdings ebenfalls mit steigender Tendenz. Während Privatunternehmen und Einzelgewerbe in den Städten zusammen noch einen geringeren Anteil an den Beschäftigten stellen als die Staatsunternehmen, sind sie bei einer gemeinsamen Betrachtung des städtischen und ländlichen Arbeitsmarktes (ohne Landwirtschaft) seit 2002 bedeutender als die Staatsunternehmen. Die Entwicklung der Beschäftigung in

Privatunternehmen und Einzelgewerbe verlief unterschiedlich: Auf dem Land ist die Zahl der Beschäftigten im Einzelgewerbe rückläufig, während die Bedeutung der Privatunternehmen für die Beschäftigung hier in den letzten Jahren zunahm. In den Städten dehnte sich die Beschäftigung sowohl im Einzelgewerbe als auch in den Privatunternehmen absolut betrachtet aus, allerdings wuchs der Anteil der Privatunternehmen an der Beschäftigung in den Städten, während die relative Bedeutung des Einzelgewerbes stagnierte.[13] Privatwirtschaft im weiteren Sinne: Unklar ist, ob die (Misch-)Unternehmen mit kontrollierendem staatlichen Eigentumsanteil im Rahmen der hier verwendeten Beschäftigungsstatistik zu den staatlichen Unternehmen hinzugezählt werden oder nicht.

Nun ist der Anteil an der Beschäftigung sicher nicht der einzige Indikator für die Einschätzung der relativen Bedeutung des privaten Sektors in der Gesamtwirtschaft. So tätigte die Privatwirtschaft im weiteren Sinne trotz eines Anteils an der städtischen Beschäftigung von knapp 75 Prozent im Jahr 2004 nur ca. 43 Prozent der Bruttofixkapitalinvestitionen in den städtischen Regionen. An den Gesamtexporten (inkl. Landwirtschaft) hatte nach Angaben des Staatlichen Zollamtes die Privatwirtschaft im weiteren Sinn einen Anteil von 74 Prozent, also deutlich weniger als der Anteil von gut 90 Prozent bei der Beschäftigung. Gemessen am Bruttoinlandsprodukt schätzt die OECD den Anteil des privaten Sektors[14] insgesamt auf 59,2 Prozent im Jahr 2003 gegenüber 50,4 Prozent im Jahr 1998 (OECD 2005: 81).

Zusammenfassend steht also fest, dass die Bedeutung der Privatwirtschaft und der Privatunternehmen in den letzten zehn Jahren rapide zugenommen hat. Dabei ist die Entwicklung, die sich in den Statistiken nachweisen lässt, fast weniger bedeutsam als die Art und Weise, wie mit diesen Zahlen umgegangen wird: Während die politische Führung bis weit in die 1990er-Jahre hinein vor allem darum bemüht zu sein schien, die Bedeutung der staatlichen Wirtschaft zu betonen, ungeachtet der dynamischen Entwicklung der Privatwirtschaft, ist seit 1997 eine Kehrtwende eingetreten. Bei manchen chinesischen Publikationen entsteht bereits der Eindruck, dass heute nicht mehr die Staatswirtschaft in ihrer Bedeutung hochgerechnet werden

---

[13] Nicht nur die Beschäftigung im Einzelgewerbe ist insgesamt rückläufig, auch die Zahl der Einzelgewerbebetriebe geht seit dem Jahr 2000 zurück, während im gleichen Zeitraum die Zahl der Privatunternehmen und ihrer Beschäftigten deutlich anstieg. Dieser gegenläufige Trend ist als Erfolg zu werten: Offensichtlich expandieren die Einzelgewerbebetriebe derart, dass sie über die Größenschwelle (acht Beschäftigte) für Privatunternehmen hinauswachsen und daher statistisch anders erfasst werden.
Die bisher veröffentlichten Ergebnisse des Wirtschaftszensus mit Zahlen für 2004 kommen zu einer wesentlich größeren Bedeutung des Einzelgewerbes. Allerdings wurden beim Industriezensus nicht nur registrierte Betriebe gezählt, sondern auch zahlreiche Formen der individuellen Beschäftigung im informellen Sektor. Vgl. Führungsgruppe Wirtschaftszensus et al. (2005).

[14] Die OECD-Studie definiert den privaten Sektor als diejenigen Unternehmen, die von privaten Kapitalgebern kontrolliert sind, unabhängig von der Rechtsform. Staatlich oder kollektiv kontrollierte Unternehmen zählen nicht dazu, wohl aber Unternehmen mit ausländischem Kapital (OECD 2005: 81).

soll, sondern vielmehr die Privatwirtschaft, vor allem aber die Privatwirtschaft im engeren Sinne.[15] In den *Ansichten* zur Förderung der nicht öffentlichen Wirtschaft (Staatsrat 2005, Paragraph 35) wird sogar ausdrücklich dazu aufgefordert, die positive Rolle der Privatwirtschaft zu propagieren, um so die öffentliche Meinung für die Privatwirtschaft einzunehmen.

2 Privatunternehmen: Deus ex machina?

Veränderungen in der wirtschaftspolitischen Bewertung der Privatwirtschaft begleiteten den Reformprozess seit den 1980er-Jahren und spiegeln in gewisser Weise die Fortschritte und den Grad der Anerkennung marktwirtschaftlicher Prinzipien wider. Eine kurze Synopse der Geschichte der formalen Anerkennung der Privatwirtschaft gibt Tabelle 5.

Tab. 5: **Kurze Chronologie der Anerkennung der Privatwirtschaft**

1978-1982	Beobachtungsphase, keine ökonomischen oder politischen Sicherheiten für die Privatwirtschaft.
1982	Verfassungsänderung: Privatwirtschaft wird als „Ergänzung zur sozialistischen staatseigenen Wirtschaft" akzeptiert.
1987/88	Die Bezeichnung „Privatunternehmen" taucht in offiziellen Dokumenten auf. Verabschiedung vorläufiger Bestimmungen zu Privatunternehmen. Verfassungsänderung 1988 bestätigt Existenzberechtigung der Privatwirtschaft.
1992	Der XIV. Parteikongress formuliert das Ziel des Aufbaus einer „sozialistischen Marktwirtschaft".
1997	Der XV. Parteikongress definiert Privatwirtschaft nicht mehr als „Ergänzung", sondern als „wichtigen Bestandteil" der sozialistischen Marktwirtschaft.
1999	Verfassungsänderung garantiert die Rechte und Interessen des privaten Sektors, aber noch keine privaten Eigentumsrechte.
2002	Der XVI. Parteikongress bestätigt die 2001 von Jiang Zemin befürwortete Politik, Privatunternehmern Zutritt zur KPCh zu gewähren.
2004	Verfassungsänderung garantiert private Eigentumsrechte.
2005	Staatsrat veröffentlicht *Einige Ansichten zur verstärkten Förderung und Anleitung der Entwicklung von Privatunternehmen, Einzelgewerbe und der sonstigen nicht öffentlichen Wirtschaft.*

Quelle: Eigene Zusammenstellung in Anlehnung an Kanamori/Zhao (2004).

Im Rückblick hat sich insbesondere die ordnungspolitische Neubewertung der Privatwirtschaft ab 1997 als wichtig erwiesen, da sie ein Umdenken in der Wirtschaftspolitik gegenüber privatwirtschaftlichen Unternehmen eingeleitet hat.

---

[15]   Dies zeigt sich unter anderem an der immerhin fragwürdigen Einbeziehung der Kollektivunternehmen in die Definition der Privatwirtschaft.

2.1   Wirtschaftspolitische Hoffnungen

Die veränderte Haltung gegenüber der Privatwirtschaft seit 1997 ist vor dem Hintergrund der wirtschaftlichen Entwicklungen in der zweiten Hälfte der 1990er-Jahre zu verstehen.

Die chinesische Regierung hatte als Reaktion auf die wirtschaftliche Überhitzung mit zweistelligen Wachstumsraten und hohen Inflationsraten in der ersten Hälfte der 1990er-Jahre versucht, das Wirtschaftswachstum zurückzufahren und ein Wachstum von ca. sieben bis neun Prozent über einen längeren Zeitraum bei niedrigen Inflationsraten zu gewährleisten. Offiziell wurde davon gesprochen, dass eine „sanfte Landung" erfolgen sollte; die Herausforderung bestand darin, das Wachstum angemessen, aber nicht zu stark zu drosseln.[16] Eine wichtige Rolle im Rahmen dieser wirtschaftspolitischen Steuerung wurde zunächst den Staatsunternehmen zugedacht, die annahmegemäß die zentrale Kraft in der chinesischen Wirtschaftsordnung bleiben sollten. Allerdings zeigte sich zunehmend, dass die Situation der Staatsunternehmen insgesamt alles andere als erfreulich war. Alarmiert reagierte die Regierung auf die Nachricht, dass die Staatsunternehmen 1996 insgesamt in die Verlustzone gerutscht waren, also die Verluste der weniger erfolgreichen Staatsunternehmen durch die erfolgreichen Staatsunternehmen nicht mehr ausgeglichen werden konnten. Kurzfristig reagierte die Regierung darauf mit einer entsprechenden Geld- und Kreditpolitik (u.a. Zinssenkungen), längerfristig aber mit einem Überdenken ihrer Politik gegenüber den Staatsunternehmen: 1997 wurde offen ausgesprochen, dass der chinesische Staat nicht mehr an allen Staatsunternehmen festhalten werde, sondern eine strategische Neustrukturierung des staatlichen Eigentums an Unternehmen anstrebe (Fischer 2000b: 324).[17] Insbesondere sollten kleinere und mittelgroße Staatsunternehmen verkauft, verpachtet oder in Konkurs geführt werden. Die Regierung sei langfristig nur noch an Beteiligungen an Staatsunternehmen in strategischen Branchen bzw. von strategischer Größe interessiert. Dieser angekündigte Teilrückzug aus den Staatsunternehmen implizierte notwendig eine Aufwertung der Privatwirtschaft.

Das Jahr 1997 war aber auch das Jahr des Ausbruchs der asiatischen Finanzkrise. Diese griff zwar nicht direkt auf die Volksrepublik über, weil China aufgrund seines Währungsregimes vor dem plötzlichen Abzug ausländischer Portfolio-Investitionen geschützt war, doch blieb die Volksrepublik nicht von den indirekten Auswirkungen der Asienkrise verschont. Die verringerte Nachfrage aus den südostasiatischen Ländern, Zurückhaltung der Investoren aus diesen Ländern, aber auch die verstärkte Konkurrenz auf den Absatzmärkten in Europa und Amerika, die aus der Abwertung der Währungen einiger ost- und südostasiatischer Länder resultierte, machten die

---

[16] Vgl. Renminwang 22.10.2002, http://www.people.com.cn/GB/shizheng/252/8956/8964/ 20021022/847617.html

[17] Vgl. auch für einen kurzen offiziellen Abriss der Reform der Staatsunternehmen *Zhongguo Jingji Shibao* vom 27.10.2004, Abdruck unter http://www.chinagate.com.cn/chinese/ jingji/32647.htm.

asiatische Finanzkrise auch in China spürbar. Dies und ein relativ verhaltener In-
landskonsum führten dazu, dass die Preise in China ab Oktober 1997 sanken. Die
Regierung begann zu fürchten, dass die gerade geschaffte „sanfte Landung" in eine
nachhaltige Konjunkturdelle münden könnte. Aus diesem Grunde versuchte sie
diejenigen Akteure zu stärken und zu fördern, von denen erwartet wurde, dass sie
die Wirtschaftsentwicklung nachhaltig stützen könnten, und dies galt insbesondere
für die Privatunternehmen und Unternehmen mit ausländischem Kapital, weniger für
die Staatsunternehmen. Auch auf die Kollektivunternehmen konnte sich die Regierung in dieser Zeit nicht verlassen. Bis 1997 hatten die so genannten „ländlichen
Betriebe" (*xiangzhen qiye*), überwiegend Kollektivbetriebe, als wesentlicher Er-
folgsfaktor der chinesischen Wirtschaft gegolten. Diese Unternehmenskategorie, die
zuvor ganz erheblich zur Wirtschaftsentwicklung und Beschäftigung in den ländlichen Regionen beigetragen hatte, befand sich in der zweiten Hälfte der 1990er-Jahre
in einer Phase der Stagnation. Die Beschäftigung in diesen Betrieben ging 1997 im
Vergleich zum Vorjahr sogar zurück.[18] In den Folgejahren stagnierte die Beschäftigung in den ländlichen Industriebetrieben (Bai, He 2003).

Ein weiterer Impuls für die Aufwertung der Privatwirtschaft ging von den verstärkten Bemühungen der chinesischen Regierung um den Beitritt der Volksrepublik
zur Welthandelsorganisation (WTO) aus. Die politische Führung um Zhu Rongji
strebte ab Ende 1998 entschieden danach, die Hindernisse für den WTO-Beitritt aus
dem Weg zu räumen, und war bereit, zu diesem Zweck Zugeständnisse für die Öffnung von einzelnen Branchen zu machen, die bisher ausländischen Investoren weitgehend bis ganz verschlossen gewesen waren. Es bestand die Hoffnung, dass ein
Beitritt bzw. erfolgreiche Verhandlungen für den Beitritt mit den USA und Europa
einen neuen Aufschwung der ausländischen Direktinvestitionen bewirken würden
und damit der Konjunkturschwäche entgegengewirkt werden könnte. Zugleich sollten die Vorbereitungen für den WTO-Beitritt disziplinierend auf diejenigen in China
einwirken, die sich einer stärkeren Ordnungspolitik und den Eigentumsreformen bei
den Staatsunternehmen entgegenstellten. Aus Sicht der Privatunternehmen waren
weitere Zugeständnisse an ausländische Investoren unfair, solange den Privatunternehmen nicht die gleichen Rechte eingeräumt wurden (z.B. Li 2002). Anders als
noch in früheren Phasen formulierten Interessenvertreter der Privatwirtschaft, dass
das WTO-Prinzip der „Inländerbehandlung", das eine Benachteiligung ausländischer
Investoren in einem Mitgliedsstaat untersagt, auch bedeuten müsse, dass alle inländischen Unternehmen gleiche Rechte und Marktzutrittsmöglichkeiten hätten. Als ein
erster Erfolg für die Schaffung gleichberechtigter Bedingungen konnten die Privatunternehmen im Jahr 1999 verbuchen, dass den Privatunternehmen die Möglichkeit
eingeräumt wurde, auf Antrag und unter bestimmten Bedingungen direkt Außen-
handel zu betreiben (statt nicht über staatliche Außenhandelsgesellschaften).

---

[18] Im Jahr 1996 war ein Gesetz zu ländlichen Betrieben verabschiedet worden, das 1997
durch Ausführungsbestimmungen ergänzt wurde. Dieses Gesetz reduzierte zum Teil die
Attraktivität der ländlichen Betriebe als Unternehmensform, führte aber auch zu Anpassungen in der Statistik.

Auch in anderen Zusammenhängen zeigte sich immer öfter die veränderte Haltung der Regierung gegenüber der Privatwirtschaft: Die großen regionalen Entwicklungsunterschiede und Einkommensdisparitäten zwischen den Provinzen wurden nun auch damit erklärt, dass die Privatwirtschaft in den verschiedenen Regionen unterschiedlich weit entwickelt sei (z.B. Huang 2005a: 123). Die wirtschaftspolitischen Programme zur Entwicklung des chinesischen Westens (ab 1999) und zur Erneuerung des Nordostens (ab 2003) betonen daher ausdrücklich, dass es für jene Regionen, die das Programm in der Entwicklung unterstützen will, wichtig sei, die Privatwirtschaft zu entwickeln.

2.2 Wirtschaftspolitische Anpassungen

Die Strategie der chinesischen Regierung, aus dem WTO-Beitritt und dem Programm zur Entwicklung des chinesischen Westens Wachstumsimpulse zu generieren, um die lahmende Binnennachfrage und die Auswirkungen der Asienkrise abzufedern, zeitigte ab 2001 Erfolge. Die Investitionstätigkeit vor allem der ausländischen Investoren und der Gebietskörperschaften zog sogar so kräftig an, dass bald die Sorge vor einer erneuten Überhitzung der Wirtschaft aufkam. Die so genannte „Überhitzung" wurde vor allem in jenen Branchen akut, die eng mit der Bauwirtschaft und der Automobilindustrie zusammenhingen (z.B. Aluminium, Zement). Die betroffenen Branchen zeichneten sich durch einen vergleichsweise geringen Anteil der Privatwirtschaft aus, sodass die Maßnahmen zur Drosselung der Wirtschaft, die ab Ende 2003 ergriffen wurden, ausdrücklich nicht gegen die Privatwirtschaft und privatwirtschaftliche Investitionen gerichtet sein sollten. Die Förderung der Privatwirtschaft blieb auf der wirtschaftspolitischen Agenda stehen. Die Überhitzung wurde vor allem als ein Problem des staatlichen Sektors interpretiert. Offenbar ging die Regierung davon aus, dass die Privatunternehmen rationalere Investitionsentscheidungen treffen und strikteren Beschränkungen durch den Finanzsektor unterliegen als die Staatsunternehmen oder die Lokalregierungen.

Ganz offensichtlich hat sich im Zeitraum zwischen 1997 und 2005 in der chinesischen Regierung die Erkenntnis verbreitet, dass die Privatwirtschaft insgesamt gesehen eher zu den Lösungen der wirtschaftspolitischen Herausforderungen in China beiträgt. Die Anfang 2005 vom Staatsrat veröffentlichten *Ansichten zur verstärkten Förderung und Anleitung der Entwicklung von Privatunternehmen, Einzelgewerbe und der sonstigen nicht öffentlicher Wirtschaft* sind damit eine logische Fortsetzung der Politik der vergangenen Jahre (Staatsrat 2005, im Folgenden *Ansichten*).[19] In der Präambel zu den *Ansichten* heißt es, dass die „aktive Entwicklung" der Privatwirtschaft dazu beitragen werde,

> die städtische Wirtschaft aufblühen zu lassen und die Fiskaleinnahmen zu steigern; sie
> werde sich positiv auf die Beschäftigung auswirken, den allgemeinen Lebensstandard

---

[19] Die *Ansichten* werden auch als *Die 36 Paragraphen der nicht staatlichen Wirtschaft (feigong jingji 36 tiao)* oder noch kürzer die *36 Paragraphen* bezeichnet.

anheben sowie zur Verbesserung der Wirtschaftsstruktur und zur Ankurbelung der Wirtschaftsentwicklung beitragen.

Praktisch legen die *Ansichten* vor allem fest, dass die nicht öffentlichen Unternehmen nicht diskriminiert werden sollen und dass nicht öffentliche Unternehmen, die in chinesischem Kapitalbesitz stehen, die gleichen Markteintrittsmöglichkeiten erhalten wie ausländische Unternehmen. Außerdem sollen diejenigen Branchen, die bisher zu den staatlichen Monopolbranchen gezählt werden (z.B. Strom, Telekommunikation, Bahn, Luftfahrt, Öl) für den privaten Wettbewerb oder – im Falle der so genannten natürlichen Monopole – für private Kapitalbeteiligungen geöffnet werden. Zusätzlich ist es zukünftig erlaubt, dass nicht öffentliche Unternehmen sich an öffentlichen Einrichtungen und der Bereitstellung öffentlicher Dienstleistungen beteiligen. Selbst die Beteiligung von privatem Kapital an Finanzdienstleistungsanbietern und im Bereich der militärischen Forschung wird nicht mehr ausgeschlossen. Nicht zuletzt werden nicht öffentliche Unternehmen und private Kapitalgeber ermutigt, sich an der Restrukturierung und (Teil-)Privatisierung von Staatsunternehmen zu beteiligen. Neben dem Abbau von Marktzutrittsbeschränkungen soll die Privatwirtschaft durch stärkere finanzpolitische Unterstützung und besseren Zugang zu Finanzierungsmittel gefördert werden (Staatsrat 2005).

Grundlage für die Erarbeitung der *Ansichten* war ein Forschungsbericht mit dem Titel *Vorschläge zur Förderung der Privatwirtschaft*, der ab 2003 im Auftrag der Wirtschaftskommission der Politischen Konsultativkonferenz durch eine Arbeitsgruppe unter der Leitung des Wirtschaftsprofessors Li Yining erstellt und bereits im Frühjahr 2004 vorgelegt worden war. Auf der Grundlage dieser Vorschläge wurden die *Ansichten* in mehreren Beratungsrunden mit Politikern, Unternehmern und Ökonomen ausgearbeitet, im Dezember 2004 vom Ständigen Ausschuss des Staatsrats grundsätzlich gebilligt und am 24. Februar 2005 offiziell bekannt gemacht (Wu 2005). Chinesische Kommentare zu den *Ansichten* stimmen darin überein, dass diese einen Meilenstein in der Wirtschaftspolitik zur Privatwirtschaft darstellen. Zugleich herrscht Einigkeit darüber, dass die *Ansichten* nur dann werden Wirkung entfalten können, wenn sie durch ergänzende Bestimmungen begleitet werden und zu einer Überarbeitung zahlreicher nationaler und regionaler Bestimmungen zur Besteuerung, zur Finanzierung und zu Eintrittsbarrieren in einzelnen Branchen für Privatunternehmen etc. führen. Der Industrie- und Handelsverband forderte seine Zweigorganisationen in den Provinzen noch am Tag der Veröffentlichung der *Ansichten* auf, den jeweiligen Regierungen entsprechende Vorschläge zu unterbreiten (Hong 2005).

2.3 Probleme der Entwicklung der Privatunternehmen

Die ordnungspolitischen Anpassungen der letzten Jahre haben zweifellos zu einer Verbesserung der Position der Privatwirtschaft und ganz speziell auch der Privatunternehmen beigetragen. Trotzdem sind die Berichte über offene oder verdeckte Benachteiligungen der Privatwirtschaft zahlreich: Die Markteintrittsbeschränkungen führten zum Beispiel in der Vergangenheit dazu, dass in der prosperierenden und kaum von staatlichen Unternehmen dominierten Provinz Guangdong Staatsunternehmen Zugang zu über 80 Branchen hatten, Unternehmen mit ausländischer Kapitalbeteiligung in gut 60 Branchen aktiv werden konnten, aber Privatunternehmen nur in gut 40 Branchen tätig werden konnten (Wu 2005; Kanamori/Zhao 2004: 33). Aus Sicht der Privatunternehmen profitierte die Konkurrenz der Unternehmen mit ausländischem Kapital von zahlreichen Steuerbegünstigungen, während die Staatsunternehmen durch indirekte und direkte Subventionen Wettbewerbsvorteile erzielen konnten (Huang 2005a: 186). Am häufigsten und nachhaltigsten beklagt werden die Schwierigkeiten der Privatwirtschaft, insbesondere der kleinen und mittelgroßen Privatunternehmen, Zugang zu Finanzierungsmittel zu bekommen.[20] Nach wie vor erhalten vor allem Staatsunternehmen und staatlich kontrollierte Unternehmen Kredite von den (staatlichen) Banken, während die kleinen Privatunternehmen ohne Kredite auskommen oder sich über den informellen Finanzsektor finanzieren (Tsai 2002; OECD 2005: 142; Schüller 2003).

Die Ursachen für die Benachteiligungen sind vielfältig. Die ursprünglichen, ideologischen Bedenken, dass Privatunternehmen mit kapitalistischen Ausbeutern gleichzusetzen und deshalb abzulehnen sind, fallen heute kaum mehr ins Gewicht. Die Tatsache, dass es sich bei den nicht staatlichen Unternehmen und insbesondere bei den Privatunternehmen meist um relativ kleine Unternehmen handelt, die zudem in den Schwerpunktbranchen und Schlüsselindustrien nicht dominieren, dürfte weit mehr zu der anhaltenden Benachteiligung beigetragen haben. Die chinesische Industriepolitik seit Mitte der 1990er-Jahre war überwiegend auf große und einflussreiche Unternehmen gemünzt. Auch die Lokalregierungen interessieren sich mehr für die großen bzw. größeren Unternehmen in ihrem Zuständigkeitsbereich. Unter dem Gesichtspunkt der Größe bieten die staatlichen Unternehmen und die Unternehmen mit ausländischem Kapital[21] für die Lokalpolitiker meist bessere Chancen sich zu profilieren. Tabelle 6 veranschaulicht, dass die privatwirtschaftlichen Unternehmen in der Liga der großen Unternehmen bisher kaum mitspielen können. So erreichen die 500 größten nicht staatlichen Unternehmen im Durchschnitt nur etwa ein Zehntel der durchschnittlichen Größe der 500 größten Unternehmen Chinas.

---

[20] Im Rahmen einer Schnellumfrage, die der Verband für Industrie und Handel anlässlich der Veröffentlichung der *Ansichten* des Staatsrates im Februar 2005 durchführen ließ, nannten 58,1 Prozent von 763 ausgewerteten Antworten von Privatunternehmen die Finanzierungswege als größtes Hindernis für die Entwicklung der Privatunternehmen, gefolgt von Rechtsumsetzung (40 Prozent) und Marktzutritt (38,8 Prozent). Vgl. *Zhonghua Gongshang Shibao*, 22.4.2005, http://www.cbt.com.cn/cbtnews/frontend/news.asp?ID =83152, Abruf am 22.4.2005.

[21] Das Volumen der ausländischen Direktinvestitionen ist ein Indikator für die Bewertung der wirtschaftspolitischen Erfolge von Lokalregierungen. Die Entwicklung der Privatwirtschaft bildete bisher keinen Erfolgsindikator für Lokalregierungen bzw. lokale Parteipolitiker. Daraus ergibt sich z.B. eine Neigung der Lokalregierungen, knappe Ressourcen (Wasser, Strom, Infrastruktur) eher den Unternehmen mit ausländischem Kapital zur Verfügung zu stellen (Huang 2005a: 186).

Tab. 6:   Die 500 größten privatwirtschaftlichen Unternehmen (enge Definition) im Vergleich

	Durchschnitt für die 500 größten Unternehmen (A)		Durchschnitt für die 500 größten privatwirtschaftlichen Unternehmen (B)		Relation (A/B)	
	2002	2003	2002	2003	2002	2003
Umsatz (Mrd. Yuan)	13,92	17,99	1,41	2,15	9,9	8,4
Gewinn nach Steuern (Mio. Yuan)	710	640	70	100	9,8	6,3
Bilanzsumme (Mrd. Yuan)	55,28	56,80	1,29	1,85	42,9	30,7
Beschäftigte (in 1.000 Pers.)	40	42	3	4	11,8	9,8

Quelle: Huang 2005a: 127.

Eine spezielle Betrachtung der Privatunternehmen zeigt, dass nur eine kleine Minderheit eine Größenordnung erreicht, die nach den Kriterien der chinesischen Statistik als „mittelgroß" oder „groß" bezeichnet wird: Im Jahr 2003 beschäftigten nur knapp 40.000 oder 1,1 Prozent der insgesamt erfassten 3,44 Mio. Privatunternehmen mehr als 100 abhängig Beschäftigte und nur gut 136.000 Unternehmen (4 Prozent) verfügten über eine Summe von mehr als fünf Millionen Yuan eingetragenem Kapital.[22]

Auch als Steuerzahler spielen die Privatunternehmen bisher noch in der zweiten Liga. Für das Jahr 2002 veröffentlichte Listen zu den größten Steuerzahlern zeigen, dass das Privatunternehmen mit den höchsten Steuerabgaben nur ein Sechstel des Steuerbetrags ablieferte, den das Schlusslicht in der Liste der 100 größten Unternehmen (gemessen an den Steuerzahlungen) aufgebracht hat (Zhongguo Shuiwu 2003/9: 4-19).

---

[22] Das Statistikamt hat die Größeneinteilung für Unternehmen im Jahr 2003 neu definiert. Die Einteilung in groß, mittelgroß oder klein basiert auf den Beschäftigtenzahlen, dem Umsatz und der Bilanzsumme, wobei unterschiedliche Abstufungen je nach Branche vorgesehen sind. Die Einteilung der Privatunternehmen, wie sie im *Entwicklungsbericht zur Privatwirtschaft* vorgenommen wird, deckt sich nicht mit den vom Statistikamt gewählten Größenklassen. Allerdings werden vom Statistikamt Unternehmen mit weniger als 100 Beschäftigten in allen Branchen zu den Kleinunternehmen gezählt (Statistikamt 2003; Privatunternehmensbericht 2005).

Tab. 7: **Größenstruktur der Privatunternehmen**

	2003
Zahl der Privatunternehmen (Mio.)	3,44
Durchschnittliche Zahl der abhängig Beschäftigten	11,73
Zahl der Unternehmen mit 100-500 abhängig Beschäftigten	34.617
Zahl der Unternehmen mit 500-1.000 abhängig Beschäftigten	3.334
Zahl der Unternehmen mit mehr als 1.000 abhängig Beschäftigten	1.130
Durchschnittliche Summe des eingetragenen Kapitals (Mio. Yuan)	1,1747
Zahl der Unternehmen mit 5 bis 10 Mio. Yuan eingetragenem Kapital	84.620
Zahl der Unternehmen mit mehr als 10. Mio. Yuan eingetragenem Kapital	51.830
Zahl der Unternehmen mit mehr als 100 Mio. Yuan eingetragenem Kapital	1.156

Quelle: Privatunternehmensbericht 2005.

Der schlechtere Zugang zu Krediten und anderen Finanzierungsmitteln ist nicht notwendig eine bewusste Benachteiligung der Privatwirtschaft durch die Banken, sondern teilweise auch dadurch bedingt, dass die wirtschaftlichen Verhältnisse der privatwirtschaftlichen Unternehmen in der Vergangenheit häufig für die Banken nicht ausreichend transparent waren. Buchhaltung und Bilanzierung der privaten Unternehmen standen in der Vergangenheit ebenso in einem schlechten Ruf wie ihre Bereitschaft, Steuern zu zahlen oder arbeits- und umweltrechtliche Vorschriften umzusetzen (Asian Development Bank 2003: 27). Aufgrund ihrer geringen Größe sind die privatwirtschaftlichen Unternehmen außerdem häufig nicht in der Lage, ausreichend Sicherheiten zu bieten. Die Banken ihrerseits waren lange Zeit in ihren Möglichkeiten eingeschränkt, auf unterschiedliche Kreditrisiken mit einer angemessenen Staffelung der Kreditzinsen zu reagieren.

Die *Ansichten* des Staatsrates aus dem Jahr 2005 zielen darauf, einen Großteil der Nachteile, denen privatwirtschaftliche Unternehmen allein aufgrund ihres „wirtschaftlichen Charakters" ausgesetzt sind, zu beseitigen. Aufgrund der vielfältigen Ursachen für die Diskriminierung in der Vergangenheit ist nicht damit zu rechnen, dass die Probleme schlagartig beseitigt werden. So kommt es in der Tat darauf an, inwieweit die Ansichten mittelfristig zu einer Überarbeitung von Gesetzen und Richtlinien führt und inwieweit die Förderung der Privatwirtschaft in den Anreizstrukturen der Politiker festgeschrieben wird. Im Verlauf des Jahres 2005 wurde schon eine Reihe von Beschlüssen des Staatsrates bzw. einzelner Ministerien veröffentlicht, die auf die Abschaffung bzw. Senkung der Eintrittsbarrieren für privatwirtschaftliches Kapital zielen (im Bereich Kultur, militärische Forschung, zivile Luft- und Schifffahrt, Schienennetz und Schienentransport etc.). Empfehlungen der Bankenaufsichtskommission zur Vergabe von Kleinkrediten sollen der Privatwirtschaft die Finanzierung erleichtern, neue Bestimmungen zur Exportversicherung und Devisenbewirtschaftung dienen dazu, der Privatwirtschaft Investitionen und Finanzierung im Ausland zu erleichtern (*Zhonghua Gongshang Shibao*, 31.12.2005).

3   Privatunternehmer als gesellschaftliches Phänomen

Die Wirtschaftspolitik gegenüber der Privatwirtschaft hat während der vergangenen zwanzig Jahre dazu geführt, dass die Bedeutung der privatwirtschaftlichen Unternehmen und der Privatunternehmer heute über ihren Beitrag zum Bruttosozialprodukt oder zur Beschäftigung weit hinausgeht. Schon aus den in der zweiten Hälfte der 1990er-Jahre veröffentlichten Untersuchungen zu Privatunternehmern wurde deutlich, dass das sich ausbreitende Privatunternehmertum in China nicht nur ein ökonomisches, sondern auch ein gesellschaftliches Phänomen ist.

Seit Beginn des neuen Jahrhunderts mehren sich die soziologischen Studien, die versuchen, Klassen-, Schichten- oder Milieudefinitionen zu finden, die dem neuen Pluralismus in der chinesischen Gesellschaft gerecht werden.[23] Gemeinsam ist diesen Studien unter anderem, dass sie versuchen, die Privatunternehmer wieder zu berücksichtigen, die in früheren marxistisch oder maoistisch geprägten Einteilungen, welche vor allem Arbeiter und Bauern kannten, nicht enthalten waren. Relativ große Aufmerksamkeit wurde mehreren Studien der Chinesischen Akademie der Sozialwissenschaften (CASS) zuteil, die ab dem Jahr 2002 herauskamen und denen zufolge chinesische Privatunternehmer nicht mehr ein gesellschaftliches Randphänomen darstellten, sondern zu einem Teil der städtischen Elite geworden waren. Diese Elite ist zwar inhomogen, unterscheidet sich aber von den einfachen Arbeitern und Angestellten, auch denjenigen in Staatsunternehmen, dadurch, dass sie über bestimmte institutionelle, finanzielle oder Bildungsressourcen verfügt (siehe Abbildung 2).[24] In dem Bemühen, eine Schichtenstruktur für die städtische und ländliche Gesellschaft zu entwickeln, sind die Wissenschaftler der Forschungsgruppe „Wandel der Gesellschaftsstruktur in China" der CASS zu einer Unterscheidung von zehn gesellschaftlichen Schichten gelangt. Die Privatunternehmer werden als eigenständige Schicht charakterisiert, der etwa ein Prozent der Bevölkerung angehört (Li 2005: 111ff.).

Zum Aufrücken der Privatunternehmer bzw. der privaten Eigentümer von Unternehmen in die gesellschaftliche Elite hat in erster Linie ihre Vermögenssituation beigetragen. Die gewachsene Akzeptanz ist aber auch damit zu erklären, dass sich der soziale Hintergrund der Privatunternehmer heute deutlich von den Privatunternehmern der frühen Reformperiode unterscheidet. Dies gilt sowohl für das Ausbildungsniveau als auch für den beruflichen Hintergrund der Unternehmer.

---

[23] Eine Zusammenstellung und Kommentierung dieser Studien findet sich bei Li 2005: 87ff.
[24] Verschiedene Untersuchungen zur chinesischen Mittelklasse bestätigen die gesellschaftliche Bedeutung der Privatunternehmer. Der Begriff Mittelklasse wird in den Untersuchungen allerdings etwas irreführend gewählt, da sie tatsächlich eher die ökonomische Elite abgrenzen. Definitionen und Methodik sind in diesen Untersuchungen so gewählt, dass es faktisch nicht mehr möglich ist, eine Klasse oberhalb der Mittelklasse zu definieren (vgl. zum Beispiel Li 2003; Zhao 2005: 40f.).

Abb. 2:   Klassenstruktur in Chinas Städten

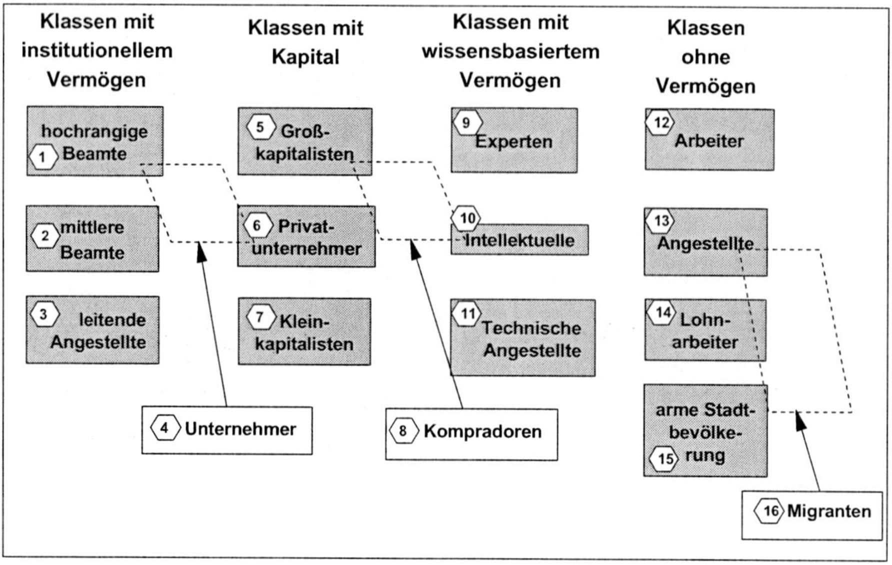

Klassen mit institutionellem Vermögen	Klassen mit Kapital	Klassen mit wissensbasiertem Vermögen	Klassen ohne Vermögen
① hochrangige Beamte	⑤ Groß-kapitalisten	⑨ Experten	⑫ Arbeiter
② mittlere Beamte	⑥ Privat-unternehmer	⑩ Intellektuelle	⑬ Angestellte
③ leitende Angestellte	⑦ Klein-kapitalisten	⑪ Technische Angestellte	⑭ Lohn-arbeiter
④ Unternehmer	⑧ Kompradoren		⑮ arme Stadt-bevölke-rung
			⑯ Migranten

Quelle: Li 2002: 95.

Während 1993 noch 46 Prozent der Privatunternehmer nur über einen Schulab-schluss der unteren Mittelstufe oder niedriger verfügten, sank dieser Anteil bis Ende 2003 auf 14,6 Prozent der Unternehmer (Privatunternehmensbericht 2003). Im glei-chen Zeitraum stieg der Anteil der Unternehmer, die über eine Hochschulausbildung verfügen, von 17 Prozent der Befragten im Jahr 1993 auf 52 Prozent im Jahr 2003. In den 1980er-Jahren wurden Privatunternehmen in über 60 Prozent der Fälle von Bauern oder Einzelgewerbetreibenden gegründet (Zhang Houyi 1999: 153). Noch 1997 lag der Anteil der Privatunternehmer, die angaben, vor der Tätigkeit als Privat-unternehmen als Bauern oder Einzelgewerbetreibende gearbeitet zu haben, bei 44 Prozent. Im Jahr 2002 galt dies nur noch für 17 Prozent der Privatunternehmer.

Die Privatwirtschaft ist also nicht nur volkswirtschaftlich bedeutend geworden, die Privatunternehmer sind bereits im gesellschaftlichen „Establishment" angekom-men. Ungeachtet der Größe der Privatunternehmen im Vergleich zu den großen Staatsunternehmen gehören zahlreiche Privatunternehmer heute zu der Gruppe der wohlhabend(st)en Chinesen. Das durchschnittliche Einkommen der Privatunterneh-mer lag im Jahr 2003 bei 202.000 Yuan, der Median des Einkommens bei 60.000 Yuan (Privatunternehmensberichte 2003 und 2005).[25]

---

[25] Ein angemessene Bezugsgröße, um das Einkommen der Privatunternehmer beurteilen zu können, ist am ehesten das durchschnittliche Jahreseinkommen der städtischen Bevölke-rung, das im Jahr 2003 bei 9.061 Yuan lag, in Beijing bei 15.000 Yuan.

Indem Privatunternehmer als eine gesellschaftliche Schicht, Klasse oder Interessengruppe typisiert werden, gerät allerdings ein Aspekt in den Hintergrund, der spätestens seit der verstärkten Privatisierung von Staatsunternehmen relevant ist: Die heute existierenden Privatunternehmen und Privatunternehmer weisen ganz unterschiedliche Lebensläufe und Unternehmens- bzw. Unternehmergeschichten auf, weswegen anzunehmen ist, dass ihre Haltung gegenüber Gesellschaft und Politik sehr divergent sein kann. Hong (2005) nimmt eine recht plausible Charakterisierung unterschiedlicher Typen von Privatunternehmen auf der Basis der politisch-rechtlichen Rahmenbedingungen zum Zeitpunkt der „Geburtsstunde" des privaten Unternehmens vor (siehe Tabelle 8).

Tab. 8:   **Typisierung von Privatunternehmern nach ihrem Entstehungshintergrund**

	Entstehungsphase	Bezeichnung	Kennzeichen
1	Anfang 1980er-Jahre	*Self-made men/women*	Klein(st)unternehmen, die vielfach im rechtsfreien Raum entstanden und die Grenzen der geltenden sozialistischen Wirtschaftsordnung austesteten.
2	Ab 1985	Arbitrageure	Traten erstmals mit der Einführung des dualen Preissystems 1985 auf. Schnelle Entwicklung auf der Basis guter Kontakte zur Politik und Bürokratie.
3	Ab Ende 1980er-Jahre	Spekulanten	Nutznießer der Privatisierung und Kommerzialisierung der Boden(nutzungs)rechte unter den Bedingungen mangelnder Transparenz und unfairen Wettbewerbs.
4	Ab Anfang 1990er-Jahre	Nutznießer der Reformen von Staats- und Kollektivunternehmen	Unternehmer, die Staats- oder Kollektivunternehmen im Rahmen von „management buy-outs" (MBO) übernommen oder Mehrheitsanteile im Zuge von Privatisierungen ab Mitte der 1990er-Jahre erworben haben.[26]

---

[26]   Der Autor zählt auch die „xiahai"-Unternehmer zu den Nutznießern der Reform. Diese Unternehmer waren Anfang der 1990er-Jahre dadurch entstanden, dass sie ihren Arbeitsplatz in staatlichen Unternehmen oder Institutionen aufgaben, um sich selbstständig zu machen. Häufig erfolgte die private Unternehmertätigkeit zunächst mehr oder weniger in der Freizeit, d.h. ohne Aufgabe des staatlichen Arbeitsplatzes. Dieser Weg in die Selbstständigkeit mit abgefedertem Risiko wurde geduldet, um den Arbeitsplatzabbau in den Staatsunternehmen zu beschleunigen. So gesehen profitierten auch diese Unternehmer von den Reformen der Staatsunternehmen. Allerdings ist die Abgrenzung dieser Art Privatunternehmen von den *self-made men* oder den intellektuellen Unternehmern eher unscharf.

Entstehungsphase	Bezeichnung	Kennzeichen
5 Insbesondere ab Mitte 1990er-Jahre	Intellektuelle Unternehmer	Unternehmen, die auf technologie-intensiven Projekten und kreativen Konzepten basieren und „venture capital" anziehen.

Quelle: Eigene Zusammenstellung auf der Basis von Hong 2005.

Für Hong (2005) ergibt sich aus der Gründungsgeschichte, insbesondere der „original sin",[27] dass nur die Unternehmer der Gruppe 1 und 5 „echte" Unternehmer sind. Bei diesen sieht er – bedingt durch die Erfahrungen der Vergangenheit – kaum Bereitschaft und Antrieb, engen Kontakt mit der Politik bzw. Bürokratie zu halten. Die Angehörigen der Gruppen zwei bis vier sind Hong zufolge dagegen sehr an dieser Kooperation interessiert, da sie vor allem aufgrund enger Verbindungen zur Politik in der Lage gewesen seien, ihre Unternehmen und ihr Vermögen aufzubauen.

4   Die Verquickung von unternehmerischen und politischen Interessen

Vor dem Hintergrund der gestiegenen gesellschaftlichen Bedeutung der Privatunternehmer war es geradezu konsequent, dass sich Jiang Zemin in seiner berühmt gewordenen Rede anlässlich der Feiern zum 80. Jahrestag der KPCh am 1. Juli 2001 dafür aussprach, Privatunternehmer in die Partei aufzunehmen. Dies umso mehr, als zahlreiche Privatunternehmer, die im Zuge der Umwandlung von Kollektiv- oder Staatsunternehmen zu Unternehmenseigentümern geworden waren, ohnehin schon Parteimitglieder waren.[28] Trotzdem löste der Vorstoß von Jiang Zemin zunächst Diskussionen aus, bevor der 16. Parteitag der KPCh im November die Öffnung der Partei für Privatunternehmer zur neuen ideologischen Grundlage machte. Einerseits ist diese Öffnung der Partei Teil des Bemühens, die „fortschrittlichsten Kräfte der Gesellschaft" zu repräsentieren und auch in der Partei zu binden. Zugleich wird mit der Politik die Hoffnung verbunden, die Partei stärker in den privaten Unternehmen zu verankern, indem dort Parteizellen entstanden. Die Schließung oder auch (Teil-) Privatisierung von Kollektiv- und Staatsunternehmen bedeutete unter anderem, dass der Einfluss der Partei in diesen Unternehmenssektor tendenziell zurückging. Ein Ausbau ihrer Präsenz in den Privatunternehmen sollte dem drohenden Bedeutungs-

---

[27]   Unter dem Stichwort „original sin" wird in der Literatur die Frage diskutiert, inwieweit privates Eigentum, das im Zuge von mehr oder weniger illegalen Aktivitäten und Transaktionen im Zuge des Transformationsprozesses entstanden ist, auch langfristig zweifelhaftes Eigentum darstellt und darstellen sollte. Siehe Frye (2005) für eine Diskussion mit Bezug auf Russland. In China wird diese Diskussion vermehrt seit 2003 geführt. Vgl. zum Beispiel Gu (2004); http://www.cc.org.cn/newcc/browwenzhang.php?articleid=3139 und http://www.china.org.cn/english/2005/Feb/120209.htm.

[28]   Bereits die Untersuchungen zur Privatwirtschaft im Jahr 1997 hatten ergeben, dass 18,1 Prozent der Unternehmer Parteimitglieder waren (Privatunternehmensbericht 2003).

und Kontrollverlust entgegenwirken. Heberer formuliert darüber hinaus die These, dass die „politische Führung [...] zugelassen und akzeptiert hat [...], dass Unternehmer in ihrem Interesse Politik beeinflussen und damit politisch partizipieren können" (2002: 2). Die Integration der Unternehmer in die Partei kann so gesehen als Versuch verstanden werden, die Partei von innen heraus zu erneuern und den Bedingungen einer veränderten ökonomischen Umwelt (Privatisierungen, WTO-Beitritt etc.) anzupassen.

Es bleibt die Frage, inwieweit die Unternehmer dieses Angebot, sich in die Partei einzubringen, annehmen (werden). Die bereits zitierten Umfragen unter Privatunternehmen, die nach 2001 durchgeführt wurden, dokumentieren einen Anstieg der Parteimitglieder unter den Unternehmern. Im Jahr 2002 waren 30,2 Prozent der befragten Unternehmer Mitglied in der KPCh, ein deutlicher Anstieg gegenüber 2000 (19,9 Prozent), Ende 2003 waren es 33,9 Prozent (Privatunternehmensberichte 2003 und 2005).Vermutlich ist aber nur ein kleiner Teil dieses Anstiegs auf Parteieintritte zurückzuführen. Berichten aus dem Jahr 2002 zufolge waren zum Zeitpunkt des XVI. Parteikongresses, als beschlossen wurde, Privatunternehmern den Parteieintritt zu ermöglichen, bereits 400.000 Privatunternehmer Mitglied in der Partei. Dies entsprach einem Anteil an allen Parteimitgliedern (66 Millionen) von etwa 0,6 Prozent. Von diesen 2002 gezählten Privatunternehmer-Parteimitgliedern waren aber ca. 95 Prozent schon Parteimitglieder, bevor sie zu Privatunternehmern wurden.[29] Im Jahr 2004 sollen insgesamt 2,41 Millionen Chinesen neu in die Kommunistische Partei aufgenommen worden sein, darunter 894 Privatunternehmer (*People's Daily*, 7.7.2005). Sofern die Umfragen, die den Privatunternehmensberichten zugrunde liegen, repräsentativ sind, waren vor 2004 schon etwa eine Million, nämlich ein Drittel, aller Privatunternehmer Parteimitglieder. Damit wäre die Zahl zwar mehr als doppelt so groß wie im Jahr 2002, aber vermutlich nicht auf Parteieintritte zurückzuführen. Die Zahl der Eintritte im Jahr 2004 entspricht bei einer geschätzten Mitgliedschaft von einer Million Privatunternehmen jedenfalls nur einem Zuwachs von weniger als einem 0,1 Prozent. Dieser Zuwachs der Parteimitgliedschaften von Privatunternehmern liegt deutlich niedriger als der Gesamtzuwachs (8,2 Prozent) an Parteimitgliedern (ebenda).

Die Motivation der Privatunternehmer zu Parteieintritten ist kaum bekannt. Eine Befragung von Privatunternehmern in Guangzhou im Jahr 2002 ergab als wichtigste Motive für die Parteimitgliedschaft, dass sie für die Arbeit/das Geschäft nützlich sei und den gesellschaftlichen Status erhöhe. Dies spricht nicht dafür, dass sich die Unternehmer als Erneuerer der Partei verstehen. Kritische Kommentare chinesischer Privatunternehmen erwecken den Eindruck, dass sie die Motive der Kommunistischen Partei hinsichtlich der Aufnahme von Privatunternehmern für zweifelhaft

---

[29] Vgl. *Lianhe Zaobao* (Singapur), 13.11.2002, http://www.zaobao.com/special/china/congress16/pages/congress16131102.html. Beitritte von Privatunternehmern werden streng geprüft und verlangen von den Unternehmern die Offenlegung ihrer finanziellen Verhältnisse.

halten und nicht an einen nachhaltigen Willen zur Unterstützung der Privatwirtschaft glauben (Coble 2005: 3).

5 Ausblick: Wer kooptiert wen?

Die Privatwirtschaft hat in China in den letzten zwanzig Jahren und ganz besonders nach 1997 eine rasche Entwicklung durchlebt und sehr an Bedeutung gewonnen. Unklarheiten in den definitorischen Abgrenzungen und eine vielfältige und zugleich unklare statistische Datenbasis machen eine genauere Einschätzung der Privatwirtschaft zwar kompliziert, doch an dem allgemeinen Bedeutungszuwachs privatwirtschaftlich finanzierter Unternehmen besteht kein Zweifel mehr. Die Wirtschaftspolitik ist in den letzten Jahren deutlich zugunsten einer rechtlichen Aufwertung der Privatunternehmen verändert worden. Die politisch führende Kraft, die Kommunistische Partei der VR China hat sich für Privatunternehmer geöffnet. Die institutionellen Rahmenbedingungen für eine rasche Expansion des privatwirtschaftlichen Sektors scheinen damit gegeben, obwohl in vielen chinesischen und ausländischen Publikationen immer wieder Zweifel an diesem rosigen Bild geäußert werden.

Obwohl das Privatunternehmertum und die Privatwirtschaft sich in der Vergangenheit so dynamisch entwickelt haben, fällt auf, dass in der Literatur mehrheitlich nicht davon ausgegangen wird, dass die Privatwirtschaft grundsätzlich frei von staatlicher Einmischung agiert.

Ob die neue Politik dazu führen wird, dass die Verbindungen zwischen „guan" und „shang" bei denjenigen Privatunternehmern enger werden, die bisher nur wenig über derartige Verbindungen verfügen, oder ob eine rechtliche Gleichstellung der Privatwirtschaft nicht vielmehr dazu führt, dass enge Beziehungen zu den politischen Entscheidungsträgern aus der Sicht der Unternehmer eher unwichtig werden, ist bisher nicht abzusehen. Enge Verbindungen zur Politik, die immer auch die Einmischung der Politik in die Unternehmen bedeuteten kann, werden von manchen Privatunternehmern für höchst problematisch und geschäftsschädigend gehalten. Viele Privatunternehmen, die bisher von einer Existenz im rechtsfreien oder im doch wenig regulierten und kontrollierten Raum profitiert haben, mögen sich daran stören, dass die neue Politik, die in den *Ansichten* des Staatsrates formuliert ist, auch eine verstärkte Aufsicht und Kontrolle über die Privatwirtschaft vorsieht. Die Typisierung der Privatunternehmen nach Hong (2005, siehe Tabelle 8) macht deutlich, wie unterschiedlich die Entstehungsgeschichte der Unternehmen ist. Dies ist ein möglicher Ansatz, die unterschiedliche Neigung der Privatunternehmen, enger mit der Politik bzw. Bürokratie zu kooperieren, zu erklären.

In der Literatur werden darüber hinaus weitere, durchaus widersprüchliche Befunde für die Neigung der Privatwirtschaft, sich mit politischen und bürokratischen Interessen zusammen zu tun, angeboten. Folgt man zum Beispiel dem Argument von Kanamori/Zhao (2004), dass die Qualität der politischen Verbindungen den Erfolg von Privatunternehmen in China erklären können, weil sie in einem schwachen institutionellen Umfeld die Risiken der unternehmerischen Entscheidungen reduzieren, so wäre davon auszugehen, dass mehr Rechtssicherheit den Einfluss der politischen Kontakte auf den Erfolg der Privatunternehmen reduzieren würde und damit auch das Interesse der Privatunternehmen, diese Kontakte zu pflegen und zu instrumentalisieren. Tsai (2002: 260ff.) ist dagegen eher skeptisch, dass die Angleichung der formalen Wettbewerbsbedingungen dazu führen wird, dass der soziale Hintergrund und die persönlichen Netzwerke der Privatunternehmen an Bedeutung für ihr wirtschaftliches Gebaren verlieren werden. Diese Erwartung wird durch Untersuchungen von Choi et al. (2001) unterstützt, die in ihrer empirischen Analyse zu dem Schluss kommen, dass sich enge politische Kontakte im chinesischen Kontext für Privatunternehmen umso mehr lohnen, je größer und etablierter die Unternehmen sind: „As the scale of private business becomes larger, economic and administrative resources under the bureaucrats' control become more crucial for entrepreneurs" (S. 131). Da nach den Untersuchungen von Hong (2005) zu den größten Privatunternehmern Chinas vor allem solche gehören, die mit Immobiliengeschäften groß geworden sind, die also der Gruppe von Unternehmern angehören, die über Spekulation gewachsen sind und stets auf enge Kontakte zu politischen und bürokratischen Kreisen angewiesen waren, so ist davon auszugehen, dass es auch in Zukunft noch intensive Kontakte zwischen „guan" und shang" geben wird.

Literatur

Asian Development Bank (2003), *The Development of Private Enterprise in the People's Republic of China*, Manila

Bai Nanshan, He Yupeng (2003), *Einkommen, Beschäftigung und Wirtschaftsstruktur* (Shouru, jiuye yu jingji jiegou), 23.6.2003, http://www.china.org.cn/chinese/zhuanti/mingong/351510.htm

Choi, Eun Kyong; Zhou, Kate Xiao (2001), "Entrepreneurs and Politics in the Chinese Transitional Economy: Political Connections and Rent-seeking", in: *The China Review*, Vol.1, Nr.1 (Fall 2001), S.111–135

Coble, Parks M. (2005), "Is China going capitalist?", in: *Studies in Asia*, Series II, Vol.2, No.1, Spring 2005, www.isp.msu.edu/studiesonasia/Coble.pdf

Fischer, Doris (1995), „Gibt es den chinesischen Privatunternehmer – Neue Verbindungen zwischen „guan" und „shang" im China der 90er-Jahre?", in: *Osteuropa-Wirtschaft*, Dezember 1995, S.299-316

Fischer, Doris (2000a), „Chinesische Statistik im Umbruch: Konsequenzen für die wirtschaftswissenschaftliche Forschung am Beispiel der Unternehmens- und Industriestatistik", in: *ASIEN*, Jg.2000, April, S.20-43

Fischer, Doris (2000b), *Aufbau einer Wettbewerbsordnung im Transformationsprozess – Problematisierung am Beispiel der wettbewerbstheoretischen Diskussion und der Wettbewerbspolitik in der VR China* (Schriftenreihe zur Ostasienforschung Band 13), Baden-Baden, Nomos

Frye, Timothy (2005), *Original Sin, Good Works, and Property Rights in Russia: Evidence from a Survey Experiment* (Working Paper Series University of Michigan, William Davidson Institute), September

[Führungsgruppe Wirtschaftszensus] Guowuyuan diyici quanguo jingji pucha lingdaoxiaozu bangongshi; Zhonghua renmin gonghe guo guojia tongjiju (2005), *Bericht zu wichtigen Daten des ersten nationalen Wirtschaftszensus – Teil 1* (Diyici quanguo jingji pucha zhuyao shuju gong, bao, di yi hao), vom 06.12.2006, http://stats.gov.cn/zgjjpc/cgfb/t2005 1206_402294807.htm

Garnaut, Ross et al. (2001), *Private Enterprise in China*, Canberra, Asia Pacific Press

Gu Zexu (2004), *Ein Verteidigung der Unschuld des privaten Kapitals – zur „original sin" der chinesischen Privatunternehmer* (Wei minying ziben wuzui bianhu – Zhongguo minshang jiqi „yuanzui" wei wenti), century china, http://www.cc.org.cn/newcc/browwenzhang.php?articleid=3139, 20.2.2004

Heberer, Thomas (2002), *Strategische Gruppen und Staatskapazität: Das Beispiel der Privatunternehmer in China* (Duisburger Arbeitspapiere Ostasienwissenschaft), Nr.46, Duisburg

Holbig, Heike (2001), „Die KPCh öffnet sich für Privatunternehmer", in: *China aktuell*, Juli 2001, S.739-746

Holbig, Heike (2004), "The Party and Private Entrepreneurs in the PRC", in: Brodsgaard, Eric; Zheng, Yongnian (Hrsg.): *Bringing the Party Back in*, Singapore: East Asian Institute, National University of Singapore, S.239-268

Hong Chong'en (2005), „China schafft eine Stimmung für die Entwicklung der nicht öffentlichen Wirtschaft" (Zhongguo wei fei gongyou jingji yingzao fazhan fenwei), in: *Wenhui Bao*, 6.6.2005

Hong Zhaohui (2004), "Mapping the Evolution and Transformation of the New Private Entrepreneurs in China", in: *Journal of Chinese Political Science*, Vol.9, Nr.1 (2004), S.23-42

Huang Mengfu et al. (2005a), *The Development Report of Non-State-owned Enterprises in China No.1 (2004)* (Zhongguo minying qiye fazhan baogao), Beijing: Social Sciences Academic Press

Huang Mengfu et al. (2005b), *The Development Report of Non-State-owned Enterprises in China No.2 (2004)* (Zhongguo minying qiye fazhan baogao), Beijing: Social Sciences Academic Press

Jefferson, Gary H.; Singh, Inderjit (1997), "Ownership Reform as a Process of Creative Reduction in Chinese Industry", in: Joint Economic Committee – Congress of the United States (Hrsg.), *China's Economic Future – Challenges to U.S. Policy*, Armonk, S.176-202

Kanamori, Toshiki; Zhao, Zhijun (2004), *Private Sector Development in the People's Republic of China*, Asian Development Bank Policy Paper No.5, September 2004, http://www.adbi.org/files/2004.09.books.private.sector.prc.pdf

KPCh (2002), *Satzung der Kommunistischen Partei Chinas* (Zhongguo gongchandang zhangcheng) vom 14.11.2002, in: http://www.people.com.cn/GB/shizheng/16/20021118/868961.html

Kraus, Willy (1989), *Private Unternehmerschaft in der Volksrepublik China – Wiederbelebung zwischen Ideologie und Pragmatismus*, Hamburg

Li Fuyong (2002), „Wo bleiben die privaten Investitionen?" (Minjian touzika zai na?), in: *Zhonghua Gongshang Shibao*, 26.6.2002, S.7

Li Chunling (2002), "The class Structure of China's Urban society during the transitional period", in: *Social Sciences in China*, Vol.2002, Spring, S.95

Li Chunling (2003), "Struktur und Gewicht der Mittelklasse im heutigen China" (Zhongguo dangdai zhongchan jieceng de goucheng ji bili), in: *Zhongguo Renkou Kexue* Vol.2003, Nr.6, online unter http://www.usc.cuhk.edu.hk/ wk_wzdetails.asp?id=3664, Aufruf am 2.2.2005

Li Chunling (2005), *Cleavage and Fragment – An Empirical Analysis on the Social Stratification of the Contemporary China* (Duanlie yu cuipian – dangdai Zhongguo shehui jieceng fenhua shizheng fenxi), Beijing: Social Sciences Academic Press

Li Hongbin et al. (2005), *Political Connections and Firm Performance: Evidence from Chinese Private Firms*, http://econ.em.tsinghua.edu.cn/Zhou%20li-an.pdf

OECD (2005), *China* (OECD Economic Surveys Vol.2005/13), Paris: OECD

[Privatunternehmensbericht 2003] Arbeitsgruppe „Privatunternehmensforschung", „Untersuchungsbericht zu chinesischen Privatunternehmen 2002" (Zhongguo siying qiye diaocha baogao 2002), in: *Zhonghua gongshang shibao*, 26. und 27.2.2003

[Privatunternehmensbericht 2005] O.V., „Untersuchungsbericht zu chinesischen Privatunternehmen 2005" (Zhongguo siying qiye diaocha baogao 2005), in: *Zhonghua gongshang shibao*, 3.2.2005

Schüller, Margot (2003), „Chinas Privatunternehmen – Wirtschaftlicher Aufstieg trotz vielfältiger Diskriminierung", in: *China aktuell*, August 2003, S.973-985

Staatsrat (2005), *Einige Ansichten des Staatsrats zur verstärkten Förderung und Anleitung der Entwicklung von Privatunternehmen, Einzelgewerbe und der sonstigen nicht öffentlicher Wirtschaft* (Guowuyuan guanyu guli zhichi he yindao geti siying deng fei gongyouzhi jingji fazhan de ruogan yijian), Dekret 3/2005, veröffentlicht unter http://www.sdpc.gov.cn/b/b200503012.htm

Statistikamt (2003), *Vorläufige Methode zur Abgrenzung großer, mittelgroßer und kleiner Unternehmen in der Statistik vom 22.5.2004* (Tongji shang zhong da xiao xing qiye huafen banfa (zanxing), http://www.stats.gov.cn/tjbz/qyhxbz/t200305 28_80450.htm

Tsai, Kellee S. (2002), *Back-Alley Banking – Private Entrepreneurs in China*, Ithaca, London: Cornell University Press

Wang Lianli (2005), „Industrieunternehmen: Acht Jahre Reform, acht große Gedanken" (Gongye qiye: ba nian gaige, ba da fansi), in: *Zhongguo Gaige*, nachgedruckt in www.xinhuanet.com, http://news.xinhuanet,com/newmedia/ 2005-08/08/content_3325113.htm

Winiecki, Jan (1991), "Transition and the privatization problem", in: *Cato Journal*, Vol.11, Nr.2 (Fall 1991), S.299-309, www.cato.org/pubs/journal/cj11n2/cj11n2-9.pdf

Wu Jinglian (2003), *Chinas gegenwärtige Wirtschaftsreform* (Dangdai Zhongguo jingji gaigc), Shanghai: Shanghai Yuandong chubanshe

Doris Fischer

Wu Jingna (2005), „Der politische Kern der '36 Paragraphen'" („36 tiao" de zheng-zhi neihe), in: *Global Financial Observer* (Quanqiu caijing guancha), 7.3.2005, http://www.gfo.cn/ReadNews.asp?NewsID=27904

Zhang Houyi et al. (1999), *Blue Book of Private Enterprises in China No.1, 1978-1998* (Zhongguo siying qiye fazhan bagao), Beijing, Shehui kexue wenxuan chubanshe

Zhou Xiaohong (2005), *Survey of the Chinese Middle Classes* (Zhongguo zhong-chan jieceng diaocha), Beijing: Social Sciences Academic Press

Die Etablierung eines privaten Immobilienmarktes in China

Christian Theisen

1 Grund und Boden als Basis chinesischen Lebens

Grund und Boden waren für die Menschen in China schon immer von elementarer Wichtigkeit. In der Jahrtausende alten Geschichte des Landes haben sich spezielle Institutionen herausgebildet, die im Westen gänzlich unbekannt sind. Darüber hinaus war und ist eine gerechte Verteilung des Grundeigentums Garant und Voraussetzung für ein funktionstüchtiges Gemein- und Staatswesen. Die Existenz der jeweils herrschenden Dynastie war davon abhängig, dass es gelang, die Landwirtschaft in Gang zu halten, um die Versorgung der Bevölkerung und Steuereinnahmen für den Staat zu gewährleisten.[1] Unter Sinologen wurde sogar debattiert, ob sich nicht der gesamte dynastische Zyklus der chinesischen Geschichte, insbesondere die Lebensdauer der einzelnen Dynastien, mit dem Umfang und der Effizienz der Landbesteuerung als Rückgrat der kaiserlichen Finanzen erklären lasse.[2]

Wie in allen Gesellschaften entstand auch in China das Privateigentum an Grund und Boden aus einem anfänglichen Gemeineigentum. Im Verlauf der chinesischen Geschichte entwickelte sich jedoch rasch privates Bodeneigentum und herausragende Bodenreformer wie Wang Anshi (1021-1086) und Jia Sidao (1213-1275) etablierten neue Bodenordnungsmodelle. Bodenbesteuerung und Immobilienregistrierung wurden bereits in der Ming-Dynastie (1368-1644) angewandt und später immer wieder optimiert. Ende der Qing-Dynastie (1644-1912) wurde schließlich aus dem Westen ein rechtliches Fundament importiert und in der republikanischen Bodenordnung umgesetzt, die dann von 1949 an nach der Machtübernahme der KPCh wieder aufgelöst wurde.

Jede Art der Einflussnahme auf die chinesische Bodenordnung – sei es während der Kaiserzeit durch Stämme aus dem Norden, die westliche Rechtslehre oder zuletzt die kommunistische Ideologie – konnte sich letztendlich nicht in China durchsetzen.

---

[1] Vgl. Lewin (1973), S.79.
[2] Vgl. Thümmel (1995), S.28.

123

2   Bodenreformen in Republik- und Volksrepublikzeit

Während der Republikzeit befand sich die Regierung unter Sun Yatsen (auch Sun Yixian) in einem äußerst schwierigen Interessenkonflikt. Einerseits litten vor allen Dingen die Kleinpächter mit weniger als 3 ha Agrarfläche unter den schlechten Bedingungen. Sie machten 83,3% der gesamten chinesischen Bauernfamilien aus und stellten ein enormes Wählerpotenzial dar.[3] Andererseits war aber der Mittelstand, der sich insbesondere aus kleinen Grundherren zusammensetzte, zentrale Kraft in China und somit auch innerhalb der Regierungspartei Guomindang. Sun Yatsens Bodenpolitik fiel daher eher verhalten aus. Unter dem Motto „Hinaussteuern und Hinauskaufen" sollte jeder Grundeigentümer den Wert seines Bodens selbst festlegen und der Regierung mitteilen. Diese konnte dann das Land besteuern oder es aber zum genannten Preis aufkaufen. So sollte vermieden werden, dass ein zu geringer oder zu hoher Bodenpreis gewählt wurde. Ob dieses Prinzip jedoch in ganz China realisierbar gewesen wäre, ist zu bezweifeln. Andererseits propagierte Sun Yatsen die Parole „Grund und Boden den Bauern", eine praktische Umsetzung folgte allerdings nicht. Er forderte nur, dass sich die Pächter selbst organisieren sollten.[4] 1930 wurde dann das „Bodengesetz der Republik China"[5] erlassen, eine Synthese aus chinesischen Rechtstraditionen und westlichem Bodenrecht.[6] Die Umsetzung des Bodengesetzes wurde allerdings durch mehrere Probleme erschwert, sodass man konstatieren muss, dass es sich lediglich um eine „Reform auf dem Papier" gehandelt hat.[7]

Mit Gründung der Volksrepublik China wurde dann das private Immobilieneigentum langsam aufgelöst. Mit der Parole „Jedem Pflügenden sein Feld" ging die zunächst in den kommunistischen Basisgebieten realisierte, gemäßigte in eine landesweite, radikale Agrarreform über.[8] Als gesetzliche Grundlage wurde am 30.06.1950 das Bodenreformgesetz erlassen. Die „Ausbeuterklassen" wurden vollständig enteignet und ihr Eigentum wurde unter der gesamten ländlichen Bevölkerung verteilt. Darüber hinaus kam es während einer Terrorwelle zur fast vollständigen Ausrottung insbesondere der Klasse der Grundherren. Massenprozesse, Ar-

---

[3]   Vgl. Chu-Kiangyin (1933), S.168.
[4]   Vgl. Chu-Kiangyin (1933), S.170f.
[5]   In einer deutschen Übersetzung mit Kommentar nachzulesen unter Damaschke (1931), S.1ff.
[6]   Bedeutsamen Einfluss auf das Bodengesetz hatte der Geheime Admiralitätsrat W. Schrameier, der 1924 von Sun Yatsen zum bodensteuerpolitischen Berater berufen wurde. Nach seinem Unfalltod im Jahr 1926 wurde ihm in Guangzhou ein Ehrendenkmal errichtet.
[7]   "The Kuomintang land law restricting the payment of rent to a maximum of 37,5 per cent of the main crop was a paper law only, and rents generally ran to between 50 and 60 per cent or even more." Vgl. Adler (1957), S.3.
[8]   Vgl. Kraus (1979), S.71.

beitslager, Exekutivkommandos und Erschießungen empfahl Mao Zedong als „sehr wirksames Mittel zur Ausrottung der letzten Reste des feudalen Spuks".[9]
Als Folge der Bodenreform bildeten sich drei Probleme heraus:

1. Durch die Reform waren keine produktionstechnisch günstigen Betriebsgrößen geschaffen worden. Einzelne Bauern verfügten nicht über die ausreichenden finanziellen Mittel, um entsprechende Arbeitsgeräte und Maschinen zu beschaffen oder – wie die Großgrundbesitzer vor der Agrarreform – bei der Ernte zusätzliche Arbeitskräfte einzustellen.[10] Außerdem waren die Betriebe nun um ein Drittel kleiner als im Jahre 1936. Dies führte zu einer starken Abnahme des vermarkteten Anteils der Agrarproduktion und zu Engpässen bei der Versorgung der Bevölkerung.[11]

2. Noch vor der Bodenreform hatte die KPCh die Steuerlasten so verteilt, dass sie hauptsächlich von den Grundherren und Großbauern getragen wurden. Dies erreichte sie durch eine stark progressive Agrarsteuer von 3 bis 42%. Nach der Reform mussten die Steuern nun an die neue Betriebsstruktur angepasst werden. Die Steuer wurde nun auf 7 bis 30% festgesetzt, sodass höhere Einkommen entlastet wurden und die Steuern – insbesondere im unteren Einkommensbereich – stark anstiegen und die Kleinbetriebe belasteten.[12]

3. Es zeichnete sich die Tendenz ab, dass sich die neuen Landeigentümer mit dem Erreichten zufrieden gaben. Viele der bisher mittellosen Bauern hatten darüber hinaus zwischenzeitlich ihr neu zugeteiltes Stück Land wieder durch Verkauf oder Pacht zu Geld gemacht.[13] Es entstand somit eine Klasse von „Großbauern neuen Typs".[14] Diese kapitalistischen Tendenzen wurden von den Kommunisten scharf kritisiert.[15]

Es wurde bereits früh offensichtlich, dass mit einer Agrarreform allein die Probleme nicht gelöst werden konnten, sondern es bedurfte besonderer flankierender Maßnahmen. Die KPCh entschloss sich daher, die Kollektivierung der Landwirtschaft voranzutreiben, um effektive Betriebsgrößen zu schaffen.

Bis Ende der 1970er-Jahre war dann sämtlicher Grundbesitz in Gemeineigentum.[16] Alle Immobilien – d.h. Grundstücke sowie Gebäude – waren entweder ländlichen Kollektiven (= „Kollektiveigentum") oder aber dem Staat (= „Volkseigen-

---

[9] Vgl. Kraus (1979), S.72.
[10] Vgl. Ruso (1976), S.141.
[11] Vgl. Kraus (1979), S.73.
[12] Eine Darstellung befindet sich in: Kraus (1979), S.74.
[13] Vgl. Ruso (1976), S.143.
[14] Vgl. Thümmel (1995), S.44, Fn.144.
[15] Vgl. Kraus (1979), S.73.
[16] Art. 6 Abs. 1 der Verfassung der Volksrepublik China vom 04.12.1982 lautet: „Die Grundlage des sozialistischen Wirtschaftssystems der Volksrepublik China ist das sozialistische Gemeineigentum an den Produktionsmitteln, das heißt das Volkseigentum und das Kollektiveigentum der werktätigen Massen."

tum"), so z.B. Staatsbetrieben, zugeordnet, und zwar mit den Kompetenzen, es zu verteilen, zu verwalten und instand zu halten.[17]

Nach der Enteignung privaten Grundeigentums wurde Land vom Staat nur noch im Wege der Zuteilung unentgeltlich überlassen. Aus diesem Grund konnte es in den Unternehmen auch nicht mehr als Aktiva bilanziert werden. Die Besteuerung von städtischem Grund und Boden wurde von 1951 an weitgehend abgeschafft.

3   Reform der Bodenordnung im Zuge der Öffnungspolitik

Ende der 1970er-Jahre musste die chinesische Regierung feststellen, dass das staatliche Wohnungsverwaltungssystem von weitgehenden Dysfunktionalitäten gekennzeichnet war. Ende 1978 beschrieb die staatliche Zeitung *People's Daily* ungewöhnlich offen die Probleme des Wohnungssektors:

> There are certain problems in the work of the State Capital Construction Commission. On the one hand, we have not constructed enough housing to meet the demand, and the speed of construction is slow. On the other, housing management is chaotic, the labour productivity of the construction agencies is low, and there are serious wastes in human, material, and financial resources. The result of financial investment in housing construction is thus not satisfactory. The masses are critical.[18]

Einige der Einflussfaktoren, die zur Unterversorgung der Bevölkerung mit Wohnraum führten, werden in Abbildung 1 dargestellt. Sie lassen sich allerdings nicht vollkommen voneinander abgrenzen, sondern haben sich vielmehr gegenseitig beeinflusst bzw. verstärkt.

Abb. 1:   Systemmängel des Wohnungswesens in China vor der Reform

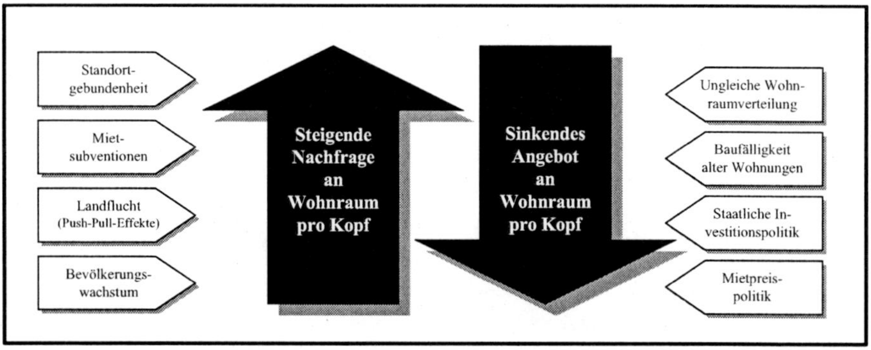

Quelle: Eigene Darstellung.

---

[17]   Vgl. Christiansen (1986), S.21f.

[18]   *Renmin ribao* (*People's Daily*), 16.09.1978, S.2; zitiert nach: Ma (1982), S.255.

Anfang der 1980er-Jahre kam es dann aufgrund neuer ökonomischer Impulse zu einer genaueren Spezifizierung von Eigentumsrechten. Erstens stieg die Nachfrage an Wohnraum aufgrund der verfehlten Familienpolitik der 1960er- und 1970er-Jahre sprunghaft an. Fast gleichzeitig brach ein großer Teil des Wohnraumangebots weg. Denn die in den 1950er-Jahren qualitativ schlecht erstellten Wohngebäude, die in der Zwischenzeit nur unzureichend instand gehalten worden waren, wurden nach nunmehr rund 30 Jahren baufällig bzw. unbewohnbar (ca. 300 Mio. m²). Zweitens wollte sich China für ausländische Unternehmen öffnen. Es musste eine Lösung gefunden werden, wie Grundstücke und Gebäude durch Ausländer angemietet, gekauft bzw. gebaut werden konnten.

Durch eine genauere Spezifizierung der Eigentumsrechte erhoffte sich die Staatsführung die Internalisierung der negativen externen Effekte sowie eine Reduzierung der gesamtwirtschaftlichen Transaktionskosten. Außerdem erzielte der Staat durch den Verkauf von Bodennutzungsrechten und staatlichen Wohnungen erhebliche Einnahmen. Diese werden u.a. für die Schaffung geeigneter Rahmenbedingungen und für Baufinanzierungsprogramme verwendet.

3.1 Kommerzialisierung des Wohnungswesens

Die chinesische Regierung reagierte auf die Dysfunktionalitäten des Wohnungssystems zunächst mit verschiedenen Reformansätzen. In der ersten Stufe wurden die staatlichen Investitionen in den Wohnungsbau erhöht, ohne das Wohnungssystem bzw. die Eigentumsordnung an sich zu ändern. Parallel dazu wurde jedoch bereits regional begrenzt (z.B. in Yantai) mit Alternativen zum bestehenden System experimentiert. Sie wurden dann in der zweiten Stufe landesweit umgesetzt. Die Erfolge und Misserfolge der Wohnungsreform waren schließlich Ende der 1980er-Jahre Gegenstand nationaler Wohnungskonferenzen, auf denen die Fortschritte eingehend diskutiert und weitere Maßnahmen beschlossen wurden.

Es wurde mehrheitlich eine Kommerzialisierung des öffentlichen Wohnungswesens gefordert, d.h. eine graduelle Anhebung der Mieten sowie die offizielle Billigung von Wohnungsverkäufen an Individuen.[19] Man versprach sich davon folgende Ergebnisse:

- Der Staat sollte durch den Verkauf von Wohnungen einen großen Teil seines investierten Geldes zurückerhalten. Mit diesen finanziellen Mitteln konnten dann weitere staatliche Wohnungen errichtet und wieder veräußert werden. Somit würde der Wohnungsbau ausgeweitet, gleichzeitig würden aber die staatlichen Mittel geschont.
- Des Weiteren würde eine Anhebung der Mieten die staatlichen Ausgaben für Instandhaltung durch eine Internalisierung bei den Mietern reduzieren und so ebenfalls zur Entspannung der finanziellen Situation des Staates beitragen. Al-

---

[19] Vgl. Fong (1989), S.40.

lerdings sollte die Steigerung auf eine kostendeckende Miete langsam und somit sozialverträglich erfolgen.[20]

- Die steigenden Konsumausgaben sollten in den Wohnungsbau umgelenkt werden. Als Nebeneffekt versprach sich die Regierung auch, die anhaltende Inflation abdämpfen zu können.[21]

Abb. 2: **Ziele der Kommerzialisierung des Wohnungswesens in der VR China**

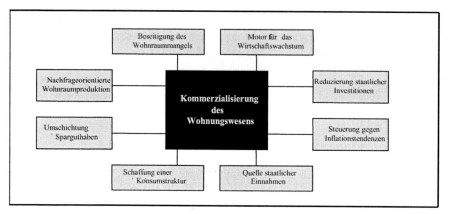

Quelle: Eigene Darstellung in Anlehnung an Zhang (1991), S.141f.

Die Pilotprojekte Mitte der 1980er-Jahre wurden von der Regierung ausgewertet und sollten in nationales Recht umgesetzt werden. Dabei konnte man auf folgende Erkenntnisse aufbauen:

- Das Ziel, die Ausgaben der privaten Haushalte für Mietausgaben zu erhöhen, war nur regional erreicht worden, im Landesdurchschnitt jedoch nicht (siehe Tabelle 1). Hier bedurfte es demnach noch eines besseren Konzeptes, um die Konsumstruktur der privaten Haushalte neu auszurichten.
- Die experimentellen Kommerzialisierungsprogramme waren aufgrund der unveränderten Lohnentwicklung immer an direkte oder indirekte staatliche Subventionen geknüpft. Die Löhne waren nicht auf den Kauf oder eine hohe Miete ausgerichtet. Sie waren niedrig und beinhalteten bereits Abzüge für die staatlich zugeteilte Wohnung.[22] Dies sollte zunächst so beibehalten werden und weiterhin sollten Mietgutscheine mit dem Lohn ausgeteilt werden. Um jedoch langfristig den auf nominalen Mietzahlungen basierenden in einen voll funkti-

---

[20]   Vgl. Zhu (1987), S.17.
[21]   Vgl. Chen/Wills (1996), S.313.
[22]   Vgl. Cheung/Nadelson (1991), S.40.

onstüchtigen Wohnungsmietmarkt umzuwandeln, sollten die staatlichen Zu-
schüsse in Form der Wohnraumgutscheine zu einem späteren Zeitpunkt in höhere Lohnzahlungen umgewandelt werden.[23]

Tab. 1: **Ausgaben pro Kopf der Stadtbevölkerung Chinas (1981-1987)**

Jahr	1981	1982	1983	1984	1985	1986	1987
Lebenshaltungskosten insgesamt	100%	100%	100%	100%	100%	100%	100%
Ausgaben für Waren	92,0%	91,7%	91,7%	91,9%	92,3%	91,9%	91,5%
Ausgaben für Nichtwaren	8,0%	8,3%	8,3%	8,1%	7,7%	8,1%	8,5%
– davon für Miete	1,4%	1,5%	1,5%	1,4%	1,0%	0,9%	0,9%

Quelle: Lim/Lee (1993), S.93.

• Trotz der beachtlichen Fortschritte in der Kommerzialisierung des Wohnungswesens hatte sich nichts daran geändert, dass die Käufer nach wie vor nicht in
den Produktionsprozess (Investition, Architektur, Ausstattung, Konstruktion,
Instandhaltung etc.) miteinbezogen wurden und hauptsächlich ein staatliches
Wohnungsangebot existierte. Von allen bis 1987 veräußerten Wohnungen waren daher nur rund 3% von Individuen gekauft worden, der Großteil (rund 80%)
jedoch von Staatsunternehmen.[24] Daher wurde die Partizipation der potenziellen
Wohnungsnutzer am Produktionsprozess vorgeschlagen, um Kaufanreize zu
verstärken und somit die Wohnungsreform voranzutreiben.[25]

Die Ergebnisse der 1. Nationalen Wohnungsreformkonferenz wurden am 15.02.1988
im Implementation Plan for a Gradual Housing System Reform in Cities and Towns
zusammengefasst, dem bis dahin wichtigsten Dokument zur staatlichen Wohnungs-
politik.[26] Demnach sollte die Kommerzialisierung des Wohnungssystems nach den
Richtlinien einer sozialistischen Marktwirtschaft umgesetzt werden.

Ziel war, die vorangegangenen Experimente nun offiziell landesweit umzusetzen: Erstens war eine Anhebung der Mieten bei gleichzeitiger Vergabe von Wohn-
raumgutscheinen vorgesehen. Zweitens sollten Anreize und eine Unterstützung für
Privatpersonen geschaffen werden, um den Wohnungskauf zu forcieren. Drittens
sollten die Fehlentwicklungen bei den staatlichen Ausgaben für den Wohnungsbau
korrigiert und die Reformen des öffentlichen Wohnungssystems in Bezug auf Planung, Finanzierung, Besteuerung, Preisfestlegung und Verwaltung vorangetrieben
werden. Viertens sollte dafür gesorgt werden, dass staatliche Investitionen in den
Wohnungsbau zurückfließen, um diese dann wieder reinvestieren zu können.

Die von der Regierung forcierte Anhebung der Mieten erregte den Unmut der
breiten Bevölkerung. Hinzu kamen die anhaltende Inflation sowie eine Überhitzung

---

[23] Vgl. Louven (1987), S.725.
[24] Vgl. Fong (1989), S.38.
[25] Vgl. Chen (1993), S.36.
[26] Vgl. Wang/Murie (1996), S.978.

des Marktes für Bürogebäude, die vor allen Dingen in den südwestchinesischen Großstädten von und für ausländische Unternehmen gebaut worden waren. Angebot und Nachfrage stimmten nicht überein, sodass ein enormes Überangebot entstand. Viele Bauprojekte mussten gestoppt und Hunderttausende Wanderarbeiter entlassen werden.

Vor diesem Hintergrund ist es nicht verwunderlich, dass die nationale Wohnungsreform von den Städten nur zögerlich und dann auch sehr unterschiedlich umgesetzt wurde.[27] Vor allem mit der Anhebung der Mieten taten sich die Verwaltungen schwer. Im Oktober 1991 wurde auf der 2. Nationalen Wohnungsreformkonferenz beschlossen, die Reformen zu beschleunigen, denn noch rund 4,86 Mio. Haushalte – darunter 328.000 mit weniger als 2 m² Wohnfläche pro Person – litten unter Wohnungsnot.[28]

Abb. 3:   Angestrebtes Wohnungsmarktsystem

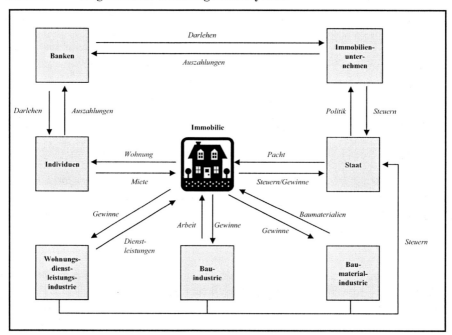

Quelle: Eigene Darstellung nach: Zhong/Hays (1996), S.643.

Einige Staatsunternehmen erhöhten die Mieten auf die Kostenmiete und verkauften die Wohnungen zu Baukosten. Außerdem wurden Wohnungsentwicklungsunternehmen gegründet, die für den Bau, die Verteilung, die Instandhaltung und die Ver-

---

[27]   Vgl. Cheung/Nadelson (1991), S.41.
[28]   Vgl. Lau (1993), S.4.

waltung von Wohnungen zuständig waren.[29] Angestrebt wurde ein marktwirtschaftlich ausgerichtetes Wohnungswesen (siehe Abbildung 3).

Mitte der 1990er-Jahre verzeichnete China auch vermehrt Investitionen in Wohngebäude aus dem Ausland, nachdem verschiedene Maßnahmen zur Anwerbung solchen Kapitals gestartet worden waren.[30] Die Investoren stammten hauptsächlich aus Hongkong, Taiwan oder Übersee. Fokussiert wurden fast ausschließlich Luxuswohnungen für eine ausländische Klientel, obwohl ca. 40 bis 50 Mio. m² Altwohnungen in den Städten vollständig saniert werden mussten[31] und eine weitaus größere Zahl einer dringenden Renovierung bedurfte. Weitere rund 34,3 Mio. m² Wohnfläche sollten aufgrund ihres schlechten Zustandes abgerissen werden.[32] Daher waren Investitionen vornehmlich in den sozialen Wohnungsbau erwünscht.

Die chinesische Regierung reagierte und stellte ihre Genehmigungspolitik um. Der Bau hochpreisiger Luxuswohnungen, der bereits Mitte der 1980er-Jahre zu einem Überangebot geführt hatte,[33] wurde nur noch selten genehmigt. Gleichzeitig wurde mit einer sehr geringen Bau- und Amortisierungsdauer argumentiert, um auch ausländische Investitionen in den sozialen Wohnungsbau umzulenken.

Gegen Ende des 8. Fünfjahresplanes (1991-1995) erhöhte sich die Pro-Kopf-Wohnfläche auf 7,9 m². Für den 9. Fünfjahresplan (1996-2000) war eine durchschnittliche Investition von 4% des Bruttoinlandsprodukts geplant und eine Erhöhung der Wohnfläche auf 12 bis 14 m² pro Kopf.[34]

Abb. 4:   **Wohnfläche pro Kopf in den Städten**

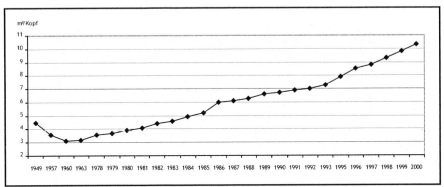

Quelle: Eigene Darstellung nach: Lau (1993), S.3; Schüller (1992), S.353; Schüller (1996), S.865; China Internet Information Center (2002).

---

29 Vgl. o.V. (1994a), S.2.
30 In Guangzhou wurde z.B. das Attracting Foreign Investment Headquarters gegründet. Vgl. Zhang (1998), S.141.
31 Vgl. Zhang (1996), S.4.
32 Vgl. o.V. (1996), S.865.
33 Vgl. Green (1988), S.88.
34 Vgl. Schüller (1996), S.865.

Neue Reformansätze wurden dann im Juli 1998 von der Staatsregierung bekannt gegeben, die einerseits die Entlastung der Danwei und andererseits die Unterstützung der Bevölkerung beinhalteten. Der Staat wollte demnach mehr kostengünstigen Wohnraum für Haushalte mit geringem und mittlerem Einkommen anbieten, direkte Transferleistungen für die Käufer einführen und die Entwicklung neuer Finanzierungsinstrumente forcieren. Danwei sollten nicht mehr länger in Bau, Verteilung und Verwaltung von Wohnraum involviert sein. Die staatlichen Subventionen wurden 1999 in Höhe von 66% des Lohnes in Form von Einzahlungen auf die Bausparkonten der Arbeiter eingeführt.[35]

Anfang Mai 1999 wurde dann schließlich auch der Sekundärmarkt für Wohnungen geöffnet. Wohnungen dürfen seitdem weiterveräußert werden, der Kaufpreis ist Verhandlungssache zwischen Verkäufer und Käufer. Durch diese Bestimmung erhoffte sich die Regierung weitere positive Effekte auch auf dem primären Wohnungsmarkt.[36]

3.2   Neuordnung des Bodenmarktes

Die Bodenordnung in den Städten wurde Anfang der 1980er-Jahre maßgeblich von den Reformerfolgen der Landwirtschaft – insbesondere durch das Produktionsverantwortungssystem – beeinflusst. Letzteres wurde 1979 eingeführt und sah vor, dass Bauern Pachtverträge mit den Kollektiven schließen konnten und für die Landnutzung zahlen mussten.

Unter Beibehaltung des staatlichen Eigentums städtischen Bodens wurden Landnutzungsrechte eingeführt, die zunächst unbefristet und kostenlos staatlichen Agenturen, sozialen Organisationen sowie öffentlichen oder privaten chinesischen Unternehmen zugeteilt wurden. Diese Nutzungsrechte konnten nicht weiterveräußert werden. Aufgrund der kostenlosen Zuteilung wurde – wie bei den städtischen Wohnungen – mehr Boden nachgefragt und auch zugeteilt, als eigentlich einer effizienten Allokation entsprach. Um die erhöhte Nachfrage in den Städten zu befriedigen, wurden die Städte auf die ländlich geprägten Stadtrandgebiete ausgedehnt. Dafür enteignete der Staat oftmals Grundstücke, die jedoch Eigentum der Kollektive waren. Zwar musste der Nutzer für die Entschädigung der enteigneten Kollektive aufkommen, aber in Form staatlicher Aufwendungen für die Erschließung der Grundstücke flossen ihm diese Mittel indirekt wieder zu.[37]

Im Zuge der Öffnungspolitik musste die chinesische Regierung sich auch mit der Frage beschäftigen, wie mit der Nachfrage nach Immobilien seitens der dringend benötigten ausländischen Investoren umzugehen sei. Ein wichtiger Schritt war in diesem Zusammenhang das sog. „Jointventure-Gesetz" von 1979. Darin wurde geregelt, dass bei multilateralen Unternehmenskooperationen die chinesische Seite nach vorheriger Genehmigung durch die lokalen Behörden Bodennutzungsrechte und

---

[35]   Vgl. Wang (2001), S.627f.

[36]   Vgl. Schüller (1999), S.470.

[37]   Vgl. Chen (1990), S.81.

Gebäude als Sacheinlage in das Jointventure einbringen darf.[38] So wurde erstmals seit den 1950er-Jahren wieder erlaubt, den Produktionsfaktor Boden – diesmal als gewährtes Nutzungsrecht – als Aktivposten zu bilanzieren.

Wenn die chinesische Seite keine ihr vom Staat kostenlos gewährten Bodennutzungsrechte in das Jointventure einbringen konnte, musste das neue Gemeinschaftsunternehmen Pachtgebühren an den Staat abführen. Mit Kapitel 7 der „Durchführungsbestimmungen zum Jointventure-Gesetz der VR China"[39] wurde dafür eine Rechtsgrundlage geschaffen.[40] In einem zweistufigen Genehmigungs- und Zuteilungssystem konnte das Jointventure bei der zuständigen Planungsbehörde eine Bewilligung zur Nutzungsüberlassung einholen und bekam dann von der Landverwaltungsbehörde ein entsprechendes Grundstück gegen Zahlung der Pachtgebühr zuteilt. Die Zahlungen waren in der Regel in Devisen zu entrichten.[41] Mit den Einnahmen konnte die Stadt- bzw. Zonenverwaltung wichtige Infrastrukturprojekte finanzieren.

Auch die weiteren bodenrechtlichen Reformansätze wurden größtenteils im Hinblick auf die ausländischen Investitionen durchgesetzt. So wurden verschiedene Städte bzw. Gebiete, sog. Sonderwirtschaftszonen (SWZ), als Versuchspunkte mit für Investoren günstigen Standortbedingungen, aufgebaut. Dazu gehörten Shenzhen, Zhuhai, Shantou und Xiamen, alles Gebiete in unmittelbarer Nähe von Hongkong und Macau. Die örtlichen Verwaltungen erhielten von der Staatsführung freie Hand, nach Bedarf eigene Vorschriften zu erlassen.[42]

Um Investoren von Hongkong, Macau oder Taiwan auf das chinesische Festland abzuwerben, wurden meist vergleichbar günstige Bodenpachten offeriert. Diese beliefen sich z.B. gemäß der „Vorläufigen Vorschriften über die Grundstücksverwaltung der Sonderwirtschaftszone Shenzhen" vom 24.12.1981 auf zwischen 10 und 30 Yuan/m² im Jahr.[43] In der Folge erhielten auch die Städte Shanghai, Guangzhou und Fuzhou die Kompetenz, entsprechende Regelungen für den Bodenmarkt in eigener Verantwortung zu erlassen.

Am 04.12.1982 wurde dann in der Verfassung als rechtliche Grundlage für die neue Bodeneigentumsordnung in der VR China der Art. 10 verankert. Er lautet:[44]

---

[38] §5 Abs.3 „The law of the PRC on Chinese foreign equity joint ventures" vom 08.07.1979 lautet: "The investment contributed by a Chinese party may include the right to the use of a site provided for the equity joint venture during the period of its operation. In case such a contribution does not constitute a part of the investment from the Chinese party, the venture shall pay the Chinese Government a fee for its use."

[39] Erlassen am 20.09.1983.

[40] Vgl. o.V. (1983b), S.621.

[41] Vgl. Bohnet (1995), S.50.

[42] Das Verfahren, Reformen bzw. Gesetze nicht national, sondern zunächst regional zu testen, wurde und wird heute noch von der chinesischen Regierung bevorzugt angewandt. Siehe hierzu die Ausführungen in Fischer (2001), S.57.

[43] Vgl. Kügel (1987), S.754.

[44] O.V. (1983a), S.125.

Abs. 1: Der Boden in den Städten ist Staatseigentum.

Abs. 2: Der Boden auf dem Lande und in den Vororten der Städte ist Kollektiveigentum, mit Ausnahme der Teile, die entsprechend den gesetzlichen Bestimmungen dem Staat gehören. Grundstücke und Parzellen zur privaten Nutzung auf Acker- und Bergland sind ebenfalls Kollektiveigentum.

Abs. 3: Der Staat kann in Übereinstimmung mit den gesetzlichen Bestimmungen Grund und Boden beanspruchen, wenn öffentliche Interessen dies fordern.

Abs. 4: Weder eine Organisation noch ein Individuum darf Grund und Boden in Besitz nehmen, kaufen oder verkaufen, verpachten oder auf andere Weise gesetzwidrig anderen übertragen.

Abs. 5: Alle Organisationen und Individuen, die Boden nutzen, müssen rationell davon Gebrauch machen.

Am System des Gemeineigentums am Boden wurde demnach festgehalten: Das Eigentum an städtischem Grund und Boden übte alleine der Staat aus[45] und die ländlichen Grundstücke blieben Kollektiveigentum.[46] Der Erwerb von Eigentum an Grund und Boden wurde weiterhin ausgeschlossen, und die Bodennutzungsrechte waren zunächst auch nicht weiterveräußerbar.

Da naturgemäß die Verfassung für die Regelung eines Immobilienmarktes nicht ausreichend ist, schufen in den Folgejahren eine Reihe nationaler und regionaler Gesetze und Bestimmungen die Voraussetzung für einen anhaltenden Investitionsboom.

So wurde eine maximale Nutzungsdauer festgelegt, die jedoch von Provinz zu Provinz sehr schwankte.[47] Sie betrug – je nach Verwendungszweck des Investitionsprojektes – 20 bis 50 Jahre (siehe Tabelle 2).

Tab. 2:   **Pachtbestimmungen und Gebühren in Shantou (Werte für Anfang 1983)**

Verwendungszweck	Pachtzeit (Jahre)	Jährliche Pachtgebühren (Yuan/m²)
Industrie	30	35-140
Handel	20	k.A.
Tourismus	30	30-70
Wohnungsbau	50	15-40
Hafen oder Transport	30	k.A.

Quelle: Louven (1983), S.693.

---

[45] Thümmel stellt verblüfft fest, dass es erst ausgerechnet diese, im Zuge der Öffnungspolitik realisierte Verfassungsänderung war, die formal jegliches privates Landeigentum in den Städten endgültig abgeschafft hat. Vgl. Thümmel (1995), S.51.

[46] Probleme ergeben sich allerdings nach wie vor bei der Abgrenzung von städtischem und ländlichem Boden.

[47] Vgl. Chen (1990), S.85

Obwohl die Gebühren noch recht gering waren – sie betrugen 1986 in Shenzhen[48] zwischen 0,20 und 21,00 Yuan/m² – realisierte der Staat bereits hohe Einkünfte durch den Verkauf der Landnutzungsrechte.[49] Vor allen Dingen die Sonderwirtschaftszonen verzeichneten aufgrund ihrer Standortvorteile eine rege Nachfrage und konnten durch die Verpachtung des staatseigenen Landes beträchtliche Gewinne erzielen.[50]

Eine fundamentale Neuerung brachte dann 1986 das „Landverwaltungsgesetz der VR China", in dem die bislang lediglich regional fixierten immobilienrechtlichen Fragen erstmals national umfassend fixiert wurden. Das Eigentum am Boden blieb zwar beim Staat bzw. bei den Kollektiven, nun konnten jedoch landesweit Einzelpersonen bzw. Organisationen Bodennutzungsrechte käuflich erwerben. Dennoch blieben diese Verfügungsrechte zunächst nicht fungibel.

Vor einer möglichen Freigabe der Veräußerbarkeit der Bodennutzungsrechte bediente sich die Staatsführung wieder der üblichen Methode, Reformansätze in regional begrenzten Gebieten zu testen. So wurden am 29.11.1987[51] in Shanghai bzw. am 29.12.1987 in der SWZ Shenzhen – eigentlich entgegen der Verfassung und dem Landverwaltungsgesetz – erste Regeln für die (entgeltliche) Übertragung von Bodennutzungsrechten verabschiedet.[52] Erst auf Grundlage der Pionierarbeit der o.a. Lokalbehörden wurde dann am 12.04.1988 die Verfassung von 1982 der Rechtswirklichkeit angepasst[53] und der Art. 10 Abs. 4 wurde um folgenden Zusatz ergänzt:[54] „Bodennutzungsrechte können gemäß den gesetzlichen Bestimmungen übertragen werden." Außerdem wurde auch das Landverwaltungsgesetz von 1986 revidiert und in § 2 Abs. 3 folgender Passus übernommen: „Das Gebrauchsrecht an Land kann legal übertragen werden."

Zentrale Fragen wie Fristen, Formen der Überlassung, Eigentum an Gebäuden bei Übertragung von Landnutzungsrechten bedurften allerdings noch einer genaueren Regelung. Um diese gesetzgeberischen Lücken auf nationaler Ebene zu schließen, wurden am 19.05.1990 die „Vorläufigen Regeln der VR China für die Überlassung und Übertragung des Gebrauchsrechts an städtischem und kleinstädtischem staatseigenem Land" vom Staatsrat erlassen.[55]

Augrund dieser vergleichsweise weit reichenden institutionellen Neuerungen stellte sich bereits innerhalb eines kurzen Zeitraumes ein Investitionsboom im Immobiliensektor ein. Die Reformen des Immobilienrechts führten aber auch zu teilweise chaotischen Zuständen auf dem neu geschaffenen, chinesischen Immobilienmarkt. Während das Investitionsvolumen im Immobiliensektor allein 1992 um 117%

---

[48] Gem. „Measures on readjusting land use fees and preferential reduction and exemption of land use fees in Shenzhen special economic zone" vom 01.01.1985.

[49] Vgl. Chen (1990), S.84, Fn.58.

[50] Vgl. Louven (1983), S.685f.

[51] Am 01.01.1988 in Kraft getreten.

[52] Vgl. Thümmel (1995), S.152f.

[53] Vgl. Thümmel (1995), S.145.

[54] Vgl. Stricker (1990), S.897.

[55] Vgl. Harnischfeger-Ksoll/Widmer (1995), S.906.

(gegenüber 1991) auf 73,1 Mrd. Yuan (davon rund 6% ausländische Investitionen) anstieg,[56] gab es immer noch kein einheitliches Regelwerk, sondern nur einen Flickenteppich sich teilweise widersprechender regionaler und nationaler Verordnungen. Damit geriet der neu geschaffene Immobilienmarkt ungewollt schnell außer (Staats-)Kontrolle. Als Gründe hierfür sind u.a. zu nennen:

- Die Machtverlagerung zu Gunsten der Städte, Provinzen und Sonderwirtschaftszonen führte zu einem starken Wettbewerb um Investitionen und daher zu einer recht eigenständigen Administration der Bodennutzungsrechte,[57] insbesondere in Bezug auf Nutzungsdauer und Höhe der Erwerbsgebühren.[58]
- Die unübersehbare Zahl von Regionalvorschriften[59] war mit den nationalen Bestimmungen nicht vollständig abgestimmt.[60]
- Es bestand generell Unklarheit über den Fortbestand der regionalen, meist detaillierten Bestimmungen, nachdem die Gesetze auf nationaler Ebene erlassen worden waren. Dies insbesondere im Hinblick darauf, dass in den Sonderwirtschaftszonen aus Gründen der praktischen Notwendigkeit auch heute noch eine verstärkte Gesetzgebungstätigkeit herrscht und daher die nationale Gesetzgebung der regionalen oft hinterherhinkt.

Ein umfassenderes nationales Immobiliengesetz, das für alle regionalen Bestimmungen Normen setzen sollte, war aus diesen Gründen unabdingbar geworden. Das staatliche Bauministerium wurde daraufhin mit der Erstellung eines neuen Immobiliengesetzes beauftragt. Es erarbeitete Anfang der 1990er-Jahre ein Immobiliengesetz, dessen 9. Version von 1993 u.a. folgende Ziele bestimmte:

- Die lokalen Bestimmungen zu vereinheitlichen und zu ergänzen,
- den überhitzten Immobilienmarkt abzukühlen,
- ungewollte Immobilienspekulationen einzudämmen,
- Investoren auf dem Immobilienmarkt zu schützen,
- Immobilientransaktionen sowie die Bewertung und Verwaltung von Grundstücken und Häusern zu regeln,

---

[56] Vgl. o.V. (1993), S.329f.
[57] Vgl. Thümmel (1995), S.145.
[58] So konnte die Stadt Tianjin die bis dahin höchste Investitionssumme eines ausländischen Investors in Höhe von rd. 2 Mrd. US$ für sich gewinnen, nachdem sie die Nutzungsrechte für ein Areal von rd. 5,3 km² an die MGM Development Company für 3,25 US$ pro m² mit einer Nutzungsdauer von 70 Jahren verkaufte. Der Kaufpreis für die Nutzungsrechte ist mit rd. 17,3 Mio. US$ im Verhältnis zur Gesamtinvestition relativ gering und lässt den Schluss zu, dass über den Weg der günstigen Bodenpreise Investitionen angelockt wurden. Vgl. o.V. (1989), S.4f.
[59] Vgl. Thümmel (1994), S.68.
[60] Vgl. Stricker (1995), S.6.

- die Kompetenzstreitigkeiten zwischen der staatlichen Landverwaltungsbehörde[61] und dem Bauministerium im Bereich der Erschließung und Bebauung von Grundstücken zu lösen sowie
- die Lücke an qualifizierten Fachkräften für die Abwicklung von Immobiliengeschäften zu schließen.[62]

Am 05.07.1994 wurde dann durch den 8. Nationalen Volkskongress der VR China das erste umfassende Immobiliengesetz[63] verabschiedet, und zwar das „Gesetz der VR China zur Verwaltung städtischer Immobilien" (fortan „Immobilienverwaltungsgesetz" bzw. IvG). Es trat am 01.01.1995 in Kraft. Dieses Gesetz hat seine Gültigkeit nur in Bezug auf städtischen Boden, der laut Verfassung (Art. 10 Abs. 1) Eigentum des Staates ist. Für das sich im Eigentum der Kollektive befindliche Land außerhalb der Städte existieren bis dato keine vergleichbar ausführlichen Regeln.[64]

Im Vergleich zu den bisherigen Bestimmungen dehnt das neue Immobilienverwaltungsgesetz seinen räumlichen Regelungsumfang auf sämtliche Stadtplanungsgebiete[65] aus. Diese umfassen gem. Art. 3 des „Stadtplanungsgesetzes"[66] nicht nur das Verwaltungsgebiet der Städte, sondern darüber hinaus auch diejenigen Gebiete, die aus Bedürfnissen des Städtebaus und der Stadtentwicklung einer Planungskontrolle bedürfen, also auch nichtstädtische Gebiete, die Kollektiveigentum sind. Weiterhin gilt das Gesetz gem. Art. 71 IvG auch für Bodennutzungsrechte, die außerhalb der Städte zu Entwicklungszwecken an staatlichem Boden begründet werden.[67]

Zusammenfassend lässt sich anmerken, dass das neue Immobilienverwaltungsgesetz nur wenige neue Aspekte enthält. Es fasst im Wesentlichen die seit 1983 erlassenen Verordnungen – insbesondere das Landverwaltungsgesetz und die Vorläufigen Regeln – zusammen, ist jedoch weniger detailliert.

Zuletzt wurde im Jahr 1998 mit der zweiten Revision des Landverwaltungsgesetzes und entsprechenden Ausführungsbestimmungen versucht, noch regelungsbedürftige Lücken im Immobilienrecht zu schließen. Das Landverwaltungsgesetz regelt allerdings hauptsächlich Fragen in Bezug auf Acker- und Bauland und enthält dementsprechend auch Bestimmungen zum Schutz der Ressource Boden.[68]

---

[61] Engl.: State Land Administration Bureau (SLAB).
[62] Vgl. o.V. (1993), S.330.
[63] Vgl. Thümmel (1994), S.69.
[64] Vgl. Stucken (1995), S.4.
[65] Art.2 Abs.1 IvG.
[66] Verabschiedet am 26.12.1989, in Kraft seit dem 01.04.1990.
[67] Vgl. Thümmel (1994), S.69.
[68] Siehe hierzu insbesondere die Ausführungen von Joos (2000), S.1296ff.

4   Rechtliche Rahmenbedingungen des Immobilienmarktes

4.1   Der primäre Immobilienmarkt

Grundsätzlich werden in der VR China der Boden und die sich darauf befindlichen Gebäude rechtlich getrennt voneinander behandelt. Während an Boden nur Nutzungsrechte (engl.: *landuse rights*) erworben werden können, ist es sehr wohl möglich, dass an Gebäuden auch Eigentumsrechte[69] bestehen. Somit unterscheidet sich das chinesische Bodenrecht in einem zentralen Punkt vom deutschen, denn hier fällt das Eigentum an Gebäuden als wesentlicher Bestandteil mit dem Eigentum am sich darunter befindenden Boden zusammen.

Durch den Verkauf von Rechten zur Bodennutzung an Erstnutzer seitens des Staates schuf die Regierung der VR China einen primären Immobilienmarkt. In der Vergangenheit war es nur möglich, Bodennutzungsrechte vom Staat durch Zuteilung zu erhalten oder aber zu pachten. Ein Grundstücksmarkt, auf dem Boden bzw. Bodennutzungsrechte gehandelt werden konnten, existierte daher nicht.

Durch seine Monopolstellung hofft nun der Staat, nicht nur seine Pläne für das Bodenangebot und die Preisstruktur wirksam durchsetzen zu können, sondern er möchte – und muss vor allen Dingen – auch die Investitionsstruktur durch finanzielle Mittel regulieren sowie die gesellschaftlichen und volkswirtschaftlichen Entwicklungen koordinieren.[70] Daraus ergibt sich die Steuerungsfunktion des sekundären Immobilienmarktes.

Bereits im Zuge der Entwurfsarbeiten an den Vorläufigen Regeln von 1990 wurden verschiedene Modelle einer städtischen Bodenordnung diskutiert.

Ein radikaler Vorschlag sah vor, den gesamten städtischen Boden im Wege der entgeltlichen Vergabe dinglicher Nutzungsrechte in einem Zuge zu vermarkten. Das scheiterte nicht zuletzt daran, dass ein Vorhaben solch großen administrativen Ausmaßes in der Praxis wohl nie zu realisieren gewesen wäre. Zudem mangelt es bis heute an einer vollständigen Erfassung des Bodens in entsprechenden Katastern.

In einem weiteren Modell sollte ein Teil des Bodens verkauft und der übrige Boden zunächst unangetastet bleiben,[71] sukzessive aber in entgeltliche Pachtverträge umgewandelt werden.

Letztendlich hat sich ein drittes, vorsichtigeres Modell durchgesetzt, das in den Vorläufigen Regeln von 1990 und später auch im Immobilienverwaltungsgesetz verankert wurde. Landnutzungsrechte können demnach originär sowohl durch Zuteilung als auch gegen Zahlung eines Entgelts überlassen werden, wobei letzteres gem. Art.12 Abs.1 IvG durch zweiseitige Übereinkunft, Gebot (öffentliche Ausschreibung) oder Auktion (Versteigerung) erfolgen kann.

---

[69]   Vgl. Stricker (1995), S.6.
[70]   Vgl. Li (Allseitige Erschließung von Haus- und Grundbesitz, 1992), S.22.
[71]   Insbesondere der für öffentliche Einrichtungen, wie Krankenhäuser, Schulen etc.

4.2 Der sekundäre Immobilienmarkt

Grundsätzlich gilt gem. Art.31 IvG die Einheitlichkeit der Rechtsverhältnisse an Bauwerken und des Landnutzungsrechts. Ein Nutzungsrecht kann nur zusammen mit den sich darauf befindlichen Bauwerken[72] veräußert, belastet oder vermietet bzw. verpachtet werden. Damit wird sichergestellt, dass der Inhaber des Bodennutzungsrechts auch immer der Eigentümer der Bauwerke ist, die sich auf diesem Boden befinden. Trotzdem ist der Grundsatz des Römischen Rechts *superficies solo cedit* dadurch nicht völlig verwirklicht. Das Eigentum am Boden, das der Staat ausübt, und das Eigentum an den Gebäuden fallen weiterhin auseinander.[73]

Die Ausübung der Bodennutzungsrechte war bereits während der Entwurfsarbeiten an den Vorläufigen Regeln von 1990 eines der umstrittensten Themen. Die Auffassungen reichten von völliger Freigabe des Immobilienmarktes bis hin zu einer eher restriktiveren Handhabung von Nutzungsrechten. Ersteres hätte den Immobilienmarkt sicherlich noch mehr beflügelt. Es setzte sich aber schließlich die Ansicht durch, dass dem Staat neben der Erschließung dieser wichtigen Geldquelle auch die Aufgabe zukomme, eine planvolle Erschließung des Landes zu gewährleisten. Insbesondere die spekulativen Tendenzen, die sich bereits zu Anfang der Reformen abzeichneten, sollten unter Kontrolle gebracht werden.[74]

Art.36 IvG definiert als mögliche Arten des derivativen Erwerbs sowohl den Kauf als auch die Schenkung oder eine Übertragung auf andere rechtmäßige Weise.[75] Sie ist jedoch an folgende Bedingungen geknüpft: Der Veräußerer muss seinen Vertragspflichten nachgekommen sein, d.h. vollständige Zahlung der Erwerbsgebühr, Erledigung der Registrierungsformalitäten und Entgegennahme des Landnutzungszertifikates.[76]

Es muss nachgewiesen werden, dass im Falle von Bauprojekten mindestens 25% der geplanten Gesamtinvestitionen realisiert wurden[77] und im Falle von Landentwicklungsprojekten zumindest die infrastrukturelle Erschließung des Bodens vorgenommen wurde. Es handelt sich dabei um eine Regelung, die im Vorfeld bereits in einigen lokalen Bestimmungen aufgenommen worden war, insbesondere um den überhitzen Immobilienmarkt abzukühlen und Immobilienspekulationen zu vermeiden. Auch auf Hainan[78] und in der Provinz Guangdong galt bereits die 25%-Regel, in der SWZ Xiamen belief sich die Mindestinvestitionssumme sogar auf 30%.[79]

---

[72] Als Bauwerke definiert Art.2 Abs.2 IvG Häuser, andere Gebäude oder Infrastruktur, wie Wasserleitungen etc.
[73] Vgl. Thümmel (1995), S.162.
[74] Vgl. Thümmel (1995), S.161.
[75] Dies ist z.B. auch durch Vererbung möglich.
[76] Vgl. Li (1992), S.23.
[77] Diese Regelung wurde von den Bestimmungen der SWZ Hainan übernommen.
[78] Vgl. Thümmel (1995), S.161.
[79] Vgl. o.V. (1994b), S.4.

Diese wurde jedoch mittlerweile dort aus verschiedenen Gründen auf nur noch 20% herabgesetzt.[80]
Von der Regierung werden diverse Steuern und Gebühren erhoben, so u.a. eine Umsatzsteuer und eine Immobilienmehrwertsteuer. Letztere ist vom Veräußerer eines Nutzungsrechtes zu bezahlen. Sie wurde am 01.01.1994 eingeführt und dient als Instrument gegen Preistreiberei. Damit konnten Immobilienspekulationen bereits stark eingeschränkt werden, wodurch es jedoch zeitweise zu einem spürbaren Rückgang der Auslandsinvestitionen kam.

Sollte der Veräußerungspreis niedriger sein als der Ersterwerbspreis, so behält sich die Regierung gem. § 26 der Vorläufigen Regeln ein Vorkaufsrecht vor,[81] um eventuelle Steuerhinterziehung zu vermeiden.[82]

In jedem Falle beschränkt sich das veräußerte Nutzungsrecht maximal auf die Restlaufzeit der Nutzungsdauer (Art.42 IvG). Weiterhin gehen alle mit dem Nutzungsrecht verbundenen Rechte, Pflichten und Beschränkungen auf den Erwerber über (Art.41 IvG). Für eine Änderung des Nutzungszweckes bedarf es eines Genehmigungsverfahrens, das bei der Landverwaltungsbehörde sowie bei der Stadtplanungsbehörde beantragt werden kann. Eventuelle Änderungen werden dann auch im Nutzungsbrief vorgenommen (Art.60 Abs.3 IvG).

Unentgeltlich zugeteilte Landnutzungsrechte können nur mit einer Sondergenehmigung veräußert werden (Art.39 Abs.1 IvG). Diese beschränkt sich dann auch nur auf das im Zuteilungswege vertraglich gewährte – d.h. meist erheblich eingeschränkte – Recht auf Nutzung. Außerdem muss ein eventuell erzielter Gewinn gemäß Art.39 Abs.2 IvG an den Staat abgeführt werden.

5 Aktuelle Probleme des privaten Immobilienmarktes

Die Transformation des Immobilienwesens von einem Wohlfahrtssystem zu einem Immobilienmarkt läuft zwar offensichtlich erfolgreich ab, es lassen sich aber auch viele Lenkungs- und Koordinationsprobleme erkennen.

5.1 Inflexibilität des Angebots

Die Unterversorgung der Bevölkerung mit Wohnraum sollte durch die Reformen beseitigt werden. Dementsprechend wurden die Danwei in die Pflicht genommen, eigenverantwortlich in den Wohnungsbau zu investieren und den Mitarbeitern zu verkaufen oder zumindest kostendeckend zu vermieten. Dies führte jedoch zu einer Inflexibilität des Immobilienangebots, denn das Wohnraumangebot einer bestimmten Danwei stand nur den eigenen Mitarbeitern zur Verfügung. Verließ ein Mitarbeiter die Danwei bedeutete dies zwangsläufig auch, dass die Wohnung gekündigt

[80] Vgl. Stephan (1996), S.11.
[81] Vgl. Thümmel (1995), S.164.
[82] Vgl. Li (1992), S.23.

oder wieder zurückgegeben werden musste. Der Staat hat keinen direkten Zugriff, um die Nachfrage besser auf das Angebot zu verteilen, da die Danwei quasi zwischengeschaltet sind.[83]

Ein großes Problem nach der Liberalisierung des Immobilienwesens war, dass die neuen kommerziellen Wohnungsbauunternehmen nicht die Nachfrage bedienten, um die es der Staatsregierung eigentlich ging. Es existierte neben dem eklatanten Wohnraummangel der chinesischen Bevölkerung auf dem Festland ebenfalls die Nachfrage aus dem Ausland, insbesondere von Chinesen aus Übersee und den asiatischen Gebieten mit starker chinesischer Bevölkerung, wie z.b. Hongkong, Taiwan oder Indonesien.

Rund die Hälfte des Wohnraums wurde von den kommerziellen Unternehmen für diese Nachfrage produziert, und dies mit Billigung und Unterstützung der Verwaltungen. Dabei waren Qualität und Preis für chinesische Verhältnisse überdurchschnittlich hoch, da sie sich an der Nachfrage aus dem Ausland richteten. Dieser sog. „Export" von Wohnraum führte zu einer schnellen Überhitzung des Immobilienmarktes.

Die normale chinesische Bevölkerung konnte sich die teuren kommerziell errichteten Wohnungen nicht leisten. Gleichzeitig mussten die Danwei aber auch Wohnraum von kommerziellen Wohnungsbauunternehmen erwerben, da ihnen die Baubudgets gekürzt worden waren, sie jedoch trotzdem für die Versorgung ihrer Mitarbeiter mit Wohnraum verantwortlich waren. Die Danwei kauften demnach Wohnungen zu hohen, oftmals auch überhöhten Preisen und verkauften sie anschließend an die Mitarbeiter zu weitaus niedrigeren Preisen. Des Weiteren verlangten die kommerziellen Wohnungsbaufirmen von Danwei höhere Preise als von Einzelpersonen. So lag der Durchschnittspreis pro m² Wohnraum im Jahr 1992 bei 1.126,46 Yuan für Danwei und 186,13 Yuan für Individuen.[84]

Dies führte dazu, dass die chinesische Regierung zwar große Einnahmen aus dem Wohnungsbau erwirtschaftete, gleichzeitig bedeutete dies für die Danwei jedoch eine starke finanzielle Belastung. Oftmals wurden dann die Defizite aus dem Immobilientransfer aus Produktions- und Technologiebudgets beglichen. Das bedeutete gleichzeitig, dass für die Entwicklung der eigenen Produkte und des Unternehmens zu wenig finanzielle Mittel übrig blieben, um konkurrenzfähig zu bleiben.

Andererseits wurde die Funktion des Marktes, auf dem sich Angebot und Nachfrage treffen, ausgehebelt. Denn das Immobilienangebot richtete sich nicht nach dem mit finanziellen Mitteln ausgestatteten Bedarf der normalen Bevölkerung, sondern nach der vom Staat (quer)subventionierten Nachfrage.

---

[83] Vgl. Zhang (1998), S.102.
[84] Vgl. Zhang (1998), S.160f.

5.2   Immobilienspekulationen

Die anfangs chaotischen Zustände auf dem neu geschaffenen Immobilienmarkt lockten schnell Immobilienspekulanten an. Dabei waren insbesondere zwei Verfahrensweisen zu beobachten:

- „Braten der Erdhaut": Landnutzungsrechte wurden mit vorwiegend ausländischem Kapital in guten Lagen angekauft und die Grundstücke dann brach liegen gelassen. Ziel war, Preissteigerungen abzuwarten, um dann ohne größere Investitionsrisiken durch den Weiterverkauf einen Profit zu realisieren. Auf diese Praxis reagierte die Regierung mit dem Immobilienverwaltungsgesetz und definiert nun in den Grundstücksverträgen genaue Investitionsbeträge, -zwecke und -zeiträume, an die sich der Käufer zu halten hat. Hält er diese nicht ein, kann die Verwaltung das Nutzungsrecht entschädigungslos einziehen.
- „Verkauf von Gebäudeblüten": Dabei handelt es sich eigentlich um ein auch im Westen übliches Finanzierungsinstrument. Eigentumswohnungen werden noch im Baustadium oder während der Planungsphase an Interessenten verkauft. In der Regel wird der Kaufpreis jedoch erst im Zuge der Fertigstellung verschiedener Baustufen in Raten fällig. In China nutzten Spekulanten die Unwissenheit und Leichtgläubigkeit vieler Käufer aus und verkauften solche „Gebäudeblüten", die später allerdings nie gebaut wurden, da der Bauträger zwischenzeitlich insolvent geworden war. Der gezahlte Kaufpreis allerdings war mit den Baufirmen verschwunden. Andere Spekulanten kauften sich im Bau befindliche Wohnungen zu einem günstigen Preis und verkauften diese bereits kurz danach mit hohen Gewinnen weiter.

5.3   Verminderte staatliche Einnahmen

Um Wohnraum auch für Haushalte mit geringem und mittlerem Einkommen erschwinglich zu machen, entwickelte die Regierung Ende der 1990er-Jahre aus dem bereits bestehenden Sozialwohnungsbauprojekt „anju" (= friedliches Leben) einen neuen Ansatz zum Bau von Wohnungen, die sich die Zielgruppe leisten konnte („affordable housing"). Bei diesen Bauprojekten verzichteten die lokalen Behörden auf die Erhebung der Landnutzungsgebühr, gleichzeitig wurden die Renditen jedoch unter 3% gehalten und Instruktionen zur Reduzierung der Produktionskosten erlassen. Bauträger erhielten für diese Bauprojekte staatliche Darlehen.

Ein Grund für den politischen Fokus auf dem Sozialwohnungsprogramm war insbesondere auch die Asienkrise, die die Regierung zwang, für den Export alternative Wachstumsmotoren für die Binnenwirtschaft zu entwickeln. Ziel war es wieder einmal, einen Teil der Spareinlagen der Bevölkerung in Investitionen umzuwandeln.

Obwohl es sich um staatlich unterstützte Bauprojekte handelt, sind die Preise dieser kommerziell erstellten Neubauwohnungen immer noch weitaus höher als die Altbauwohnungen, die von den Danwei und Verwaltungen zu Standardpreisen veräußert werden. Die Kaufpreise lagen im Jahr 1999 in Beijing je nach Lage zwischen 2.350 und 4.450 Yuan/m² und waren für viele Haushalte kaum bezahlbar.

Schließlich ist der kommerzielle Sozialwohnungsbau nur dank des Verzichts der Verwaltung auf die Landnutzungsgebühren und einen Großteil anderer Gebühren, wie Planungs- und Registrierungsgebühren, möglich. Der Verzicht auf diese Einnahmen stellt eine starke finanzielle Belastung der lokalen und staatlichen Verwaltung dar, wenn man bedenkt, dass Anfang der 1990er-Jahre erhebliche Kaufpreise mit Landnutzungsrechten erzielt werden konnten.

5.4   Einbindung des Staates in den Immobilienmarkt

Nach wie vor ist der Staat durch Transferzahlungen, die Steuerung des Wohnraumangebots und staatliche Baufinanzierungen sehr stark in die wirtschaftlichen Prozesse auf dem chinesischen Immobilienmarkt involviert. Anhand der Baufinanzierungen soll dies erläutert werden.[85]

Es existieren hauptsächlich zwei Wohnungsbaufonds in China, und zwar den Wohnungsbaufonds der Danwei (Work Unit Housing Fund) sowie die Wohnungsbauunterstützungskasse (Housing Provident Fund) der Arbeitnehmer.

In die Wohnungsbaufonds der Danwei fließen Mieten, Erlöse aus dem Verkauf von Wohnungen der Danwei und staatliche Transferzahlungen. Die Fonds werden bei der staatlichen China Industrial and Commercial Bank (CICB) geführt und vom Municipal Housing Funds Management Centre (MHFMC) verwaltet. Jede Verfügung durch die Danwei wird vorher auf ihre Zulässigkeit geprüft. Dazu gehören der Kauf oder Neubau von Wohnungen oder Instandhaltungsarbeiten. Danwei können des Weiteren von der CICB Baudarlehen erhalten, deren Höhe sich nach der jeweiligen Einlage richtet.

In den Housing Provident Fund zahlen Arbeitgeber und Arbeitnehmer monatlich rund 5% bis 8% des Lohns. Diese Bausparkonten werden von der staatlichen China Construction Bank (CCB) geführt und ebenfalls von der MHFMC verwaltet. Die Bausparkonten können nur bei Wegzug aus der Stadt, im Todesfall oder bei Erreichung des Rentenalters geschlossen werden. Diese Fonds werden für zwei Zwecke verwendet: Erstens werden Baudarlehen an Danwei, Wohnungsbaukooperativen oder andere Bauträger vergeben. Zweitens können die Arbeitnehmer mit den Einlagen Wohnraum kaufen, Darlehenszinsen zahlen, Wohnraum bauen oder die Miete zahlen, falls diese 5% des Haushaltseinkommens übersteigt.

Die Höhe der Darlehen sowie die Vertragsdauer hängen davon ab, ob der Arbeitnehmer eine Wohnung der Danwei oder eine kommerzielle Wohnung kauft. Im ersten Fall werden 90% des Kaufpreises – höchstens jedoch das 15fache der Einlage – für maximal 30 Jahre zur Verfügung gestellt, im letzteren Fall 80% – höchstens jedoch das 10fache der Einlage – für maximal 20 Jahre. Grundsätzlich erhält aber nur derjenige ein Darlehen, der auch in den Housing Provident Fund eingezahlt hat. Federführend ist auch hier wieder der MHFMC. Im Übrigen zahlen in der Regel

---

[85]   Vgl. Wang (2001), S.634ff.

private – vor allem ausländisch finanzierte – Unternehmen weitaus höhere Beiträge in die Fonds ihrer Mitarbeiter, um so qualifiziertes Personal an sich zu binden. Diese Mitarbeiter sind es größtenteils auch, die von den Darlehensangeboten Gebrauch machen, um kommerziell errichtetes Wohneigentum erwerben.

Als Sicherheit gilt selbstverständlich die Wohnung. Darüber hinaus muss der Käufer aber auch noch die Bürgschaft eines Dritten – üblicherweise seiner Danwei – vorlegen.

Um die Nachfrage an Wohneigentum zu steigern, senkte die chinesische Regierung zwischen 1996 und 1999 die Zentralbankzinsen sieben Mal und vereinfachte die Darlehenskonditionen. Außerdem wurde die maximale Darlehnsvertragsdauer für den Erwerb kommerziellen Wohnraums von 20 auf 30 Jahre erhöht. Weiterhin führte die Zentralregierung eine 20%ige Zinssteuer ein, um die Sparguthaben in den Wohnungsbau zu lenken. Schließlich wurde der Sekundärmarkt für Wohnraum im Jahr 1999 offiziell freigegeben in der Hoffnung, dass Eigentümer ihre Wohnung weiterveräußern, um sich eine bessere und/oder größere Wohnung zu kaufen.

Es wird deutlich, dass der ganze Prozess des Wohnungskaufs nach wie vor stark staatlich kontrolliert und reguliert ist. Der Staat beschränkt sich nicht darauf, institutionelle Rahmenbedingungen zu schaffen, sondern versucht gezielt, Angebot und Nachfrage zu steuern. Dies geschieht direkt durch die Zentralregierung oder indirekt über die staatlichen Banken, die Zentralbank, den MHFMC und schließlich auch über die Danwei.

Wie immer bei staatlichen Eingriffen kommt es auch in China zu ungewollten Fehlentwicklungen. Im dargestellten Beispiel haben Haushalte mit hohem Einkommen und einer Beschäftigung in der Privatwirtschaft Vorteile gegenüber den Haushalten mit niedrigem oder mittlerem Einkommen. Denn Letztere akkumulieren die Einlagen in den genannten Wohnungsbaufonds, sind aber kaum in der Lage, sich jemals entsprechenden Wohnraum zu kaufen. Gleichzeitig profitieren die Haushalte mit hohem Einkommen von den günstigen Darlehnsbedingungen und Zinsen. Das vom Staat anvisierte Ziel wurde offensichtlich verfehlt. Die Schere zwischen Arm und Reich geht weiter auseinander.[86]

5.5 Bürokratismus

In vielerlei Hinsicht sind die Transaktionen auf dem Immobilienmarkt zu sehr reglementiert. Ein Beispiel: Der Käufer von Landnutzungsrechten muss den Kauf sowohl bei der State Land Administration als auch bei dem Property Management Department registrieren lassen. Beide Behörden prüfen den Verkauf und den Kaufpreis und vermessen das Grundstück. Die Aufgaben beider Behörden überschneiden sich und verzögern einen schnellen Immobilientransfer unnötig.

---

[86] Vgl. Wang (2001), S.642.

5.6 Fehlende Marktinformationen sowie Unkenntnis der Behörden

Unerlässlich für einen funktionstüchtigen Markt ist der möglichst uneingeschränkte Zugriff auf Informationen. In China ist gerade dies mit Schwierigkeiten behaftet. Während in westlichen Ländern Informationen über Immobilien relativ einfach über Makler, Behörden, Informationsanbieter oder die Presse zu erhalten sind, werden in China die entsprechenden Informationen von den zuständigen Behörden kontrolliert. Von dort werden sie entweder gar nicht veröffentlicht oder, wenn doch, ist ihre Richtigkeit kaum überprüfbar. Dies hat zwei Gründe: Erstens ist eine systematische Erfassung und Aufbereitung der Daten noch im Aufbau. Zweitens sind die Verantwortlichen nach den vielen Jahren der Informationszurückhaltung unsicher, welche Daten überhaupt veröffentlicht werden könnten. So werden im Zweifelsfall keine Informationen weitergegeben, um nicht einen Fehler zu begehen.

Die Stadtplanungsbehörden können noch nicht auf einen großen Erfahrungsschatz zurückgreifen, der den gesellschaftlichen Entwicklungen und der Marktnachfrage gerecht wird. Sie orientieren sich nach wie vor an Standardvorgaben und sind unflexibel.

5.7 Unsichtbarer bzw. schwarzer Markt

Das zweigleisige Landnutzungssystem, d.h. das Nebeneinander von *allocated landuse rights* und *leased landuse rights*, hat einen sog. unsichtbaren Markt entstehen lassen. Dabei handelt es sich um Landnutzungsrechte, die von dem Inhaber weiterveräußert werden, obwohl dies lediglich zugeteilte Landnutzungsrechte sind. Diese wurden größtenteils Anfang der 1980er-Jahre kostenlos Staatsunternehmen zugeteilt. Eine Weiterveräußerung ist rechtlich nicht möglich. Das hindert die betreffenden Unternehmen jedoch nicht, dies trotzdem zu tun und entsprechende Verkaufspreise einzunehmen. Die Verfolgung dieser rechtswidrigen Transaktionen ist äußerst mühsam und kostenintensiv. Oftmals werden die Entscheidungsträger in den Behörden auch bestochen.

Grundsätzlich kann der Kauf von *allocated landuse rights* nachträglich dadurch geheilt werden, dass die Landnutzungsrechte in *leased landuse rights* umgewandelt werden und die entsprechende Gebühr an die Landverwaltungsbehörde gezahlt wird. Im Zweifelsfall muss demnach ein Käufer zwei Mal für das gleiche Grundstück zahlen, wenn er sich nicht vorher gründlich über die Eigentumsverhältnisse informiert hat. Da Grundstücke auf diesem schwarzen Markt günstiger sind als entsprechende von der Landverwaltungsbehörde direkt angebotene, entgehen dem Staat wichtige Einnahmen.

5.8 Korruption/*guanxi*

Entscheidungsträgern in den Landverwaltungsbehörden ist es eigentlich untersagt, privaten Vorteil aus ihren Machtpositionen zu ziehen. Trotzdem kommt es aber vielfach vor, dass Landnutzungsrechte für Investitionszwecke verkauft werden, die der Entwicklungsplan nicht vorsieht, oder dass Genehmigungen erteilt werden, wo sie nicht erteilt werden dürften.

Weiterhin nutzen staatliche Verwaltungen oder Agenturen öffentliche Gelder, um bei Auktionen den höchsten Bieter zu überbieten, und erstehen damit Landnutzungsrechte meist für einen unwirtschaftlichen hohen Preis. Dieses Vorgehen entspricht nicht den Voraussetzungen für einen funktionstüchtigen Immobilienmarkt, denn damit wird der Wettbewerb eingeschränkt.

5.9   Unvorteilhaftes Miet-Kaufpreis-Verhältnis

Da der überwiegende Großteil der vermieteten Wohnungen noch in staatlichem Eigentum ist und privates Wohneigentum oftmals selbst genutzt wird, ist das Mietniveau nach wie vor staatlich reglementiert. Wie bereits in den vorangegangenen Kapiteln dargestellt, wurden zwar mehrfach Anstrengungen unternommen, die Mieten anzuheben, letztendlich sind die Ergebnisse jedoch bisher recht mager. Die Mieten sind regional immer noch sehr gering, wohingegen die Kaufpreise für kommerziellen Wohnraum im Verhältnis zum Einkommen eines durchschnittlichen Haushalts relativ hoch sind. Das Ergebnis ist ein ungünstiges Verhältnis von Miete zu Kaufpreis (Price-Rent-Ratio).

Hinzu kommt, dass weite Teile der Bevölkerung nicht einsehen, dass sie ihre Wohnung nun käuflich erwerben oder eine marktgerechte Miete zahlen sollen. Denn die Mieter haben teilweise Jahrzehnte lang auf einen Teil ihres Einkommens verzichtet und dafür den Wohnraum zugeteilt bekommen. Darüber hinaus sind die Wohnungen oftmals nicht in bester Verfassung und es sind kaum sanitäre Einrichtungen oder Zentralheizung vorhanden.

Die Motivation, entsprechend höhere Mieten zu zahlen oder bei gleich bleibender Miethöhe die bisherige Wohnung zu erwerben, ist in der chinesischen Bevölkerung gering. Andererseits ist ein Großteil der Bevölkerung finanziell nicht in der Lage, kommerziell erstellten Wohnraum zu kaufen.

6   Ausblick

Die VR China hat in den letzten beiden Jahrzehnten enorme Schritte auf dem Weg zu einem funktionstüchtigen Immobilienmarkt unternommen. Die gradualistische Herangehensweise war dabei sicherlich auch nur deshalb erfolgreich, da sie durch massive Investitionen von Auslandschinesen alimentiert wurde.

Dennoch befindet sich China immer noch auf dem Weg. Marktmechanismen sind nach wie vor nicht in allen Bereichen umgesetzt. Das Privateigentum an Grund uns Boden existiert nicht. Und wichtigen Infrastrukturprojekten gehen regelmäßig Zwangsumsiedlungen voraus, die mit westlichem Verständnis schwer vereinbar sind.

Der Blick in die Zukunft ist letztlich aber positiv, denn die notwendigen Maßnahmen wurden frühzeitig erkannt und auch umgesetzt. Auf diese Weise ist es der chinesischen Regierung gelungen, die Versorgung der Bevölkerung mit Wohnraum und der Wirtschaft mit Produktionsflächen aufrechtzuerhalten und somit auch die Basis für den eigenen Machterhalt zu bewahren.

7 Literaturhinweise

Adler, Solomon (1957): *The Chinese Economy*, London

Bohnet, Armin (1995): *Kooperationsmöglichkeiten deutscher Unternehmen in der VR China*, Berichte zur Wirtschafts- und Gesellschaftspolitik Chinas, Nr.20, Gießen, März 1995

Chen, Aimin (1998): "China's Urban Housing Market Development: problems and prospects", in: *Journal of Contemporary China*, Vol.17, Nr.7, S.43-60

Chen, Jean Jinghan/Wills, David (1996): "Urban housing reform in China – policies and performance", in: *Building research and information*, Vol.24, Nr.5, 1996, S.311-317

Chen, Ke (1993): "From Providing to Supporting – An Alternative Approach to State Housing Provision in China", in: *Open House International*, Vol.18, Nr.4, 1993, S.35-40

Chen, Tung-Pi (1990): "Emerging Real Estate Markets in Urban China", in: *International Tax & Business Lawyer*, Vol.8:78, 1990, S.78-103

Cheung, Tai Ming/Nadelson, Robert (1991): "A home of your own", in: *Far Eastern Economic Review*, 08.08.1991, S.40-42

China Internet Information Center (2002): *Fläche der neu gebauten Wohnungen und die Wohnbedingungen der Stadt- und Landbewohner*, http://www.china.org.cn/german/shuzi-ger/rm/htm/biao/10-27.htm, Zugriff am 30.07.2003

Christiansen, Flemming (1986): "An analysis of recent development in China's land legislation: some new trends in chinese land ownership and land use", in: *China Information*, Vol.1, Nr.3, 1986, S.20-31

Damaschke, Adolf (1931): „Zum Bodengesetz der Republik China vom 30. Juni 1930", in: Adolf Damaschke (Hrsg.): *Jahrbuch der Bodenreform*, 27. Band, Heft 1, 05.05.1931

Fischer, Doris (2001): „Chinas „Großer Sprung" in die Globalisierung: Der WTO-Beitritt und seine Auswirkungen auf die chinesische Wirtschaftspolitik", in: *Berliner China-Hefte*, Nr.20, Mai 2001, S.47-65

Fong, Peter K.W. (1989): "Housing Reform in China", in: *Habitat International*, Vol.13, Nr.4, 1989, S.29-41

Green, G. Hayden (1988): "Real Estate in the People's Republic of China", in: *Real Estate Review*, Vol.18, Nr.3, 1988, S.86-91

Harnischfeger-Ksoll, M./Widmer, Ralf (1995): „Das neue Gesetz der VR China über die Verwaltung von städtischem Grundeigentum", in: *Recht der internationalen Wirtschaft* (RIW), 1995, Heft 11, S.905-913

Hopp, Klaus-Peter (1995): „Vertragsrecht für ausländische Investitionen in der VR China", in: *Recht der internationalen Wirtschaft* (RIW), Heft 1, 1995, S.31-34

Joos, Beatrix Leonie (2000): „Das Landverwaltungsgesetz der VR China", in: *CHINA aktuell*, November 2000, S.1296-1311

Kraus, Willy (1979): *Wirtschaftliche Entwicklung und sozialer Wandel in der VR China*, Berlin

Kügel, J. Wilfried (1987): „Die neuen Bestimmungen zur Förderung ausländischer Investitionen in der VR China", in: *Recht der internationalen Wirtschaft* (RIW), Heft 10, 1987, S.750-759

Lau, Kwok-yu (1993): "Urban Housing Reform in China amidst Property Boom year", in: *China Review*, 1993, Kap. 24, S.1-35

Lewin, Günter (1973): *Die ersten fünfzig Jahre der Song-Dynastie in China*, Veröffentlichungen des Museums für Völkerkunde zu Leipzig, Heft 23, Berlin 1973

Li, Ning (1992): „Allseitige Erschließung von Haus- und Grundbesitz", in: *Beijing Rundschau*, Jg.29, Nr.45, 10.11.1992, S.20-24

Lim, Gill-Chin/Lee, Man-Hyung (1993): "Housing Consumption in Urban China", in: *Journal of Real Estate Finance and Economics*, Vol.6, Nr.1, 1993, S.89-102

Louven, Erhard (1983): „Die Wirtschaftssonderzonen der Volksrepublik: Entwicklungs- und Modernisierungsprobleme", in: *CHINA aktuell*, November 1983, S.682-696

Louven, Erhard (1987): „Reform des Wohnungsbausystems soll in zehn Jahren beendet sein", in: *CHINA aktuell*, September 1987, S.724-725

Ma, Laurence J.C. (1982): "Urban Housing Supply in the People's Republic of China", in: *Urban development in modern China*, 8. Kapitel, Westview Special Studies on China and East Asia, 2. Aufl., Boulder, 1982, S.222-259

o.V. (1983a): „Verfassung der Volksrepublik China", in: *CHINA aktuell*, Februar 1983, S.121-131

o.V. (1983b): „Bestimmungen über die Durchführung des Gesetzes der Volksrepublik China über Gemeinschaftsunternehmen mit chinesischer und ausländischer Investitionsbeteiligung", in: *CHINA aktuell*, Oktober 1983, S.618-625

o.V. (1989): „Amerikaner pachten Boden in Tianjin", in: *Beijing Rundschau*, Jg.26, Nr.34, S.4-5

o.V. (1993): „Rasche Entwicklung des Immobiliensektors", in: *CHINA aktuell*, April 1993, S.329-330

o.V. (1994a): "Urban housing reform", in: *China news analysis*, Nr.1517, 01.09.1994, S.1-10

o.V. (1994b): „China Property", in: Deutsche Außenhandelskammer Hongkong (Hrsg.): *GB Aktuell* (German Business Aktuell), Februar 1994, S.2-8

o.V. (1996): „Mehr Konsumenten interessieren sich für Wohnungseigentum", in: *CHINA aktuell*, September 1996, S.865

Ping, Chu-Kiangyin (1933): „Bodenreform in China", in: Adolf Damaschke: *Jahrbuch der Bodenreform*, Band 29, 4.Heft, 08. November 1933, S.145-181

Ruso, José Luis Outes (1976): *Bodenreform und ökonomische Entwicklung in Indien und der VR China in historischer Perspektive unter besonderer Berücksichtigung der Agrarpolitik der Kommunistischen Partei Chinas beim Übergang zum chine-*

sischen Sozialismus, Dissertation, Rheinisch-Westfälische Technische Hochschule Aachen

Schüller, Margot (1992): „Reform des Wohnungsmarktes auch in Beijing", in: *CHINA aktuell*, Juni 1992, S.352-353

Schüller, Margot (1996): „Mehr Konsumenten interessieren sich für Wohneigentum", in: *CHINA aktuell*, September 1996, S.865

Schüller, Margot (1999): „Fortschritte bei der Wohnungsreform", in: *CHINA aktuell*, Mai 1999, S.470

Stephan, Katherine (1996): "No more run-around", in: *China Trade Report*, Juli 1996, S.11

Stricker, Sabine (1990): „Neue Entwicklungen zum Immobilienrecht der Volksrepublik", in: *Recht der internationalen Wirtschaft* (RIW), Heft 11, 1990, S.897-901

Stricker, Sabine (1995): „VR China Immobilienrecht", in: BfAI (Hrsg.): *Internationales und ausländisches Wirtschafts- und Steuerrecht*, Köln

Stucken, Bernd-Uwe (1995): „Erwerb von Landnutzungsrechten – Das System der Landnutzungsrechte nach den jüngsten Reformen", in: *Wirtschaftswelt China*, Nr.3, 1995, S.4-5

Thümmel, Martin (1994): „Das neue städtische Immobilienverwaltungsgesetz vom 05.07.1994", in: *Newsletter der Deutsch-Chinesischen Juristenvereinigung*, Heft 4, 1994, S.68-72

Thümmel, Martin (1995): *Bodenordnung und Immobilienrecht in der Volksrepublik China*, Hamburg

Wang, Ya Ping/Murie, Alan (1996): "The Process of Commercialisation of Urban Housing in China", in: *Urban Studies*, Vol.33, Nr.6, 1996, S.971-989

Wang, Ya Ping (2001): "Urban Housing Reform and Finance in China", in: *Urban Affairs Review*, Vol.36, Nr.5, 2001, S.620-645

Zhang, Wenxian (1991): "Strategies for the Development of Urban Housing Merchandising in China", in: *International Journal of Social Economics*, Vol.18, No.8-10, 1991, S.141-144

Zhang, Xing Quan (1998): *Privatisation: A Study of Housing Policy in Urban China*, New York

Zhang, Zeyu (1996): „Ausländische Investitionen in den Wohnungsbau begrüßt", in: *Beijing Rundschau*, Jg.33, Nr.11, 12.03.1996, S.4

Zhong, Yi Tong/Hays, R. Allen (1996): "The transformation of the urban housing system in China", in: *Urban affairs review*, Vol.31, Nr.5, Mai 1996, S.625-658

Zhu, Yi (1987): „Der Wohnungsbau bis zum Jahr 2000", in: *Beijing Rundschau*, Nr.17, 28.04.1987, S.16-20

Wachstumspotenziale realisieren durch Sourcing in China

Adrian Seeger

1 Die Reduzierung der Wertschöpfungstiefe – ein ungebrochener Trend

Unternehmen reduzieren die eigene Wertschöpfung in einem noch nie bekannten Umfang. Quer durch alle Branchen beträgt die Wertschöpfung heute nur noch 40-50%. Ein Blick in die Praxis unterstreicht diesen Trend eindrucksvoll:

- Hewlett Packard hat seine Produktion komplett ausgelagert,
- der Sportartikelhersteller Adidas folgt Nike und konzentriert sich ausschließlich auf F&E sowie Marketing,
- die Pharmaunternehmen Aventis, Bayer und Merck – mit traditionell hohen eigenen Wertschöpfungstiefen – vertrauen ihre Produktion gentechnischer Arzneimittel-Spezialisten wie Boehringer Ingelheim an,
- Stahl erzeugende Unternehmen wie Thyssen Stahl oder Hüttenwerke Krupp Mannesmann (HKM) konzentrieren sich auf ihre Corporate Functions und lagern vermehrt Non-Corporate-Functions an Spezialisten aus.

Der verbleibende Teil der Wertschöpfung wird zugekauft, was einen immensen Bedeutungszuwachs des Einkaufs bedeutet, indem ihm aufgrund hoher Zukaufanteile ein großer Hebel zur Kosteneinsparung und damit zur Generierung von Wachstumspotenzialen obliegt. Eine einprozentige Reduzierung der Einkaufsvolumina entspricht beispielsweise im Maschinenbau einer Verbesserung des Betriebsergebnisses um über 10%, im Handel oder im Bau sogar einer Verbesserung von über 30%. Über alle Branchen betrachtet beträgt die durchschnittliche EBIT-Verbesserung 18% bei einer einprozentigen Reduzierung des Einkaufsvolumens.

Abb. 1: Veränderung der Wertschöpfung und des Einkaufsvolumens

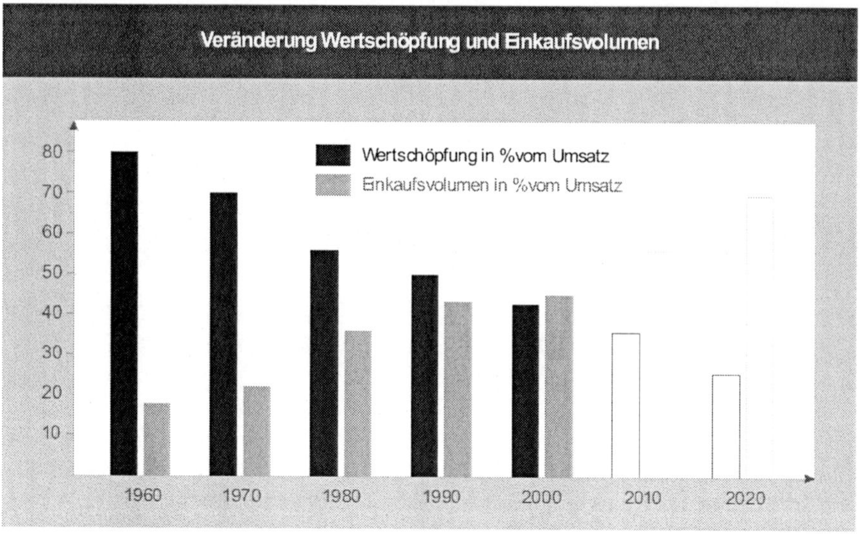

Quelle: Eigene Darstellung.

2 Der Paradigmenwechsel vom Einkauf zum Supply Management

Der klassische Einkauf hat sich auf diese Veränderungen in den vergangenen Jahren eingestellt und verstärkt Managementkonzepte weiterentwickelt. Das traditionelle Verständnis – zu einem bestimmten Zeitpunkt einen definierten Bedarf zu decken – ist jedoch bis heute ungebrochen, obwohl diese rein administrative Beschreibung schon lange nicht mehr ausreicht, um die notwendigen Aufgaben zu definieren. Der Einkauf und die Beschaffung müssen heute vielmehr als übergreifender Managementansatz verstanden werden, der interne als auch externe Wertschöpfungsketten managt. Die Umbenennung der amerikanischen National Association of Purchaising Management in Institute for Supply Management[TM] im Jahre 2002 bestätigt diesen Wandel deutlich.

Im Zentrum dieses neuen Verständnisses stehen sowohl wirtschaftliche als auch technische Aktivitäten, um Potenziale aus ungebundenen Lieferantenbeziehungen, aber auch Chancen aus langfristig orientierten Partnerschaften zu generieren. Die damit einhergehende (neue und stark wachsende) Komplexität in Funktion und Prozess mündet im Supply Management und stellt neue Anforderungen an die Strategie, die Prozesse, die Qualifikation und den Markt. Viele Arbeitsweisen kommen auf den

Prüfstand und werden mit immer höheren Geschwindigkeiten angepasst oder neu entworfen.

3 Global Sourcing – eine Kernfunktion des Unternehmens

Die zunehmende Globalisierung stellt die Unternehmen und speziell ihren Einkauf vor eine neue Wettbewerbsdimension: Aus oligopolistischen (Anbieter-)Märkten wird plötzlich vollständige Konkurrenz. Die steigende Informationstransparenz über potenzielle Anbieter beschleunigt diesen Prozess. Gleichsam haben viele Unternehmen jedoch bis heute keine Vorstellung von Global Sourcing – schon gar nicht in Asien –, obwohl erhebliche Lohnkostenvorteile bekannt sind. Bis zum heutigen Tage beschafft mehr als die Hälfte der deutschen Unternehmen nur knapp 25% ihres Bedarfs im Ausland. Lediglich 2% der Unternehmen – meist große Unternehmen – sourcen über 75% im Ausland. Große Unternehmen gehen dabei weiter und haben damit begonnen, ganze Wertschöpfungsstufen auszulagern. Mittelständischen und kleinen Unternehmen fehlen hierzu oft das Know-how oder die Finanzmittel zur Lokalisierung von Standorten oder Wertschöpfungspartnern. Sprach- und Kulturbarrieren vervollständigen dieses Problem. Um den Produktionskostenvorteil aufzuholen, greifen sie daher häufig auf bewährte Mittel der Effizienzsteigerung oder Kostensenkung, obwohl diese Hebel kaum noch hohe Potenziale bieten. Sie müssen daher auf kurze Sicht damit starten, den größten Hebel zur Potenzialrealisierung – die Einkaufskosten – zu beeinflussen. Global Sourcing ist dabei der entscheidende Stellhebel, der das Streben nach Wettbewerbsvorteilen entscheidend beeinflusst.

3.1 Bedeutung des Global Sourcing

Global Sourcing bedeutet nicht „importieren", sondern den weltweiten Beschaffungsmarkt systematisch zu analysieren und zu nutzen. Global Sourcing kann nicht sofort umgesetzt werden, sondern bedarf eines strategisches Fokus mit dem Ziel der Erhaltung und des Ausbaus der Wettbewerbsfähigkeit. Global Sourcing ist daher als Investment in die Zukunft zu verstehen. Es umfasst folgende Phasen:

- Markt- und Anbieteranalyse
  Die Markt- und Anbieteranalyse beinhaltet die globale Analyse der Beschaffungsmärkte, die Identifikation potenzieller Lieferanten sowie die Bewertung derselben im Rahmen eines Audits. Die Analyse schließt mit der Evaluierung und Konzeption der Zusammenarbeit.
- Verhandlung und Vertragsabschluss
  Im Rahmen der Verhandlung und des Vertragsabschlusses werden alle zu erbringenden Leistungen und Güter abgestimmt und in einem international abgesicherten Vertragswerk dokumentiert. Hierdurch ist die formelle Basis für die Zusammenarbeit gelegt.

- Sicherstellung und Optimierung der Leistungsbeziehung
  Die Sicherstellung der Leistungsbeziehung fokussiert in erster Linie die Verfüg-
  barmachung der definierten Leistungen und Güter. Gleichzeitig müssen Unter-
  stützungsleistungen (Exportlizenzen, Zollpapiere, Transportlogistik etc.) ausgearbeitet werden. Die Optimierung der Leistungsbeziehung setzt an den Prozes-
  sen der Beziehung an und optimiert diese beispielsweise durch Vertragsmana-
  gement, Änderungsmanagement und laufende Lieferantenbewertung im Rahmen eines Controllings.

Unternehmen, die Global Sourcing betreiben, haben die Phasen oft sehr detailliert
ausgeprägt und verfügen über Spezialisten, die internationale Beschaffungsmärkte
analysieren. Sie sind als Organisationselement des Unternehmens im strategischen
Supply Management verankert und übernehmen keine klassischen Einkaufsfunktio-
nen mehr.

3.2   Warum Global Sourcing in China

Die Auswahl des Sourcinglandes bestimmt sich nach den unternehmensindividuel-
len Nutzwerten: begonnen bei übergreifenden Kriterien wie Politik, Kultur und
Wirtschaft bis zu konkreten Kostenanalysen zum jeweiligen Land. Diese übergrei-
fende Analyse orientiert sich typischerweise an folgenden Kriterien, um die Attraktivität des Landes für Global Sourcing zu beschreiben. Sie werden aus der Sicht des
Unternehmens bewertet:

- Lieferantenangebot, das die Anzahl und Charakteristika der lokalen Lieferanten
  bewertet.
- Preisniveau, das die Kaufkraft und ihre Entwicklung im Sourcingland ein-
  schätzt.
- Exportbedingungen, die die Voraussetzungen für den logistischen Prozess ein-
  schätzen.
- Infrastruktur, die Aussagen zur Ausstattung des Standortes gibt.
- Rechtssicherheit, die die Sicherheit der Vertragsbeziehungen bewertet.
- Zahlungs- und Währungsrisiko, das die Stabilität der lokalen Währung bewer-
  tet.
- Politisches Umfeld, das die Beständigkeit für Entscheidungen abschätzt.
- Arbeitsmotivation und Produktivität, die die Effizienz der lokalen Arbeitnehmer
  bewerten.
- Verfügbarkeit qualifizierter Arbeitskräfte, die den Ausbildungsgrad beschreibt.
- Innovationskraft, die die Fähigkeit zur Optimierung bewertet, und
- Flexibilität, die Möglichkeiten auf Nachfrageänderungen zu reagieren ein-
  schätzt.

Das Ergebnis dieser unternehmensbezogenen Analyse ist eine klare Priorisierung der potenziellen Beschaffungsmärkte. Im Vorfeld bieten jedoch bereits Länderanalysen und -vergleiche erste Anhaltspunkte für die Fokussierung bestimmter Beschaffungsmarktanalysen. Ein gutes Modell hierfür ist der Competitiveness Index, der ein Meinungsbild über die Situation des jeweiligen Landes in verschiedenen Kategorien gibt. Er unterscheidet vier Dimensionen der Bewertung:

a) Der Growth Competitiveness Index fokussiert die Entwicklung des Wettbewerbswachstums der Volkswirtschaft und ermöglicht erste Rückschlüsse auf den Freiheitsgrad der potenziellen Anbieter und damit ihrer Problemlösungsflexibilität.

b) Der Macroeconomic Environment Index fokussiert die Rahmenbedingungen der betrachteten Volkswirtschaft und bewertet die ökonomische Stabilität des Landes.

c) Der Public Institutions Index konzentriert sich auf die Bürokratie und bewertet die Möglichkeiten der Anbahnung und Abwicklung von Transaktionen.

d) Der Technology Index fragt nach der Innovationskraft des Landes und ermöglicht Rückschlüsse auf die Technologie- und Know-how-Basis, die potenzielle Anbieter einbringen können.

Tab. 1:   Competitiveness Index 2004

Growth Competitiveness Index		Macroeconomic Environmment Index		Public Institutions Index		Technology Index	
Land	Rang	Land	Rang	Land	Rang	Land	Rang
Finnland	1	Singapur	1	Dänemark	1	USA	1
Deutschland	13	Deutschland	21	Deutschland	9	Estland	10
Estland	22	China	25	Estland	28	Deutschland	14
Slowenien	31	Thailand	26	Ungarn	33	Tschechien	21
Thailand	32	Estland	34	Slowenien	35	Slowenien	24
Ungarn	33	Slowenien	37	Thailand	37	Ungarn	32
Tschechien	39	Ungarn	38	Tschechien	47	Polen	34
China	44	Tschechien	39	Mexiko	50	Thailand	39
Polen	45	Polen	49	China	52	Mexiko	43
Mexiko	47	Indien	52	Indien	55	Indien	64
Indien	56	Mexiko	54	Polen	58	China	65
Russ. Föderation	70	Russ. Föderation	61	Russ. Föderation	81	Russ. Föderation	69

Quelle: Eigene Darstellung.

Mit dem Fokus auf die VR China lassen sich aus der Auswertung des Index 2004 folgende Aussagen über ein mögliches Global Sourcing in China machen:

a) In der Dimension Growth Competitiveness erreicht China aktuell das Top-50-Feld. Seine Bewertungen sind besser als Polen oder Mexiko.

b) In der Dimension Macroeconomic Environment erreicht China sogar bereits eine Bewertung vor allen anderen Osteuropäischen Ländern, zudem nahe an dem der Bundesrepublik Deutschland.

c) Auch in der Dimension Public Institutions wird China (trotz zentraler Steuerung) bereits als Top-50-Land bewertet. Hier zahlt sich die Politik der Sonderwirtschaftszonen aus.

d) Lediglich im Technology Index ist China im Hinterfeld zu finden. Der große Bedarf an Spezialisten aus Europa und den USA bestätigt dies.

Der gesamtwirtschaftwirtschaftliche Fokus begründet, dass eine Global-Sourcing-Auswahl nicht mehr an China vorbei kommt. Der Schwerpunkt liegt dabei nicht in dem Bereich der technologieintensiven Güter, die Engineeringleistungen erfordern. Die gesamtwirtschaftlichen Daten vervollständigen die Grobauswahl für die VR China: Es gibt knapp 750 Mio. Arbeitskräfte und ein Wirtschaftswachstum von ca. 8%. Diese Rahmenbedingungen bietet zurzeit kein Sourcingland.

Im Anschluss an die gesamtwirtschaftlich orientierte (Grob-)Auswahl des Sourcinglandes sind betriebswirtschaftlich relevante Daten in der Feinanalyse zu untersuchen. Hier sind diejenigen Elemente zu bewerten, die den Preis für das zu kaufende Produkt direkt bestimmen. Wesentliche Einflussgrößen sind die Arbeitskosten und Arbeitsstunden je Periode. Ein Blick auf den Vergleich zwischen Deutschland, Polen und der VR China engt die Auswahl des Sourcinglandes ein und gibt ein klares Votum für die VR China als Beschaffungsmarkt.

Abb. 2:   **Vergleich der wesentlichen Elemente des Einstandspreises**

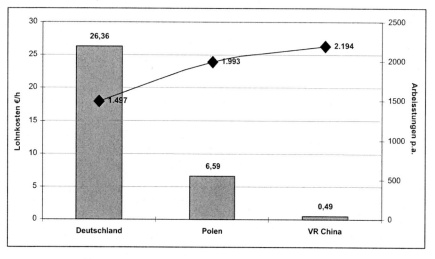

Quelle: Eigene Darstellung.

Daneben existieren üblicherweise weitere Vergünstigungen, die zusätzliche Reduzierungen der Einstandspreise nach sich ziehen. Als wesentliche Vergünstigungen gelten eine geringe Besteuerung, niedrige Umwelt- und Sozialstandards, exportorientierte Preisgestaltung und lokale Subventionierungen. Diese Vergünstigungen sind in der Länderanalyse pauschal kaum mit den anfallenden Kosten in Deutschland vergleichbar, da sie jeweils unternehmensspezifisch ausgestaltet werden. Maßstab ist die politische Motivation des Landes, die in China aktuell sehr günstig sind. Die hohen Direktinvestitionen in 2003 mit über 60 Mrd. € über alle Branchen hinweg zeigen dies deutlich und begründen die „Go-East-Bewegung" vieler Unternehmen. Einige Beispiele deutscher Unternehmen belegen dies exemplarisch:

- der Chemieriese BASF baut aktuell für ca. 1 Mrd. € neue Anlagen in Shanghai,
- Volkswagen verdoppelt seine Kapazitäten bis 2008 und investiert weitere 6 Mrd. € in neue Werke,
- der Handelskonzern Metro will in den kommenden vier Jahren 600 Mio. € in neue Märkte investieren und
- der deutsche Maschinenbau spricht von „seiner Zukunft in China".

Als Sourcingmarkt ist die VR China heute aus keinem Unternehmen mehr wegzudenken. Es ist eine Frage des Erhalts der Wettbewerbsfähigkeit und des zukünftigen Wachstums, die das Sourcing in China begründet.

3.3 Wege zum Global Sourcing in China

Mit der Entscheidung zum Sourcing in China wird ein neuer Weg der Beschaffung geöffnet. Fraglich dabei ist, wie dieser Weg zu beschreiten ist, denn die Vor-Ort-Kenntnisse in China sind bei den meisten Unternehmen recht dürftig. Sprachbarrieren und ein anderes Verständnis über das Geschäftsleben erschweren das Engagement. Prinzipiell haben die Unternehmen drei Alternativen für das Sourcing in China:

1. Aufbau eigener Kapazitäten mit Vor-Ort- und Sprachkenntnissen bei gleichzeitigem Verständnis für die geforderte Technologie und die relevanten Produktionsprozesse.
2. Nutzung spezialisierter Dienstleister mit Vor-Ort-Büros und Technologiespezialisten.
3. Mischform aus den vorgenannten Alternativen.

Grundsätzlich sind alle Wege möglich. Die Erfahrungen zeigen jedoch, dass der Aufbau und die Qualifizierung von eigenem Personal tendenziell schwieriger zu bewerkstelligen ist als eine Nutzung von spezialisierten Dienstleistern. Hintergrund ist die im Management nur vage vorliegende Vorstellung darüber, welche Kompetenzen ein China-Supplier aufbieten muss. Meist ist diese Beurteilungskompetenz nicht gegeben.

Die Nutzung eines spezialisierten Dienstleisters ist daher oft der sicherere Weg, da zudem nur sehr geringe Initialaufwendungen erforderlich sind und ein schneller Start ermöglicht wird. Hier hat sich eine Vielzahl von Unternehmen etabliert, die die Beschaffungsabwicklung ganzheitlich übernehmen. Sie betreuen üblicherweise folgende Teilprozesse des Global Sourcing:

- Auswahl des Lieferanten,
- Betreuung des Lieferanten vor Ort mit eigenem Büro,
- Begleitung der Produktion,
- Qualitätssicherung der produzierten Güter vor Ort,
- Begleitung und Optimierung des Versands (bis an die Maschine) sowie
- Nachlaufabwicklung (Zollpapiere, Exportlizenzen, Dokumente).

Die Vergütung dieser Leistungen erfolgt pauschal oder als %-Aufschlag auf den Produktpreis in Abhängigkeit der ausgewählten Leistungen. Unternehmen, die in China investiert haben, bieten mittlerweile diesen Service auch fremden Unternehmen an. So sind beispielsweise die Marktkenntnisse und Erfahrungen von Siemens als Beschaffungsdienstleister auch anderen Unternehmen zugänglich. Daneben existieren zahlreiche Kleinunternehmen, die sich auf das Sourcing in China in ganz speziellen Warengruppen fokussiert haben. Die stark steigende Nachfrage nach diesen Leistungen bestätigt die Auswahl dieser Alternative im ersten Schritt zum Sourcing in China.

3.4   Strategie realisieren: Der Erfolgsfaktor für Global Sourcing

Global Sourcing kann nur erfolgreich sein, wenn es einer langfristig ausgelegten Strategie folgt. Sie beginnt üblicherweise bei weniger strategischen Gütern und muss so flexibel gestaltet werden, dass der Weg dorthin variabel ist und verschiedene Alternativen bewertbar sind: Einen Lieferanten auf ein bestimmtes Qualitätsniveau zu heben bedarf vieler Versuche und Gespräche. Die Strategie kann nur dann erfolgreich implementiert werden, wenn sie mit konkreten Zielen hinterlegt wird, die sowohl die Möglichkeit der fokussierten Abarbeitung ermöglichen als auch regelmäßige Plan-Ist-Vergleiche zulassen, um ggfs. Kurskorrekturen vornehmen zu können. Dabei hat es sich in der Praxis bewährt, die Ziele nach unterschiedlichen Dimensionen auszugestalten, um die Komplexität des Prozesses besser abzubilden und die Wirkung von Interdependenzen zu verstehen. Es werden unterschieden:

- Finanzziele, die das Global-Sourcing-Volumen messen,
- Prozessziele, die die Abwicklung des Beschaffungsprozesses monitoren,
- Potenzialziele, die die eigene Fähigkeit zum Global Sourcing fokussieren und
- Lieferantenziele, die die Qualität der Sourcingpartner regelmäßig bewerten.

Die Ziele sind in konkreten Maßgrößen auszugestalten, die eine einfache Messung der Zielerreichung ermöglichen und damit das Handeln transparent gestalten sowie auch Korrekturen zeitnah ermöglichen. Ein Beispiel für die Finanzperspektive ist die Global-Sourcing-Quote als Verhältnis des im Ausland beschafften Volumens zum Gesamtvolumen. In der Prozessperspektive kann z.b. interessieren, in welchem Umfang die elektronische Abwicklung des Global Sourcings möglich ist. Die Potenzialperspektive misst das Qualifikationsniveau der Global-Sourcing-Abteilung und die Lieferantenperspektive fokussiert die Qualität der beschafften Güter z.b. durch die ppm-Messung. Ziele zu erreichen bedingt, Maßnahmen zu definieren, die die Erreichung in überschaubare Aktivitäten differenzieren. Ihr Abarbeitungsfortschritt ist regelmäßig zu kontrollieren, um nachhaltige Erfolge mit Global Sourcing zu erreichen.

Global Sourcing wird hiermit zu einer Managementaufgabe, die gleichberechtigt neben anderen strategischen Funktionen positioniert sein muss. Das (leider) häufig anzutreffende Vorurteil „Einkaufen kann jeder" gilt nicht, da es jeden Versuch des Global Sourcings im Keim erstickt. Global Sourcing bedarf Spezialisten, die neben dem klassischen Handwerkszeug des Einkaufens gleichzeitig das Management internationaler Lieferantenbeziehungen in allen Phasen des Prozesses beherrschen. Sie sind mit einem wirkungsvollen Steuerungssystem zu führen.

4   Ausblick auf Sourcing in China

Das Sourcing in China ist von dem in einem anderen Ausland zu unterscheiden. Der Grund hierfür liegt in der Ausgestaltung des Ordnungsrahmens in China. Er bestimmt das Zusammenspiel der Wirtschaftssubjekte und damit das Ergebnis, d.h. er trifft darüber Festlegungen, welche Faktoren eingesetzt werden und wie das erwirtschaftete Ergebnis verteilt wird. Durch den Ordnungsrahmen werden gegenseitige Abhängigkeitsverhältnisse begründet, was „Wirtschaften" zu einer gesellschaftlichen Veranstaltung erhebt. Der Ordnungsrahmen ist verschiedenen Einflüssen und Ausprägungen der gesellschaftlichen Teilsysteme – Kultur, Politik und Wirtschaft – ausgesetzt. Jedes dieser Teilsysteme ist in China völlig anders ausgestaltet als in den westlich orientierten Ländern, d.h. „Wirtschaften" in China besitzt andere Eigenarten als z.B. in Osteuropa. Ein wesentlicher Grund hierfür liegt im politischen System. China ist durch eine ausgeprägte Parteiendiktatur geprägt, die Medien zensiert, die Opposition unterdrückt und die wirtschaftliche Entwicklung von Demokratisierungsbewegungen zu entkoppeln versucht.

Das Wirtschaftsmodell, das China umzusetzen versucht, geht auf eine Weiterentwicklung der zentralen Planwirtschaft zurück und wird als sozialistische Marktwirtschaft bezeichnet. Einige osteuropäische Länder haben diesen Versuch bereits hinter sich und sind mittlerweile im System der Marktwirtschaft angekommen, denn das System der sozialistischen Marktwirtschaft ist instabil, da hierbei versucht wird, Wachstum mit Gemeineigentum zu realisieren. Solange immense Sparvolumina in China vorhanden sind, funktioniert dieses System – allerdings nicht reibungslos, wie einige Beispiele zeigen:

- In der Mandschurei, dem „Ruhrgebiet Chinas", beträgt die Arbeitslosigkeit mehr als 50%, die sozialen Konsequenzen sind zu erahnen.
- China hat mittlerweile eine bedenklich hohe kurzfristige Auslandsschuld in Höhe von ca. 35% des BIP aufgebaut, die reibungslos bedient werden muss. Allein im letzen Jahr mussten Kredite in Höhe von ca. einer halben Milliarde US$ abgeschrieben werden. Teure Infrastrukturprojekte und ein unterfinanziertes Kranken- und Rentensystem machen die Finanzlage nicht stabiler.
- Der Importanteil von Öl steigt in China unaufhörlich. Es ist davon auszugehen, dass dieser von derzeit 24% auf über 50% in den kommenden 5-6 Jahren steigt. Mit der steigenden Abhängigkeit vom Weltmarktpreis steigen dann auch die Produktionskosten.
- Der Anteil ausländischer Spezialisten steigt unaufhörlich. Ob die aktuellen Lohnkostenvorteile erhalten bleiben können, hängt maßgeblich von der Ausbildung eigener Fachkräfte ab.
- Die Wachstumsraten schwanken stark und machen eine langfristige Planung für ein Engagement in China komplex.

Jegliches Sourcing muss diese Bedingungen in seiner Strategie berücksichtigen und die Entwicklungen zeitnah kontrollieren, um die Vorteile einer Beschaffung in China optimal zu nutzen. Kurzfristig ist daher zu empfehlen, die technisch einfachen Güter schnell auf China-Sourcing umzustellen, um Lieferanten für anspruchsvollere Produkte zu entwickeln. Prinzipiell muss dabei stets eine Rahmenbedingung für den Einkauf gelten: Global Sourcing und Single Sourcing sollten in China nicht kombiniert werden. Das erfolgreiche Sourcing hat immer eine Lieferantenalternative bereit.

Robert Heuser

Grundriss des
chinesischen Wirtschaftsrechts

Mitteilungen des Instituts für Asienkunde Hamburg
Band 394
Hamburg 2006
259 Seiten
€ 26.00
ISBN 3-88910-326-X

Obwohl das chinesische Recht bereits fast vollständig ist, ist es für die Bedürfnisse des Wirtschaftsverkehrs nicht unbedingt verlässlich. Dies liegt vor allem an den Inadäquanzen, die aus dem politischen System resultieren. Dennoch muss jeder, der in der Volksrepublik China Geschäftskontakte anbahnen will, dieses Recht beachten.

Dieser Grundriss bietet allen Interessierten einen Überblick über den aktuellen Stand des chinesischen Wirtschaftsrechts. Er wendet sich zum einen an Studierende regionalwissenschaftlicher Studiengänge, in denen Aspekte des chinesischen Wirtschafts- und Rechtssystems behandelt werden. Zum anderen gibt er Wirtschaftspraktikern, die ein Chinaengagement beabsichtigen, eine erste Orientierung bezüglich des relevanten Rechts.

INSTITUT FÜR ASIENKUNDE
GIGA GERMAN INSTITUTE OF GLOBAL AND AREA STUDIES
LEIBNIZ-INSTITUT FÜR GLOBALE UND REGIONALE STUDIEN
Rothenbaumchaussee 32
20148 Hamburg
Deutschland
Telefon: (040) 42 88 74 - 0
Telefax: (040) 410 79 45
E-Mail: ifa@giga-hamburg.de
Homepage: www.giga-hamburg.de/ifa
(mit Publikationsliste und Bestellmöglichkeit)

China *aktuell*

Journal of Current Chinese Affairs

Call for Papers

China aktuell – Journal of Current Chinese Affairs is an internationally refereed academic journal published by the Institute of Asian Affairs (part of GIGA German Institute of Global and Area Studies) in Hamburg, Germany. The bimonthly journal focuses on current developments in Greater China. It has a circulation of 1,200 copies, making it one of the world's most widely distributed periodicals on Asian affairs. *China aktuell* reaches a broad readership in the academia, administration and business circles. Articles to be published should be written in German or English and submitted exclusively to this publication.

China aktuell is devoted to the transfer of scholarly insights to a wide audience. The topics covered should therefore not only be orientated towards specialists in Chinese affairs, but should also be of relevance to readers with a practical interest in the region.

The editors welcome contributions on contemporary China including Hong Kong, Macau and Taiwan that are concerned with the fields of international relations, politics, economics, society, education, environment or law. Articles should be theoretically grounded, empirically sound and reflect the state of the art in contemporary Chinese studies.

Manuscripts should not exceed 10,000 words (incl. footnotes and references). All contributions will be peer-reviewed for acceptance. Articles should be submitted to the editors in electronic form: giese@giga-hamburg.de; holbig@giga-hamburg.de. For detailed submission guidelines see: www.giga-hamburg.de/ifa/stylesheet.

Recent and forthcoming topics:
- *Approaches Towards Sustainable Development in China*
- *Between Denial and Acceptance – Human Rights and History in Modern China*
- *China's Economic Policy Towards Taiwan*
- *Authority, Trust, and Legitimacy in the PRC*

Editors: Karsten Giese • Heike Holbig

Institute of Asian Affairs
GIGA German Institute of Global and Area Studies
Rothenbaumchaussee 32 • 20148 Hamburg • Germany
Phone: +49 40 4288740 • Fax: +49 40 4107945
Website: www.giga-hamburg.de

GIGA

German ▊ Institute of Global and Area Studies
Institut für Asienkunde